中国社会科学院文库
国际问题研究系列
The Selected Works of CASS
International Studies

中国社会科学院创新工程学术出版资助项目

中国社会科学院文库 · 国际问题研究系列
The Selected Works of CASS · International Studies

大国中东战略的比较研究

THE COMPARATIVE STUDIES OF POWERS' MIDDLE EAST STRATEGIES

余国庆 著

中国社会科学出版社

图书在版编目(CIP)数据

大国中东战略的比较研究／余国庆著．—北京：中国社会科学
出版社，2013.12
ISBN 978 - 7 - 5161 - 3622 - 5

Ⅰ.①大⋯　Ⅱ.①余⋯　Ⅲ.①中东问题—国家战略—对比
研究—世界　Ⅳ.①D815.4

中国版本图书馆 CIP 数据核字(2013)第 271352 号

出 版 人	赵剑英
责任编辑	冯　斌
特约编辑	丁玉灵
责任校对	石春梅
责任印制	戴　宽

出　　版	中国社会科学出版社
社　　址	北京鼓楼西大街甲 158 号（邮编100720）
网　　址	http://www.csspw.cn
	中文域名:中国社科网　　010 - 64070619
发 行 部	010 - 84083685
门 市 部	010 - 84029450
经　　销	新华书店及其他书店

印　　刷	北京君升印刷有限公司
装　　订	廊坊市广阳区广增装订厂
版　　次	2013 年 12 月第 1 版
印　　次	2013 年 12 月第 1 次印刷

开　　本	710 × 1000　1/16
印　　张	17.75
插　　页	2
字　　数	303 千字
定　　价	58.00 元

《中国社会科学院文库》出版说明

《中国社会科学院文库》（全称为《中国社会科学院重点研究课题成果文库》）是中国社会科学院组织出版的系列学术丛书。组织出版《中国社会科学院文库》，是我院进一步加强课题成果管理和学术成果出版的规范化、制度化建设的重要举措。

建院以来，我院广大科研人员坚持以马克思主义为指导，在中国特色社会主义理论和实践的双重探索中做出了重要贡献，在推进马克思主义理论创新、为建设中国特色社会主义提供智力支持和各学科基础建设方面，推出了大量的研究成果，其中每年完成的专著类成果就有三四百种之多。从现在起，我们经过一定的鉴定、结项、评审程序，逐年从中选出一批通过各类别课题研究工作而完成的具有较高学术水平和一定代表性的著作，编入《中国社会科学院文库》集中出版。我们希望这能够从一个侧面展示我院整体科研状况和学术成就，同时为优秀学术成果的面世创造更好的条件。

《中国社会科学院文库》分设马克思主义研究、文学语言研究、历史考古研究、哲学宗教研究、经济研究、法学社会学研究、国际问题研究七个系列，选收范围包括专著、研究报告集、学术资料、古籍整理、译著、工具书等。

中国社会科学院科研局

2006 年 11 月

目　　录[①]

---

① 该课题 2006 年立项时的题目为"大国中东战略的调整和我国的对策研究"。课题主持人和撰稿者是余国庆，现为中国社会科学院西亚非洲研究所副研究员。

序　言

中东（the Middle East），是一个兼具地理和国际政治意义的概念。中东一词来源于公元16—17世纪欧洲殖民者向东殖民扩张时，把距离欧洲的地理位置按远近划分为：近东、中东、远东。近东（the Near East），通常指地中海东部和东南部沿岸地区，包括非洲东北部和亚洲西部，甚至奥斯曼帝国在欧洲的领土也包含在近东范围。第二次世界大战后，"近东"一词逐渐被"中东"取代，但两者也常通用。而远东（the Far East）一般指西方国家开始向东方扩张时对亚洲最东部地区的通称，通常包括中国东部、朝鲜、韩国、日本、菲律宾和俄罗斯太平洋沿岸地区。在当代国际政治研究范畴和新闻媒体报道中，中东并不是一个严格意义上的地理概念。本书内容中的中东概念，主要包括亚洲西部和非洲北部地区，但在学术研究界，通常把亚洲西南部的阿富汗、位于地中海上的岛国塞浦路斯、北非的阿拉伯国家纳入中东研究范围。

在地理上，中东位于两洋三洲五海之地，其处在联系亚、欧、非三大洲，沟通大西洋和印度洋的枢纽地位。三大洲具体指亚、欧、非三大洲，五海指的是里海、黑海、地中海、红海、阿拉伯海。其中里海是世界上最大的湖泊也是最大的内陆咸水湖。中东地区交通便利，是沟通大西洋和印度洋、连接西方和东方的要道，也是欧洲经北非到西亚的枢纽和咽喉。中东在世界政治、经济和军事上的重要地位，使其成为世界历史上列强逐鹿、兵家必争之地。

第二次世界大战后，中东在地缘政治中的重要地位具有几个方面的原因。首先，中东的地理位置。中东位于亚、欧、非三大洲交汇区，尤其是中东位于东欧的外围和近邻，而美苏冷战的核心是东欧，中东紧临的地中海和黑海是遏制苏联南下扩张的前沿地带。其次，美国和西方在中东扶持以色列，引起阿拉伯国家的愤慨，阿拉伯国家转而依靠苏联与以色列对峙，这样，美苏在中东的较量以美国和苏联分别支持以色列和阿拉伯国家对抗的形式表现出来，加剧了中东问题的复杂性。再次。随着第二次世界大战后中东石油资源的大规模勘探和开发，中东成为国际社会最重要的能源产地，因此，大国在中东的争夺越来越激烈。

冷战结束后，随着苏联的解体，世界向多极化方向发展，从而使中东政治格局发生了第二次世界大战以来的又一次深刻变化。苏联在中东实行重大战略收缩，其影响一落千丈，美、苏两霸在中东各支持一方争夺、角逐的局面不复存在，宣告了旧的中东政治格局的终结。冷战结束后，国际力量对比严重失衡，美国在军事、科技和经济等诸多领域拥有超群优势，成为唯一的超级大国，确立了以维护美国霸权为总目标的霸权战略。同时制定了三大具体目标，即维护美国及盟国的安全；确保美国和西方世界的经济利益；在世界推进美国和西方民主、自由价值体系。美国利用冷战结束后旧的格局已被打破、新格局尚未确立这一战略机遇期，加紧全球战略扩张，企图按照自己的意愿建立单极世界。在中东地区，美国通过海湾战争，打击了伊拉克地区霸权主义，主导和控制了海湾地区的局势，使中东和海湾地区的形势进一步朝美国"一超独大"的方向发展。

1990 年 8 月爆发的海湾危机和随后发生的海湾战争，是世界力量对比严重失衡的突出表现，也是冷战结束后发生在中东地区的一件大事。海湾战争"打破了地区力量的平衡，使中东格局出现了深刻的变化，同时也对国际形势的发展有较大的影响"①。美国借助海湾战争，确立了在中东地区的主导地位，并谋求建立一种维护美国利益的中东新秩序。但美国所采用的强权加武力的政策日益引起阿拉伯国家的不满，世界其他大国也试图谋求在中东地区发挥更大作用。而对复杂多变的中东局势，美国不得不对其中东政策进行调整。海湾战争虽说是一场局部战争，但它却震撼世界，牵动着国际战略全局，其涉及面之广、影响之大也是第二次世界大战结束后所没有的。海湾战争后，美国为了回应阿拉伯国家要求解决阿以冲突问题的呼声，启动了中东和平进程。1991 年召开的马德里中东和会标志着当代国际政治关系中持续时间最长、矛盾最为尖锐、复杂的阿、以争端，由全面军事对抗，进入政治谈判解决的新阶段。1993 年以色列和巴勒斯坦签订《奥斯陆协议》后，持续几十年的阿以矛盾进入相对平缓阶段，中东和平进程一度取得阶段性成果。这一时期，美国取得了主导阿以和谈的地位，英、法等欧洲国家及俄罗斯等大国在中东问题上基本沦为配

---

① 赵国忠主编：《海湾战争后的中东格局》，中国社会科学出版社 1995 年版，第 9 页。

角的地位。中东和平进程在 1994 年 11 月由于以色列总理拉宾遇刺后逆转，美国在中东的政策重点转向对付伊拉克。如何防止伊拉克的萨达姆政权在海湾战争后重新崛起成为美国中东政策考虑的头号目标。这一时期，美国与伊朗的关系有所缓和，但防止伊拉克和伊朗在海湾地区扩大影响也是美国中东政策谋求的重要目标。

2001 年发生的"9·11"事件对美国的中东战略，以及大国在中东地区的政策产生了重大的影响。2001 年 11 月，美国发动阿富汗战争，不久便推翻了塔利班政权，但美国的反恐战争在中东引起了复杂的反应。2003 年 2 月，美国又发动了伊拉克战争，美国的中东政策进入新的阶段。同时，大国的中东政策也开始调整，并一直持续至今。本书阐述和分析的重点也放在"9·11"事件后大国中东政略的调整。由于美国的政策在中东地区有着重大的影响，并在很大的程度上影响着其他大国在这一地区的政策，因此，本书很大一部分内容要首先阐述和分析美国的中东战略及其影响。随着美国把中东作为反恐战略推行的重点地区，美国在中东的战略进入了一个强势时期。

"9·11"事件后，美国国内强硬的共和党新保守主义集团得势，布什政府将维护国内安全放在突出位置上，打击恐怖主义成了第一要务，将反恐与"防扩散"结合起来，形成了"布什主义"，并为此推出了"先发制人"理论。"9·11"事件后，美国以反恐怖为名，通过阿富汗战争实现了首次进驻中亚，增加了对中亚、南亚局势的影响力。美国发动对伊拉克战争，是美推行全球战略扩张的又一重要步骤，在布什的心目中，发动这场战争关系到美国现实和长远安全，关系到美国在全球自由世界的领导地位。通过战争，不仅可以拔掉伊拉克这个钉子，在伊斯兰世界建立维护美国利益的战略同盟；而且美国控制了伊拉克，还可以控制世界石油供应的主动权，巩固美国的全球战略布局，实现对伊朗、俄罗斯、中国等大国的战略牵制。

美国发动的伊拉克战争对中东地缘政治的改造是划时代的，同时又在不同程度上影响其他大国对中东的政策。为了给发动伊拉克战争造势，美国推出了"邪恶轴心国"概念，并声称伊拉克生产和藏匿大规模杀伤性武器。战后，美国不失时机地提出"大中东计划"，继续散布文明冲突论和民主改造论。美国的战略意图非常明显：即通过攻打伊拉克，推翻萨达姆，在中东杀鸡给猴看，让中东国家知道，如果不自动服从美国控制，就会遭到如萨达姆一样的下场。同时，推出邪恶轴心国，明确以伊朗和朝鲜为邪恶轴心国，即对朝鲜和伊朗发出警告，萨达姆就是它们的下场。为了安抚世界舆论和其他温和的阿拉伯国家，美国又推出"文明冲突论"和"大中东计划"，把美国在中东的霸权说成是美国要改造文明、创造和平、推崇自由；把美国与伊拉克、伊朗的冲突说成是文明的冲突。但实际上，伊拉克战争又是一场引起极大争议的战争。即使在美国国内和西方世界，对伊拉克战争也充满争议。对大国的中东政策来说，伊拉克战争的影响也是多方面的。

本书"大国中东战略的比较研究"，原是 2006 年立项获批的中国社会科学院重点课题"大国中东战略的调整和我国的对策研究"。当时立项的背景是，2003 年，美国发动了伊拉克战争。这场战争不仅推翻了驰骋中东政局多年的伊拉克萨达姆政权，而且改变了海湾和中东地区的地缘政治面貌。伊拉克战争后，美国在中东的势力和影响达到巅峰状态。美国凭借伊拉克战争的雄风，推行"大中东"战略，在中东国家和阿拉伯世界推行"民主化改造"。但美国"民主化改造"中东的战略很快遭到挫折。美国在中东遇到的麻烦不仅没有减少，反而在中东越陷越深。伊朗核问题不久后又成为美国和西方在中东遇到的一个难题。伊拉克战争后，不仅欧盟国家的中东政策处于调整当中，俄罗斯的中东战略也发生了较大的变化。俄罗斯在普京 2000 年执政后，不断挑战与大国及周边国家关系，尤其是普京 2004 年连任总统后，在外交战略上推行"重返中东"，加强了与中东国家发展关系。因此，总的说来，伊拉克战争后中东局势处在不断变化发展当中。大国对中东的政策也处在不断调整过程中。本课题重点放在伊拉克战争后对美国、英国、法国、俄罗斯等国家的中东政策的调整进行描述、分析和概括。但在对大国政策的考察和分析过程中，进一步认识到了各国中东政策的变化，与这些国家和中东的历史联系息息相关。因此，在本书的撰写过程中，充分认识到有必要对相关国家在历史上与中东的联系进行简要回顾。本书的第一部分主要是描述美国、英国、法国、俄罗斯等国家历史上与中东的关系，放在冷战后大国中东政策的变化和发展过程。第二、三部分是本课题的重点，主要分析伊拉克战争后大国中东政策的调整。本书的第四部分试图对 2010 年年底以来中东局势的变化，及其相关大国中东政策的调整进行梳理。由于最新一轮的中东大变局仍处在发展过程中，大国中东政策的调整远未完成，因此这一部分的阐述很可能是肤浅之见。

　　本书中"大国"的定义，指的是当代历史上与中东地区和中东问题有着不可分割联系的主要西方国家，包括美国、英国、法国、俄罗斯。主要的立论和依据是：美国与中东的联系虽然晚于俄罗斯、英国、法国与中东的联系，但由于美国在第二次世界大战后的强势崛起，成为冷战时期对中东地区影响最大的西方国家，自然成为本书研究的重点。英国和法国在第二次世界大战前在中东地区有许多殖民地，英国还对中东问题的核心巴勒斯坦问题国际化负有直接责任。俄罗斯是冷战时期阿以冲突两大阵营之一阿拉伯国家背后的主要支持者，并在中东有着巨大的政治和经济利益。随着中国国际地位的提高以及与中东地区日益增多的经济、贸易、能源联系，本书也对中国的中东政策及其特点加以专门论述。

　　在本书撰写后期和准备结项阶段，从 2010 年年底开始，中东掀起了一场来势凶猛的政治大动荡。中东北非地区突尼斯、埃及、利比亚、也门、叙利亚等国发生了或正在经历一场巨大的政治变动。以美国和北约为代表的西方也深深地卷入了中东的大变局当中。对于这样一场中东大变局，本课题没有理由不对此进行描述和分析。因此，课题也对 2010 年年底以来的中东政局进行了适当描述，重点是对美国、法国等国家在中东变局背后的战略进行分析。由于中东的最新变局仍在发展过程当中，而且，这场中东大变局对中东和世界的影响过程仍然需要时间观察。因此，对今后大国中东政策进行系统分析和研判也很难在本书中完全反映出来。但希望在本书中反映出来的大国中东政策的一些特点，有助于今后在中东学科进行系统深入的研究和探索。

第一篇　冷战时期大国地缘政治中的中东

冷战是第二次世界大战后国际形势和格局的一个基本特点。冷战（Cold War）这个词起源于 1947 年 4 月 16 日美国参议员伯纳德·巴鲁克在南卡罗来纳州的一次演说。此外，1946 年英国首相丘吉尔访问美国，在这次访问中他发表了著名的"铁幕"演说。他说，"从波罗的海边的什切青到亚得里亚海边的的里雅斯特，一幅横贯欧洲大陆的铁幕已经拉下"。此后，"冷战"与"铁幕"一词同时流行，表示美苏之间除了直接战争外，在经济、政治、军事、外交、文化、意识形态等方面都处于对抗的状态。从时间跨度来说，一般都认为，1991 年 12 月苏联的解体，标志着冷战的结束。冷战时期全球的地缘政治或多或少卷入了美国与苏联对抗的阴影。中东虽然不是美苏冷战的前线与核心地区，但美苏在中东地区的对峙仍然极大地影响着中东地缘政治的变化与发展。在 1967 年和 1973 年两次中东战争期间，美国和苏联差点因为各自支持以色列和阿拉伯国家而发生直接军事对抗。此外，作为老牌的殖民主义国家，英国和法国在中东的势力和影响，也经历了一个被迫撤离，但又不愿放弃对中东事务影响的过程。

第一章　冷战时期的美国与中东

第一节　美国与中东问题的历史联系

美国与中东的关系最早可以追溯到英国对北美大陆进行的殖民地时期。但如果以美国的外交政策对中东地缘政治产生重要影响为依据，那么美国与中东的关系可以从美国政府对犹太复国主义运动的支持开始。美国 1917 年对《贝尔福宣言》的公开支持是美国与中东关系的重要一页。

1917 年 11 月 2 日，英国政府外交大臣贝尔福用书信的形式，向英国犹太复国主义者联盟副主席罗斯柴尔德爵士宣布：英王陛下政府赞成在巴勒斯坦建立一个犹太人的民族之家，并将尽最大努力促成这一目标的实现，这就是《贝尔福宣言》。《宣言》的发表既是犹太复国主义运动取得的一项重大外交胜利，也是该运动实现其目标的真正转折点。《宣言》一经发表立即得到了包括美国在内的西方主要国家的赞同。

《贝尔福宣言》发表后，大批犹太移民移居巴勒斯坦，严重侵犯了当地阿拉伯居民的利益，犹太复国主义者建立犹太人民族之家的计划也引起了阿拉伯人的不安。阿犹冲突不断扩大，严重威胁着英国对巴勒斯坦的统治。1938年，巴勒斯坦再次爆发大规模的阿犹流血冲突。对此，当时美国罗斯福政府采取了折中的立场：一方面，声称美国不卷入中东事务的政策，解决巴勒斯坦的问题是英国政府的责任；另一方面，又关心犹太人的命运，表示对犹太复国主义的支持。这就为以后历届美国政府制定中东政策定下了基调。

第二次世界大战期间，随着纳粹分子对犹太人的屠杀规模扩大，美国犹太人集团掀起了一场拯救犹太难民和支持犹太复国主义事业的运动。1941年，美国犹太复国主义事务紧急委员会的公共关系计划负责人伊曼纽尔·纽曼筹组了一个"美国巴勒斯坦委员会"，不少国会议员和政府高级官员也参加了该委员会。委员会于1942年，即在《贝尔福宣言》发表25周年之际，发表了一项声明，反对1939年英国关于巴勒斯坦问题的白皮书，要求取消对犹太难民入境的限制。在这项声明上签字的有68名参议员和200名众议员。1942年5月6日至11日，犹太复国主义特别会议在纽约比尔莫（也译为比尔特摩尔）宾馆召开。大会讨论英国对犹太复国主义立场的变化，研究如何打破英国1939年白皮书对犹太移民移居巴勒斯坦的限制问题。主要发言人是犹太人代理机构执行委员会主席戴维·本·古里安。由于正处于第二次世界大战期间，犹太复国主义代表大会不能按时召开，因此这次会议就被赋予了一次代表大会的权力。大会上发表的政策宣言（又被称为比尔特摩尔纲领）宣称：犹太复国主义事业不能够再由现存的英国委任统治政权推进下去。它极力主张，作为下一个步骤，巴勒斯坦应被建成一个犹太人联邦，而且为了发展这个国家，犹太人代理机构应取代英国委任统治行政当局的职权。这就直接表明了犹太复国主义运动的最终目的是要在巴勒斯坦建立一个犹太国家，它已经大大超越了《贝尔福宣言》中提出的建立犹太民族之家的原则。同时，纲领还决定在巴勒斯坦建立一支犹太人的武装力量。这个纲领及时地不仅被有组织的犹太复国主义运动而且也被美洲几乎所有的犹太人组织所采纳，并且构成了从 1943 年起直至 1948 年以色列国建立期间犹太复国主义运动进行政治斗争的基础。可以说，美国犹太团体和美国政府对犹太复国运动的支持，对以色列国的建立及度过最初的战争考验起了极其重要的作用。

第二节　冷战时期美国中东政策的主要内容和特点

一　阿以冲突问题成为美国中东政策最需要面对的一个核心问题

美国对 1947 年 11 月联合国巴勒斯坦分治决议投了赞成票。1948 年 5 月 15 日，以色列国宣告成立，美国在第一时间就宣布予以承认。但以色列宣布建国立刻引来阿拉伯国家的敌对行动，由此引发了第一次中东战争。战争爆发的第二天，美国代表奥斯汀向联合国安理会递交一份决议案，认为巴勒斯坦局势构成 "对和平的威胁"，建议安理会命令双方在 36 小时内停火。5 月 29 日，美国在联合国中提出对英国的提案作两点修改：禁止运送战斗人员和武器的条款不应仅限于巴勒斯坦，也应包括所有参战国家；允许适合兵役年龄的移民进入以色列，但在停火期间不得征募入伍或接受军事训练。联合国安理会通过了美国提出的修正案。[①] 美国在联合国安理会的提议和外交斡旋为以色列军队的战场行动赢得了宝贵的喘息时间。第一次中东战争最后通过以色列分别与交战的阿拉伯国家签订停火协议的形式结束。从国际法的意义上说，以色列与一些阿拉伯国家的战场停火协议一直持续至今，阿以冲突问题也因此成为中东的一个核心问题。无论是阿以之间多次的战争对抗，还是大国的中东政策，无不打上了阿以矛盾的烙印。

杜鲁门继任美国总统后，尤其是在第二次世界大战结束后，整个国际形势发生了巨大的变化。战后，美国在经济上、政治上和军事上都成为一个名副其实的大国，不但成为资本主义世界的霸主，而且具备了争夺全球霸主地位的实力。西欧经历了战争的蹂躏后，经济接近崩溃的边缘，整个西欧社会动荡不已，急需美国的救助。与此同时，战争也使得苏联空前强大起来，尽管它只能算得上是一个地区性大国，但是，由于意识形态等许

---

① 季国兴、陈和丰主编：《第二次世界大战后中东战争史》，中国社会科学出版社 1987 年版，第 39 页。

多方面因素的影响，美苏之间的战时同盟逐渐破裂，双方的分歧和矛盾却日益突出，苏联渐渐成为美国争夺全球霸主宝座的最大障碍。战后丘吉尔的"铁幕"演说拉开了美苏冷战的序幕，1947年3月"杜鲁门主义"的出台则标志着美苏冷战的正式开始。从此美国与苏联在全球展开了角逐和利益的争夺。在中东地区，两国的争夺更是激烈。因此，遏制苏联向中东地区渗透就成为冷战时期美国中东政策的首要战略目标。除此之外，由于战后英法等国势力的衰落，遏制苏联的同时，排挤英法在中东地区的势力范围，与老牌殖民国家争夺中东石油资源，则成为美国中东政策的另一个重要战略目标。

二　美国在中东拼凑军事集团，扩大美国干预中东事务的能力

20世纪50年代初期，美国政府就有了希望中东国家参加集体安全计划的想法。1951年10月，美、英、法、土四国在土耳其首都安卡拉举行会议，会上提出建立中东司令部的建议。其主要任务有三项：首先，中东司令部将成为中东地区的防务中心；其次，协助并且支持参与防务的国家，中东司令部有义务加强各成员国的力量；最后，中东司令部有权指挥成员国的军队，有权使用成员国的军事及民用设施，有权在各成员国的领土上驻扎军队。也就是说，以英美为首的阵营控制之下的中东司令部将成为中东地区的最高军事机构，它将成为各中东国家武装部队的最高统帅。四国提议将中东司令部的总部设在埃及并将该建议交给埃及，但遭到埃及的拒绝。在埃及的影响之下，大多数中东国家拒绝参加中东司令部，只有叙利亚和伊拉克政府同意参加。叙利亚与伊拉克的态度激起了两国人民的强烈不满。两国先后都爆发了反对政府加入中东司令部的游行示威。苏联同时也对美英等国的做法迅速做出反应。苏联指出，成立中东司令部是"针对苏联的侵略计划"。1953年1月，在艾森豪威尔政府中担任国务卿的杜勒斯对埃及、以色列、约旦、叙利亚、黎巴嫩、伊拉克、沙特阿拉伯和土耳其等中东国家进行了一次"事实调查旅行"。这是美国国务卿历史上第一次对中东地区的正式访问。杜勒斯在访问结束后提交的一份备忘录中，提到美国对中近东的政策必须从下述三个基本因素出发：第一，美国的盟国——英、法两国已经大大削弱了。在近东的战争行动鲜明地表明了英、法两国的外交政策地位是不堪一击的，并且表明了这两个国家经济的不稳和军事上的软弱。在埃及的战争已经摧毁了英、法在亚非两洲的威

信。第二，必须特别注意苏联在近东事件中所起的"令人震惊的作用"。第三，阿拉伯国家争取自决和独立运动的不可遏制的发展，导致阿拉伯民族主义的加强。这种民族主义的规模和对其他亚非国家的影响在目前是不可想象的。杜勒斯认为这种运动最后可能导致中东阿拉伯国家联盟的形成。杜勒斯认为，美国必须立即采取必要的措施以填充在近东所形成的"真空"。杜勒斯也看到了美国在中东组建联盟的设想会与英国的利益产生冲突，但是在"把苏联排斥在中东之外这一点而言，美英的愿望是一致的"。① 杜勒斯关于美国应在中东建立军事集团的设想，后被称为"杜勒斯计划"②。在"杜勒斯计划"的推动下，1955 年美国推动当时中东亲美国家签订了《巴格达条约》。巴格达条约组织建立后，中东分成了两大阵营，一方是得到美国财政和军事支持的巴格达条约组织国家。另一方是以埃及为首的阿拉伯国家。这种局面是美国一手造成的。巴格达条约组织的建立，使中东局势更趋复杂，不仅留下了很多冲突的种子，而且为苏联扩大在中东的势力提供了机会。伊拉克在 1958 年发生革命后退出该条约，巴格达条约组织改称中央条约组织，总部设在土耳其的安卡拉。巴格达条约组织对推动美、苏在中东冷战局面的出现起了重大作用。

三　控制中东的石油资源

1953 年，艾森豪威尔任美国总统以后，由于美苏冷战的国际大环境逐渐形成，遏制苏联是这一时期美国政府中东政策的首要战略目标。另外，排挤老牌殖民主义国家英法与其争夺中东丰富的石油资源乃是另一个重要的目标。但是为了实现这些战略目标所运用的具体策略较之前两任总统却又不尽相同。这主要表现在美国对阿拉伯国家与对犹太国家以色列态度的不同上。对前两任总统中东政策的继承表现在：对待犹太国家以色列的态度没有发生根本变化，仍然继续给予支持，对阿拉伯国家的态度较之以前显得友好一些。但是，由于艾森豪威尔是一位共和党总统，在美国国内，与民主党相比，共和党与美国犹太利益集团的关系没有那么亲密。这也使得艾森豪威尔一上台就表示要在以色列和阿拉伯国家之间保持不偏不倚，要改变美国前任政府过分偏袒犹太人和由于支持以色列国的建立而引

---

① ［英］罗伯特·斯蒂文森：《纳赛尔传》中文版，世界知识出版社 1992 年版，第 113 页。
② 张士智、赵慧杰：《美国中东关系史》，中国社会科学出版社 1993 年版，第 168 页。

起的阿拉伯国家对美国不满的情况。第一次中东战争中，以色列在美国政府大力援助下才得以幸存下来。第二次中东战争中，即在苏伊士运河战争中，美国则与苏联对英国、法国和以色列大大施压，并以制裁迫使其停火、撤军。对待阿拉伯国家也是如此，艾森豪威尔已经不再像罗斯福和杜鲁门那样，他开始分化和利用一部分阿拉伯国家组织地区性军事集团来对付苏联了。

20 世纪 50 年代发生的苏伊士运河战争是中东地区的重大事件，对中东地区的大国关系和美国的中东战略产生了重大而深刻的影响。苏伊士运河战争给英法以沉重的打击，不仅导致英法在中东的殖民统治崩溃，而且大大降低了英法的国际地位。还有，美国与英法之间的矛盾加深，英国首相艾登和美国国务卿杜勒斯几乎到了互不说话的地步，艾登指责美国在关键时刻出卖了朋友。苏伊士运河战争后，英法决定发展自己的核威慑力量，西欧六国建立了欧洲经济共同体，法国总统戴高乐提出了独立于美国的外交政策。最后，由于在苏伊士运河危机中支持埃及，并威胁要用导弹攻击伦敦和巴黎，苏联获得了阿拉伯世界极大的好感。苏伊士运河战争之后，苏联在中东的影响日益增强，与美国在中东展开了激烈的争夺。这次战争的一个更重要的结果就是英法在中东的势力渐趋没落和退出，新老殖民主义之间持续几十年的明争暗斗宣告结束，英国势力基本撤出中东。为填补这个政治真空，美国势力大举进入中东，逐渐取代英国。中东也逐渐成为美苏争霸的舞台。

从第二次世界大战后美国势力在中东扩张的历史过程看，1956 年的苏伊士运河战争对美国在中东的扩张是一次历史性的机遇。战后不久的 1957 年 1 月，美国总统艾森豪威尔提出了后来被称为"艾森豪威尔主义"的关于中东政策的特别咨文。他认为"这个地区一向是东半球各大陆的枢纽"，是"欧洲、亚洲、非洲"之间的门户，因此建议国会授权总统在中东实行"特别援助和合作计划"。至 20 世纪 60 年代，美国通过"艾森豪威尔主义"等手段排挤了英、法在中东的势力，并遏制了苏联在中东的势力。①

四   深度介入阿以冲突调解，推动埃及与以色列实现和平

冷战时期美国中东政策的一个基本原则是维护以色列的生存与安

---

① 　王京烈：《总体考察美国的中东政策》，《西亚非洲》2007 年第 5 期。

全，这是 20 世纪 60 年代初美国和以色列建立"特殊关系"后，历届美国政府都遵循的一个基本原则，也是美国在中东战略利益的一个体现。对于美国与阿以冲突的关系来说，1967 年的战争不仅戏剧性地改变了 1949 年以后阿以冲突原本冻结的状态，而且美国也从此真正认识到了"阿以冲突对地区局势的影响"[①]。1971 年，美国总统尼克松在一次国会所作的报告中谈到中东问题时表示，"20 多年来阿拉伯和以色列的冲突，说明这个问题是中东危机的核心"[②]。基于这种判断，美国加大了调解阿以冲突的力度。在 1973 年中东十月战争后，美国国务卿基辛格在中东进行了著名的穿梭外交。在不到两年的时间里，基辛格奔赴以色列 20 次，去埃及和叙利亚等国 19 次，达成了埃以和叙以脱离接触的协议。基辛格穿梭外交是其在阿以之间维持"均势"外交战略思想的体现，对中东局势和美国战略地位都造成了重大影响。穿梭外交在当时战争刚刚结束的背景下，追求的是双方临时的脱离战场接触行为，虽然在本质上看，反映了大国对结束战争行为的态度，但这种快节奏外交行动为以后埃及和以色列实现和平局面打下了基础。通过美国的斡旋，埃以双方从全面军事对抗转入寻求全面和平后，通过两个脱离接触协议，埃及收复了西奈半岛的部分土地。然而，长期以来在阿犹两个民族间沉积的仇视与不信任使得埃及和以色列很难进行直接面对面的谈判，和平谈判多次濒临破裂的边缘。

纳赛尔时代的埃及是阿拉伯世界和阿拉伯民族主义高涨的核心，但 1967 年战争的失败使埃及痛定思痛："埃及除了要考虑巴勒斯坦问题外，首先还要考虑埃及自己的问题。"[③] 1977 年 11 月，埃及总统萨达特突然宣布访问以色列，这在阿拉伯世界无疑是一个晴天霹雳："阿拉伯联盟的盟主埃及，居然背叛它们共同立下的与以色列不共戴天的誓言，单独与以色列讲和。"埃及的背信弃义行为使整个阿拉伯世界愤怒了，萨达特在访问以色列前曾到叙利亚访问，试图向叙利亚总统阿萨德解释埃及的立场，萨达特和阿萨德的会谈最后变成激烈的争吵，两国长期亲密的

---

① [美]威廉·匡特：《中东和平进程：1967 年以来的美国外交和阿以冲突》中文版，华中师范大学出版社 2009 年版，第 3 页。

② 张士智、赵慧杰《美国中东关系史》，中国社会科学出版社 1993 年版，第 224 页。

③ Fouad Ajami, *The Arab Predicament : Arab Political Thought and Practice since 1967* , Cambridge University Press, 1981, p. 78.

友好关系决裂。1978 年 12 月在叙利亚召开的第九次阿拉伯国家首脑会议上，到会的国家都强烈谴责埃及的背信弃义行为，一些阿拉伯国家纷纷与埃及断绝外交关系，阿拉伯联盟也开除了埃及的会员国资格。此后叙利亚和伊拉克暗中较劲，1977 年美国新总统卡特上台，美国的中东政策也发生了明显变化。在此以前，美国的中东政策主要是前国务卿基辛格制定的扼制苏联战略，即把以色列作为遏制苏联在中东扩展的马前卒。卡特总统上台后，提出了"对苏缓和"与"人权外交"新政策。卡特批评基辛格的中东政策过分夸大苏联的威胁，没有从人权观点考虑巴勒斯坦人的处境问题。卡特大幅度修改了基辛格制定的向以色列一边倒的中东政策，考虑建立平衡阿以双方利益的新中东政策。1977 年 3 月，卡特总统在记者招待会上公开表示："以色列应该撤回到第三次中东战争以前的停战线，巴勒斯坦人应该返回自己的故乡。"面对美国的新中东政策，以色列方面感到前所未有的压力，不得不在和平问题上做出让步。以色列开始通过罗马尼亚的外交渠道，秘密与埃及接触，试探和平谈判的可能性。埃及也面临国内严重的经济困难，想谋求和平环境，集中精力发展本国的经济建设。所以埃以双方一拍即合，达成了和平谈判的意向。以色列同意在领土方面做出让步，归还所有占领埃及的领土，而埃及的回报则是放弃消灭以色列的阿拉伯大义，承认以色列的合法存在，与以色列建立和平的共处共存关系。

美国总统卡特在埃以谈判中起到了非常重要的作用。卡特应用他高超的谈判技巧和策略，对埃以和平谈判的程序进行了巧妙的设计，并以"单一协商文本"为基础，不断地扩大双方的共同点，保留分歧点，软硬兼施，一次次成功地化解了危机，终于促使埃以双方在 1978 年签署了《戴维营协议》和《埃以和平条约》。萨达特总统在阿以和解中的超前行动遭到大多数阿拉伯国家的强烈反对。埃及因与以色列签订《戴维营协议》而在阿拉伯世界陷入"可怕的孤立"。但萨达特在压力面前没有退缩，在牢牢控制国内局面的基础上，以坦诚而灵活的态度，执著地追求和平，并最终通过政治谈判以和平方式收回了全部被占领土，实现了埃及与以色列国家关系的正常化，为日后阿以冲突的解决树立了榜样。在埃以和解影响下，中东形势发生了巨大变化。阿以关系的主流已从全面军事对抗转入寻求全面和平。虽然在黎巴嫩武装冲突时有发生，并爆发了"导弹危机"及黎巴嫩战争，但是在解决阿以冲突的尝试中，军事手段已逐渐为政治手段所取代。

1978年9月6日，美国总统卡特、埃及总统萨达特和以色列总理贝京，在美国总统休养地戴维营举行最高首脑会议，埃以双方签署了在中东和平进程中具有历史意义的《戴维营协议》。《戴维营协议》规定以色列将西奈半岛返还埃及，埃及则允许以色列船只自由通过苏伊士运河和蒂朗海峡。1979年3月埃以双方正式签署和平协议，1980年1月，埃以双方互派大使，建立外交关系。

埃及与以色列实现和平是阿以冲突历史上的一件大事，也是美国决心通过直接斡旋解决威胁地区和平的阿以冲突问题，并且可以由此缓和与苏联关系。

总之，第四次中东战争后，无论是美国、苏联，还是英国、法国，都逐步抛弃和摆脱了从中东全面战争中谋求政治、军事、经济利益的冷战思维。通过戴维营和谈取得埃以和平突破后，中东格局由长期冲突、战争走向单边和多边政治谈判阶段，这中间当然也伴随着不断的局部性冲突，但多个国家同时卷入的战争始终没有再发生过。在此情况下，有关和平解决中东问题的方案、建议、计划纷纷出台。在有关各方的共同努力下，以色列与部分阿拉伯国家或者实现了和解，或者达成了协议。但巴勒斯坦和以色列的谈判进行得尤其艰难，虽然也取得了一些阶段性进展，但终究未能实现和平，反而走上了有限对抗的阶段。埃及和以色列的戴维营和平进程在当时遭到所有阿拉伯国家的反对，但事实证明埃以和谈道路是成功的。1993年《奥斯陆协议》后巴勒斯坦和以色列的和平进程虽然受到国际社会普遍的关注和支持，却仍然不能实现全面、公正和持久的和平。其中原因，当然主要在巴以双方自己内部出了问题，但一个重要的外部因素是大国在中东的战略环境发生了大的变化，利益取向全面调整。美国通过戴维营和谈促成埃及与以色列实现和平，树立了通过谈判解决中东问题，并借以实现希望持久稳定与和平的模式。虽然这种模式还没有成功的范例（约旦与以色列实现和平与埃以和平没有太大的可比性），但大国中东战略的调整对中东地区局势的影响是深远的。

第三节　中东在美国全球战略中的地位

中东在美国全球战略中的地位是由中东重要的地缘政治特点决定的。

第一，控制中东的石油资源是相当长时期内美国追求的战略目标。第二次世界大战后，世界进入"石油＋汽车"的新工业革命时代，全球经济与石油紧密地连在了一起，石油这种基本原料促使资本主义与现代工业的真正发达，成为支撑西方经济的命脉。但是，除了美国的石油蕴藏相对丰富外，其他西方国家都非常缺乏石油。第二次世界大战后西方国家的经济飞速增长，大多考虑给予原殖民地人民以独立的国家地位，换取在经济上继续剥削和掠夺。所以中东对于西方的重要性一目了然。中东地区除了具有十分重要的战略位置之外，还蕴藏着丰富的石油资源，仅海湾地区石油蕴藏量就占全球已探明储量的2/3，战略地位非常重要。其中，沙特阿拉伯占世界石油已探明储量的1/4，伊拉克是世界第二大储油国，约占世界石油总量的10%，伊朗、阿联酋和科威特各占9%左右。据分析，海湾各国至少在未来10年之内仍将是世界石油的主要出口国。作为世界上最大的能源消费国，美国一直努力控制世界石油的生产、供给和定价的主导权。中东的石油资源对美国经济有着极为重要的意义，该地区的石油供给及其定价直接决定了国际市场的石油价格走势，也决定了美国经济能否持续稳定发展。值得一提的是，美国对欧佩克在国际石油供应格局中的主导地位一直耿耿于怀，美国认为欧佩克把石油价格定得太高，不利于美国和西方国家的经济发展，美国计划削弱欧佩克的影响，进一步把世界石油的定价权抓到自己手里。海湾战争就是美国利用西方国家策动组成反伊拉克联盟，控制海湾石油，也同时使欧洲国家能够得到利益。

第二，维护和支持以色列，为以色列的生存和安全承担义务和责任，既成为美国中东政策追求的一个目标，也是美国在中东战略利益的一个体现。对于美国来说，以色列就是其在中东的一块"垫脚石"。以色列在中东阿拉伯世界中成为一个犹太的异族异教，使它无法摆脱阿拉伯人以战争方式进行各种性质的报复，美国则能更好地通过控制以色列的政治走向，以影响中东局势并从中获利。美国对以色列的战略支持有一个逐渐确认的过程。20世纪50年代初期，美国出于在中东建立军事联盟的需要，为了拉拢更多阿拉伯国家的加入，一度对以色列要求加入军事联盟的态度有所保留。但苏伊士运河战争结束后，中东国际形势发生重大变化，促使美国对以色列的认识有所改变。首先，英法在阿拉伯世界的影响力下降，从而在该地区形成了权力的真空；其次，在纳赛尔的影响下，阿拉伯激进民族主义发展迅猛，阿拉伯世界反西方的势力日益增长；再次，苏联在解决阿以冲突中的表现深得阿拉伯人民的好感，其影响力日渐增加，大有填补英法遗留下的权力真空之势。1957 年 1 月 5 日，美国政府出笼了"艾森豪威尔主义"，允诺向中东国家提供军事和经济援助以防止外来武装的军事威胁，维持中东内部的安全和防止"有秩序的"政府垮台。以色列第一次被纳入美国的地区性安全安排。① 从 1958 年到 1960 年，美国逐渐加大了向以色列出售武器的力度。1963 年 7 月，美国总统肯尼迪在会见以色列总理列维·艾希科尔时首次提出了美国和以色列存在"特殊关系"。1981 年 11 月，美国和以色列签署《美以战略合作谅解备忘录》，美以战略盟友关系达到了前所未有的高度。②

2000 年，白宫发表题为《新世纪国家安全战略》的报告提出："中东、海湾和北非地区的事态发展将决定着是否能建立和确立以色列和阿拉伯国家之间公正与持久的和平，决定着该地区国家是否将同我们一起全力参与反恐怖和缉毒战争，决定着这些国家是否同意停止发展大规模杀伤性武器。该地区的事态发展还将决定高加索和中亚的油田和气田是否将成为可依靠的能源。"③众所周知，美国的总统选举需要大量资金，而犹太人能为美国总统选举的两党竞选人提供巨额资金和至关重要的选票。为了获得犹太人的捐款和选票，美国两党的总统候选人竞相表现出亲以的姿态。他们当选后，也大多采取偏袒以色列的政策。

以色列建国以后，历届美国政府都以积极的姿态保卫以色列的安全，这除了以色列本身是一个西方式的民主国家和犹太人在美国国内政治中的作用之外，还与以色列在美国中东战略利益中起的举足轻重的作用不无关系。首先，以色列地理位置优越，能在这个地区为美国提供良好的军事基地、战略物资的储备地和转运站。其次，以色列拥有中东地区最强大的军事力量，能够有效地维护美国的中东利益。再次，以色列为美国提供了极其宝贵的军事经验和大量价值极高的情报。正因为以色列的地区战略地位和作用与美国的全球利益，尤其是在中东的利益相吻合，所以，保障以色列的安全自然成为美国国家利益的一个组成部分。第三次中东战争后，以色列占领了大片阿拉伯国家的领土，包括阿拉伯国家在内的广大第三世界

---

① 资中筠主编：《战后美国外交史——从杜鲁门到里根》上册，世界知识出版社 1994 年版，第 323 页。

② 张士智、赵慧杰：《美国中东关系史》，中国社会科学出版社 1993 年版，第 407 页。

③ 安维华、钱雪梅：《美国与大中东》，世界知识出版社 2006 年版，第 174 页。

国家与以色列的关系空前敌对，促使美国不得不认真考虑解决中东问题。1970 年 6 月，美国国务卿罗杰斯正式向埃及提出了一个关于中东和平的建议，即《罗杰斯方案》。① 《罗杰斯方案》当时获得了英国的赞同，法国持保留意见，苏联则表示等着瞧，阿拉伯国家普遍表示拒绝。《罗杰斯方案》是美国首次直接提出的中东和平方案，但当时的阿拉伯世界显然还不具备接受与以色列谈和的条件。1973 年中东十月战争后，美国国务卿基辛格在阿拉伯国家和以色列之间来回奔波，被形容为"穿梭外交"的外交活动，在不到两年的时间里，基辛格去中东数十次。其间，去以色列 20 次，去埃及和叙利亚等国 19 次。但基辛格的"穿梭外交"被后人描述为过度偏袒以色列，是美国亲以（以色列）抑阿（阿拉伯国家）政策的巅峰之作。

第三，确保中东地区美国盟友国家的政治和经济稳定。首先，中东地区的和平与稳定不仅对世界和平与发展有重要影响，而且符合美国的利益。维护中东局势稳定，美国就能控制中东石油资源，不但可以满足美国自身的需要，又能够制约那些依赖中东能源供应的国际战略竞争对手，从而进一步扩大美国的战略优势，加强美国在世界格局中的主导地位。冷战时期，美国在中东先后扶持了以色列、伊拉克、土耳其、伊朗、沙特、埃及等盟友。这些盟友后来有的成为了美国的敌人，这也说明了美国维护中东盟友的政策是不稳定的，并且要冒大的政治风险。其次，中东国家出现的暴力变革或者激进革命还可能危及美国的友好国家甚至周边地区，进而影响美国实现其全球战略目标。因此，维护中东地区局势稳定也是美国中东战略的既定目标之一。冷战时期，美国和西方国家先后采用政治、经济和军事手段，分化阿拉伯国家抗击以色列的联合阵线。在几次中东战争中，由于内部不协调，埃及、叙利亚、约旦、黎巴嫩先后在与以色列的直接对抗中败下阵来。总体来说，美国对中东国家政策的要点是：扶植亲美政权，建立亲美和亲西方的国家阵营，援助美国的盟友；防范伊斯兰原教旨主义，用西方资本主义自由经济和"民主"价值观潜移默化地影响阿拉伯国家；控制石油资源；调节巴以冲突（以和平方式解决巴勒斯坦问题）等几方面。

应该指出的是，各个不同时期，美国在中东的战略利益是有所侧重

---

① 钟冬编：《中东问题 80 年》，新华出版社 1984 年版，第 413 页。

的。美国历来认为自己在中东有着至关重要的基本战略利益，一是控制石油；二是维护盟国以色列的生存和安全；三是确保美国和西方盟国的战略和经济利益。多少年来，美国在中东事务中纵横捭阖，不断变换手法，归根结底都是围绕着这些核心问题。但在"9·11"事件后，美国把铲除中东的原教旨主义的温床、遏制恐怖主义威胁作为自己在中东追求的又一战略目标。与此同时，随着布什政府确立以维护美国"唯一超级大国"地位为核心的国家安全战略，中东地区在美国外交战略中的地位进一步上升。

第二章　冷战时期的苏联与中东

由于历史和地缘政治的联系，苏联与中东的联系密切。但在冷战形成前，苏联在中东的主要影响范围是土耳其、伊朗等沿黑海一线。第二次世界大战结束后，苏联的势力借助支持阿拉伯国家很快深入到中东腹地。

第一节　冷战时期苏联中东政策的特点

一　支持中东国家民族解放运动，同时也支持建立犹太人国家

第二次世界大战后，随着战后中东地区民族解放运动蓬勃发展，西方国家在中东地区殖民体系危机正在日益扩大，为苏联调整与反抗殖民压迫的阿拉伯国家的关系提供了机遇。西方国家挑起冷战，不断在苏联周围组建包围圈，迫使苏联为了打破围堵，积极发展与阿拉伯国家的关系，高举支持阿拉伯国家民族解放运动和阿拉伯进步力量的旗帜，打击西方的势力。第二次世界大战结束后，苏联凭借强大的军事和政治影响力向外扩张势力。1947年，苏联通过支持巴勒斯坦分治计划，打击英国在中东特别是在阿拉伯国家的势力，支持犹太复国主义，拉近与以色列的关系，使苏联外交获得了灵活的空间。但在阿拉伯国家看来，苏联在联合国投票支持建立犹太国家，使阿拉伯国家感到极大的震惊。苏联过去一直反对犹太复国主义运动，斥责它是反动的为帝国主义服务的工具，因此，在巴勒斯坦问题上，曾把希望寄托于苏联。[①] 苏联在中东扩张的一个重要国家是埃

---

① 刘竞、张士智、朱莉：《苏联中东关系史》，中国社会科学出版社1987年版，第129页。

及。纳赛尔政府上台执政后，坚持阿拉伯民族主义的立场，反对帝国主义
所策划的军事同盟，提倡中立和不结盟政策。西方国家以提供埃及急需武
器作为条件，企图迫使纳赛尔改变政策。这些为苏联将势力真正渗入中东
提供了机会。由捷克斯洛伐克出面与埃及进行武器交易，通过纳赛尔在阿
拉伯国家中的影响力，拉拢叙利亚、也门等国家，同时为美国势力的进入
不断设置障碍，抵制"巴格达条约"使其最终成为虚设。随着以色列改变
中立政策，外交重心逐渐靠近美国，苏联也改变了以色列建国时对犹太人
外交、军事上的支持，在舆论上抨击以色列成为了殖民国家的工具，国内
兴起反犹主义运动，外交上支持阿拉伯国家，指责以色列对阿拉伯国家的
侵犯，在重要的武器援助问题上，拒绝了以色列的请求，转而援助阿拉伯
国家。苏联不断向以色列施加压力，试图阻止其加入西方军事同盟，同时
将矛头指向美国，指责西方的殖民侵略才是中东问题的原因所在。赫鲁晓
夫时期采取的将苏联的战略和外交势力突入世界广大不发达地区外交政策
的探索，也为苏联对抗美国、赢得在中东地区立足并扩大影响提供了重要
的机会。

二　中东成为与美国对抗、角力的重要地区

冷战期间，苏联在政治、经济和军事上全面支持阿拉伯国家，在这里
投入了大量的资源。绵延半个多世纪的中东纷争，都少不了苏联与美国博
弈的因素，阿以之间的数次战争都能看到苏联的身影。它甚至几度与美国
迎头相撞、差点导致两个超级大国的核战争。但苏联对阿拉伯国家的支持
也不是全方位的，在某些时期对阿拉伯国家的支持是有条件的，那就是尽
量避免与美国直接武力对抗，如在埃及的纳赛尔当政时期。从 20 世纪 50
年代中期开始，苏联一直对埃及进行政治、经济、军事援助，抗衡美国对
以色列的援助。苏联在 20 世纪 50 年代中期向埃及提供了军事援助。1956
年 8 月苏共中央做出决议，强调将在解决中近东问题上起积极作用。20
世纪 50 年代中期以后，苏联通过经济援助和军事援助的方式，对埃及、
叙利亚和伊拉克等国加强了渗透。1958 年，苏联和埃及签订了《经济技
术合作协定》。进入 60 年代，苏联利用美国深陷越南战场的有利时机，
加紧了在中东与美国的争夺。除了向埃及提供大量的经济援助之外，苏联
还向埃及提供了大量先进武器。苏联在中东的扩张，使得以色列需要不断
地寻求和投靠大国来保护国家生存。因此以色列甚至有人认为，"以色列

是冷战的牺牲品"①。苏联在中东咄咄逼人的攻势，使得美国的利益受到严重威胁。美国一面向阿拉伯国家施压，一面加紧扶植和武装以色列，使以色列的军事力量得到大大加强。在苏伊士运河战争爆发后，对于英法发动的对埃及的军事行动，苏联发出最后通牒，表示如果英法不立即撤军，苏联将采取必要的军事行动支援埃及。但纳赛尔与苏联的关系在1967年战争后产生冲突，因为苏联希望埃及以和平的方式解决和以色列的冲突。苏联不计代价希望避免阿拉伯国家与以色列的冲突，以免与美国发生进一步的对抗。美苏在奥斯陆的会晤将使中东局势更进一步朝向保持现状发展，而这是埃及所无法接受的。由于担心准备战争的意图被苏联察觉，埃及开始驱逐当时停留在埃及的苏联军事顾问团。1972年7月，萨达特驱逐了几乎全部2万名苏联军事顾问，并且在外交政策上开始向美国靠拢。苏联认为萨达特不会有机会赢得战争，他们警告萨达特，任何跨越苏伊士运河的行动都会由于以色列严密的防御而死伤惨重。苏联当时正致力于缓和政策，因此极不乐见中东出现不稳定的情势。在1973年6月与尼克松的会面中，苏联领导人勃列日涅夫建议以色列应该撤回1967年的边界，勃列日涅夫称如果以色列不这样做，"苏联将很难维持目前的和平状态"，暗示了当时苏联对萨达特发动战争的意图已经无能为力。

三　苏联入侵阿富汗，力图抢占包抄中东的桥头堡

1979年，苏联大规模入侵阿富汗，引起美国对苏联挺进波斯湾和印度洋的强烈担忧。苏联挺近阿富汗，使美国把注意力转向抗衡苏联的新的扩张威胁上，新上台的里根总统一改前总统卡特的对苏缓和政策，对苏采取强硬立场，提出"星球大战"等对抗苏联的战略计划。苏联入侵阿富汗后，美国对中东问题的关心程度大为降低，形势对阿拉伯国家更为不利。另外苏联入侵阿富汗后，与苏联近邻的阿拉伯国家也感到苏联的威胁，联美抗苏的思想抬头，阿拉伯人的反美思潮有所后退。美苏在中东的冷战和对抗局面进一步扩大。

四　在一些中东地区冲突问题上，苏联也注重"均势态势"

1980年，伊朗与伊拉克爆发两伊战争。苏联与美国都没有直接插手

---

① I. L. Kenen, *Israel's Defence Line: Her Friends and Foes in Washington*, U.S.A, 1981, p. 3.

两伊战争，而是采取了基本类似的政策，即严守"中立"态度。对于苏联来说，虽然霍梅尼政权是一个难以相处的政府，但伊朗是苏联一个重要的邻国，而伊拉克也是苏联在中东一个重要的"盟友"。因此，苏联不愿公开得罪任何一方。表面上，苏联一再表示严守中立，希望双方停火。但实际上，苏联并没有积极去进行调解或施加影响，却在暗中通过各种渠道向双方输出武器，力图操纵局势。战争期间，苏联一方面向伊拉克提供了数量可观的武器装备，包括萨姆导弹、地对空飞毛腿导弹、各类米格战机等。同时，苏联也与伊朗扩大经贸联系，增加了对伊朗工程项目的援建，并为伊朗的对外贸易提供了过境的便利。苏联的政策，对两伊战争后期形成长达数年的"不战不和"局面起了很大的作用。① 在 1982 年以色列入侵黎巴嫩的战争中，苏联也并没有像前几次中东战争中那样坚定站在阿拉伯国家一边，而是采取了貌似中立的"不卷入"政策。

第二节　戈尔巴乔夫外交"新思维"，苏联从中东退缩

　　1985 年戈尔巴乔夫执政后，苏联加快改革步伐。在对外政策上，戈尔巴乔夫一再强调苏联的国际政策"比以往任何时候更取决于国内政策"，因此在对外政策上总体退缩。长期以来，苏联面临的国际局势特别是苏联长期以来坚持的僵硬、顽固的对外政策不能不引起戈尔巴乔夫的诸多反思。苏联在过去的时间里持续不断而且是不惜代价地与美国进行军备竞赛，尽管取得了军事上的超级大国的地位，但也使苏联筋疲力尽，难以继续下去。在地区冲突方面，政府放弃输出革命或者反对他国革命，并且表示愿意在阿富汗、安哥拉、柬埔寨、中东、拉丁美洲等地区找出结束冲突的解决办法。1985—1988 年，戈尔巴乔夫和美国总统里根有过五次会面，释放了与美国改善关系的强烈信号。同时，苏联也加强了与联合国的合作，慢慢改变了过去在联合国舞台上强烈而孤独的现象。尤其在戈尔巴乔夫执政后期，他的外交新思维否定了国际领域存在霸权主义和强权政治，对西方妥协。主要表现在两德统一问题、东欧问题以及与美国的关系上。1990 年 9 月，苏联和美国两国领导人在赫尔辛基进行了短暂会晤，在那里，他们表态支持联合国谴责伊拉克入侵科威特的决议。

---

① 刘竞、张士智、朱莉：《苏联中东关系史》，中国社会科学出版社 1987 年版，第 314 页。

戈尔巴乔夫当政时期，苏联的中东政策的特点是，逐步摆脱过去几十年建立在冷战基础上的与美国对抗政策。戈尔巴乔夫执政时期所奉行的中东政策，一改过去死板、僵硬的形象，表现出积极、主动、灵活和谨慎的特点。在阿以冲突问题上，苏联逐步改变过去大力在军事上援助埃及、叙利亚、伊拉克、利比亚等国家的政策，重视在联合国等国际舞台斡旋和调解阿以冲突。1991 年，美国斡旋召开中东和平会议，为了取得美国等西方国家的援助，苏联不再同美国相抗衡，愿意充当美国的配角，迎合美国的要求，促成马德里中东和会于 1991 年 10 月召开。戈尔巴乔夫当政后期，两伊战争和海湾地区的局势一度成为中东头等重要的问题。当时甚至有说法，认为中东问题已从西部的巴勒斯坦转移到东部的波斯湾。①苏联对两伊战争和 1990 年伊拉克入侵科威特基本上采取了与国际社会共同调停的态度。1987 年，苏联还与美国一起参加了波斯湾的护航活动。在阿富汗问题上，为了摆脱沉重的政治和外交压力，戈尔巴乔夫上台后，也逐步考虑从阿富汗撤军的部署。

1991 年 12 月苏联解体，俄罗斯在对外政策上遵循了戈尔巴乔夫当政时期的"新思维"。特别是 20 世纪 90 年代初期，由于各种因素的影响，苏联以及苏联解体后的俄罗斯在中东呈现出全面收缩的态势。按照曾任外长的伊万诺夫的说法，这个时期，俄罗斯与阿拉伯世界的传统联系急剧下降，俄罗斯在这里的阵地丧失殆尽。当然，苏联的退缩乃无奈之举，因为苏联必须"以战略收缩来振兴经济，从而保持其世界强国的实力地位"②。一个十分明显的情况是，虽然同为马德里和会（1991 年）的主持者、中东问题四方代表（指美、俄、欧盟和联合国）之一，俄罗斯在中东和平进程中实际上处于被边缘化的程度，几乎成为国际和谈的"礼仪"式的角色。

第三章　冷战时期的英国与中东

第一节　英国与犹太复国运动

作为老牌的帝国主义国家，英国与中东的联系在大英帝国建立"日

---

① 《西亚非洲》1988 年第 2 期。
② 王京烈主编：《面向二十一世纪的中东》，社会科学文献出版社 1999 年版，第 313 页。

不落"帝国的过程必然出现。英国在中东的扩张政策符合"国旗跟随贸易"的模式，即"英国政府对一个地区的控制是为了保护它在该地区已经建立的贸易利益"①。不过，英国在中东所要保护的重点并不是与当地的直接贸易，而是英国与东亚和南亚贸易的通道，以及英国与澳大利亚和新西兰的联系。因此，控制海运通道和保护贸易畅通成为英国中东战略的重要目的。19 世纪初，英国控制了处于奥斯曼帝国名义控制下的埃及。1869 年苏伊士运河开通后，即被英、法帝国主义长期占领；1882 年，英国派兵占领埃及，在运河区建立了它的海外最大军事基地；第一次世界大战结束后，英国是参与对战败国奥斯曼帝国领土瓜分和"托管"的主要西方国家之一。19 世纪后期，犹太复国主义的兴起，并且把获得大国的支持看作为达到建国目标的重要条件，英国自然成为犹太复国运动游说和争取的主要国家之一。1897 年 8 月，以赫茨尔为首的犹太复国主义者，在瑞士巴塞尔召开第一次代表大会，通过了在巴勒斯坦建立一个"犹太人之家"的复国纲领。英国对巴勒斯坦垂涎已久，决定利用犹太复国主义，攫取巴勒斯坦，进而控制中东地区。1917 年 11 月 2 日，英国外交大臣 A. J. 贝尔福致函英国犹太复国主义者联盟副主席 L. W. 罗斯柴尔德。信中说："英王陛下政府赞成在巴勒斯坦建立一个犹太人的民族之家，并愿尽最大努力促其实现；但应明确理解，不得做任何事情去损害目前巴勒斯坦非犹太人的公民权利和宗教权利，或者损害其他国家犹太人所享有的权利和政治地位。"这封信后来被称为"贝尔福宣言"。宣言中的"犹太人的民族之家"，实即犹太国。

"贝尔福宣言"对犹太复国主义的发展和中东局势产生了深远的影响。宣言得到包括美国在内的当时协约国联盟主要国家的赞成。但英国却是以后导致巴勒斯坦地缘政治复杂化的最重要的西方国家。

第二节　英国与巴勒斯坦问题的产生

1920 年，英国取得对巴勒斯坦地区的委任统治国地位。此后，大批犹太人因英国的支持，从世界各国迁来定居，人数从 1917 年"贝尔福宣言"发表前的 5 万人增加到 1939 年的 44.5 万人。英、犹默契地夺取了巴

---

① 《拉什博士谈英国的中东政策》，《西亚非洲》1990 年第 6 期。

勒斯坦阿拉伯人的大片土地，把许多巴勒斯坦人赶出家园，巴勒斯坦和其他阿拉伯人民强烈反对英国的殖民统治和它对犹太复国主义的支持，不断进行抗英斗争，迫使英国重新考虑它的政策。第二次世界大战前夕，英国开始限制犹太人向巴勒斯坦移民和"购买"土地，犹太人对此表示坚决反对，英、犹之间从此发生龃龉甚至摩擦。巴勒斯坦问题也逐渐成为英国的一个负担。

　　1947 年 4 月 2 日，英国驻联合国代表亚历山大·贾德干正式致函联合国秘书长赖伊，要求联合国召开一次特别会议讨论巴勒斯坦问题。4 月 28 日至 5 月 15 日，联合国在大多数会员国同意举行特别会议的建议以后，在纽约召开第一次特别会议，巴勒斯坦问题是列入会议的唯一议题。会上就巴勒斯坦的前景提出了四种方案：一种方案主张在巴勒斯坦成立一个使阿拉伯人和犹太人都享有平等权利的阿拉伯—犹太联邦；一种方案主张建立阿拉伯国与犹太国两个独立国家；一种方案主张建立一个阿拉伯国；一种方案则主张建立一个犹太国。最后，联合国大会第一次特别会议通过了《关于设立巴勒斯坦特别委员会的决议》，由澳大利亚、加拿大、捷克斯洛伐克、危地马拉、印度、伊朗、荷兰、秘鲁、瑞典、乌拉圭和南斯拉夫等 11 个国家组成联合国巴勒斯坦特别委员会，授权对一切有关巴勒斯坦问题的争端进行调查，并提出建议。

　　联合国巴勒斯坦特别委员会经过三个多月的调查，提出了解决巴勒斯坦问题的两个方案，即多数派方案和少数派方案。多数派建议巴勒斯坦结束委任统治，将它分为两个独立国——犹太国和阿拉伯国，耶路撒冷城将置于国际托管制度之下，由联合国作为管理当局。这三个实体将联合组成为一个经济联盟。并且建议，犹太国占地 62%（不包括耶路撒冷），阿拉伯国占地 38%。自 1947 年 9 月起，有两年过渡期，过渡期间由英国代管。多数派所持的理由是，阿犹双方对巴勒斯坦提出要求，都有理由。但由于彼此"生活方式不同"，"政治利益不同"，很难合作，无法调和。为了"满足双方一部分要求及民族愿望"，实行分治才是"唯一的办法"。少数派建议成立一个以耶路撒冷为首都，由阿拉伯国和犹太国组成的独立的联邦国家。提出这一建议的少数派认为，分治方法"造成政治与地理上的不统一，主张阿拉伯人与犹太人在共同国家内享受平等权利，并维持对该地生活及发展所不可缺少的经济统一性"，因为"巴勒斯坦是土著阿拉伯人与犹太人共有的土地，他们都有其历史上的关系，并在文化与经济生活中占有重要地位"。澳大利亚代表则认为，这两个方案都超出了特别委员会的职权范围，因此没有参加投票。阿拉伯最高委员会反对这两个方案。犹太代办处对"多数派方案"表示"某种程度的满意"。但认为划分给犹太国的面积太小。因此，持保留态度，希望联大例会予以"裁定"。

1947 年 9 月 23 日，联合国大会举行例会，通过设立一个由全体会员国组成的巴勒斯坦问题专门委员会，讨论联合国巴勒斯坦特别委员会提出的上述两个方案。在讨论过程中，听取了作为托管国的英国、阿拉伯最高委员会和巴勒斯坦犹太代办处三方面的意见。

1947 年 11 月 25 日，联合国巴勒斯坦专门委员会以 25 票对 13 票通过了分治计划。11 月 26 日至 29 日，第二届联合国大会讨论了专门委员会建议采纳的多数派方案。在大会讨论中，英国代表亚历山大·贾德干表示英国愿意"接受"分治方案，决定放弃委任统治，并预定在 1948 年 8 月 1 日完成由巴勒斯坦撤退英军的工作。埃及、叙利亚代表重申联合国"无权"决定巴勒斯坦的未来，分治决议是违背巴勒斯坦大多数居民意愿的，因此，强烈反对分治方案。如果联合国通过分治决议，阿拉伯国家"将永远不承认所建议的分治"，并"保留采取适当行动的权利"。美国代表在会上采取了积极支持巴勒斯坦分治决议的态度。11 月 26 日，苏联代表葛罗米柯在长篇发言中支持了分治方案。他说，巴勒斯坦实行分治的决定"符合阿拉伯人的利益，也符合犹太人的利益"；"符合联合国的原则和宗旨"，也"符合各国人民的民族自决的原则"。因此，它是"唯一行得通的办法"。

1947 年 11 月 29 日联合国大会，以美苏等 33 国赞成、阿拉伯国家等 13 国反对、英国等 10 国弃权的表决结果，通过了《巴勒斯坦将来治理（分治计划权）问题的决议》，即著名的《联合国大会第 181（Ⅱ）号决议》。① 由于犹太人在美国政治、社会、经济生活中的重大影响，以及 1947 年的总统选举年，杜鲁门需要争取美国犹太人的选票，因此，美国政府积极支持巴勒斯坦分治方案，这是同美国政府的利益分不开的。魏兹曼为了争取多数，为了将内格夫与亚喀巴湾划入拟议中的犹太国的版图，亲自向杜鲁门总统递交备忘录，说服杜鲁门，他在会外为分治决议的通过，为争取犹太人的利益，做出了很大的努力。

---

① 《巴勒斯坦问题参考资料》，世界知识出版社 1960 年版，第 71 页。

巴勒斯坦分治决议的主要内容有：英国对巴勒斯坦的委任统治必须结束，英国军队必须尽快撤出巴勒斯坦，最迟不得超过 1948 年 8 月 1 日，并规定托管理事会将制定并通过一项详细的耶路撒冷城规约。为了执行决议，还设立了联合国巴勒斯坦委员会。决议还规定，在委任统治结束后两个月内成立阿拉伯国和犹太国。大体上根据种族分布情况，它们将巴勒斯坦划分为六个部分，三个部分归阿拉伯人，三个部分归犹太人。占人口 2/3 的阿拉伯人建立的阿拉伯国，其面积为 1.1 万平方公里，占全巴勒斯坦面积的 43%，所辖地区包括西加利利、约旦河西岸大部地区和加沙地区以及雅法市的阿拉伯区，计有阿拉伯人 72.5 万人，犹太人 1 万人。占人口 1/3 和土地 6% 的犹太人建立的犹太国，其面积为 1.4 万平方公里，占全巴勒斯坦面积的 56%，所辖地区包括上加利利、胡拉盆地、太巴列湖和贝桑地区以及从阿克以南至特拉维夫以南约 20 英里的沿海地区。计有犹太人 49.8 万人，阿拉伯人 40.7 万人。两国经济上实行联合；耶路撒冷及其附近郊区村镇（计 158 平方公里）是一个"在特殊国际政权下的独立主体，并由联合国管理"。

1948 年 5 月 14 日，犹太人的领导人本·古里安在巴勒斯坦的特拉维夫宣布成立以色列国。美国总统杜鲁门在本·古里安发布公告后十分钟，宣布承认以色列国。5 月 15 日，英军自巴勒斯坦撤退。几乎与此同时，阿拉伯国家开始出兵，第一次中东战争（也称巴勒斯坦战争，以色列又叫"独立战争"）爆发。

巴勒斯坦战争从阿拉伯国家出兵开始到以色列、叙利亚签订停战协定为止，历时 15 个月，战争以阿拉伯国家失败、以色列获胜而告终。战争结束时，以色列占领了巴勒斯坦 4/5 的土地，计 2 万多平方公里，比联合国分治决议规定的面积多了 6700 多平方公里。战争中有 6 万巴勒斯坦人丧失家园，沦为难民。联合国所规定的阿拉伯国家未能建立。战争激化了阿拉伯国家和以色列、阿拉伯国家和美、英的矛盾，此后中东陷于长期动荡和战乱。

第三节　苏伊士运河战争与英国在中东势力的衰落

英国除了与犹太复国运动及巴勒斯坦问题的产生息息相关外，它与中东地区的联系其实早已发生。英国早在 19 世纪初便开始入侵海湾地区。

到第一次世界大战初期，英国在海湾地区营造了"保护国"体系。它的
"属地"包括巴林、科威特、卡塔尔、阿联酋等，阿曼也是英国的势力范
围，这种格局一直保持到冷战初期。① 但英国在中东势力由盛转衰的标志
是1956年的苏伊士运河战争。

苏伊士运河是埃及境内一条国际通航运河，全长175公里，它沟通了
地中海和红海交通，缩短了欧亚两洲的航程，是联系欧、亚、非三洲的要
道，战略位置十分重要。运河自开通以来，一直为英、法所控制，1882
年，英国派兵占领埃及，在运河区建立了它在海外最大的军事基地。1936
年又签订了《英埃条约》，肯定了英国在苏伊士运河区的驻军权。第二次
世界大战结束后，老牌殖民国家如英、法等受到很大削弱，埃及的民族解
放运动有了较大的发展，1951年10月，埃及废除了《英埃条约》。1952
年7月23日，以纳塞尔为首的"自由军官组织"发动军事政变，推翻了
英国扶植的法鲁克王朝，废除了君主制，建立了共和国。之后，于1954
年10月英国同埃及签订协定，同意分批撤军。1956年6月，英军全部撤
离埃及，但苏伊士运河仍为英法控制。1956年7月26日，埃及政府宣布
将苏伊士运河公司收归国有，公司全部财产移交埃及。英法为重新控制苏
伊士运河，策划召开对运河实施"国际管制"的会议。1956年8月16
日，在英法倡议下，22个国家在伦敦举行会议，但未能达成任何协议。9
月19日，美、英、法召集18国再次在伦敦举行会议，讨论建立"苏伊士
运河使用协会"问题，仍未达成协议。9月30日，英法将苏伊士运河问
题提交联合国安理会讨论，10月13日，安理会否决了英、法要求埃及接
受"国际管理"制度提案。值得注意的是，美国在苏伊士运河危机发展
过程中，一方面表示不反对埃及把苏伊士运河国有化，认为这是取代英、
法在中东势力的大好机会；另一方面企图筹集一个国际组织来共管苏伊士
运河，反对英、法提出的各项主张。英国首相艾登认为，美国的做法，使
得英国"除了使用武力或默认纳赛尔的胜利以外没有第三条路可走"②。
在这种情况下，英法决定采取武力来解决问题。为解决兵力不足的问题，
法国首先提出邀请以色列加入。对以色列来说，它早已对埃及不准它的船
只通过亚喀巴湾的蒂朗海峡和苏伊士运河不满，早在1955年11月就制定

---

① 安维华、钱雪梅：《海湾石油新论》，社会科学文献出版社2000年版，第388页。
② 殷罡主编：《阿以冲突：问题和出路》，国际文化出版公司2002年版，第6页。

了一个入侵加沙地带和西奈半岛的作战计划,所以,两者是一拍即合。1956 年 10 月 13 日,法以商定了作战计划,14 日,英法又在艾登的家乡举行了秘密会议,制订了作战计划。决定由以色列首先向西奈半岛的埃及军队发起进攻,吸引埃军的主力部队支援;接着,英法从塞浦路斯、马耳他、亚丁湾和航空母舰上出动飞机轰炸埃及,摧毁埃及的军事基地;然后,英法军队从塞得港登陆,向运河区进攻,切断埃军退路;最后,由以色列占领西奈半岛全境,英法占领西奈半岛运河区。

英法和以色列的行为受到国际社会的强烈谴责。苏联宣市:如英法不停火,苏将对英法实施核攻击。美国为把英法势力挤出运河区,命令全球美军进入戒备状态,威胁英法。在埃及军民坚决反抗和国际社会强大舆论压力下,英、法被迫在 11 月 7 日宣布停火,11 月 22 日撤出全部军队。在埃及应允以色列有蒂朗海峡水面航行和空中飞行权后,以色列军队于 1957 年 3 月从西奈撤出全部军队,所遗有争议的加沙地带和亚喀巴湾沿岸地区由"联合国军"暂时管理。

苏伊士运河战争后,英国在中东的势力和影响一落千丈。虽然英国是巴勒斯坦问题产生的主要当事国,但随着美国在中东问题上作用突出,英国在巴勒斯坦问题上基本上是美国的跟班,在许多问题上跟着美国的立场行事。

第四章 冷战时期的法国与中东

第一节 法国与中东的历史联系

法国在中东殖民势力的扩张发生在第一次世界大战期间。1916 年英、法、俄三国举行谈判,签订了关于瓜分奥斯曼帝国小亚细亚领土问题的秘密协定,即《萨克斯—皮科协定》(Sykes – Picot Agreement),后意大利亦参加了该协定。第一次世界大战的结束、协约国的胜利使英、法等西方殖民主义得以更加明目张胆地瓜分中东地区。1919 年 6 月在巴黎和会上通过了《凡尔赛合约》和《国际联盟盟约》,1922 年又先后制定了关于叙利亚和黎巴嫩的委任统治书,叙利亚、黎巴嫩因而沦为法国的委任统治地①。第二次世界大战初期,英国和法国的"自由法兰西军"一同开入叙

---

① 见王京烈《全球化与中东国际关系》,《阿拉伯世界》2002 年第 4 期。

利亚。1940 年 6 月，法国向德国投降，叙利亚被纳粹德国控制。1941 年
9 月 27 日，"自由法兰西军"总司令贾德鲁将军以盟国名义宣布叙独立。
1946 年 4 月 17 日，法国和英国军队被迫撤走，叙利亚取得全部独立，建
立了阿拉伯叙利亚共和国。第二次世界大战期间，法国本土被希特勒法西
斯占领，而法国在北非的殖民地成为自由法兰西反对德国占领的重要地
区。法国对北非阿尔及利亚等国的殖民地统治一直维持到 20 世纪 60
年代。

1956 年法国与英国一起以苏伊士运河资产被埃及没收为由发动了对
埃及的战争。由于遭到了美国等国际社会的反对，英、法入侵埃及遭到失
败，法国被迫进一步从中东撤退。在戴高乐"去殖民化"政策推动下，
1962 年阿尔及利亚问题得到解决，逐步摆脱了殖民战争包袱，在国际上
的地位获得提升。戴高乐总统在外交战略上推行抗美独立外交政策。1963
年 6 月，法国政府宣布法国大西洋舰队在战时不再"自动"归北约指挥，
并收回对法国飞机中队的指挥权。1964 年法国与中国建交，法国还在同
一年撤回了在北约海军司令部任职的军官。戴高乐执政时期的法国，在
美、苏冷战时期成为国际社会相对活跃的重要力量。

非殖民化对于 20 世纪 60 年代的世界来说是一个国际性的外交问题，
但是对于法国来说很大程度上也是一个内政问题。阿尔及利亚人民的独立
斗争，获得第三世界国家的深切同情，法国在阿尔及利亚的统治无法长期
维持下去，阿尔及利亚成为耗尽法国内政外交资源的黑洞。法国与第三世
界国家尤其是阿拉伯国家的关系非常紧张，而美国打着反对殖民主义的旗
帜来试图取代法国在北非和中东的势力。

戴高乐对法兰西殖民帝国有着深厚的感情，法国在第二次世界大战中
正是凭借着殖民帝国才避免成为一个纯粹的被解放的国家而成为了一个
"战胜国"，阿尔及利亚首府阿尔及尔是"法兰西共和国临时政府"所在
地。由戴高乐这样的一个保守派军人和抗战领袖来完成战后以放弃阿尔及
利亚开始的非殖民化的宏伟事业，这是一个巨大的挑战。法国国内也有反
对放弃阿尔及利亚的强大势力，甚至以暗杀来反对放弃阿尔及利亚。但是
戴高乐将军从不把个人的好恶因素甚至是个人的安危因素带入内政外交的
决策中，一贯是从全球战略的高度来看待地方性的问题，从外交的角度来
看待内政问题。总体上说，戴高乐采取非殖民化政策就是为了放下殖民主
义的包袱，轻装上阵，"用自由的头脑和自由的双手"，塑造法国的正面

国际形象，营造对法国有利的天下大势。戴高乐在法属非洲殖民地独立后，推行了"合作"政策，法国与绝大多数新独立的国家都继续保持了密切的政治、经济、军事与文化关系。这些密切关系在持续至今的非洲—法国（欧洲）货币体系、法非首脑会议和法语国家联盟会议中，继续发挥着重要作用。

戴高乐的外交战略为当代法国外交政策奠定了坚实的基础。戴高乐之后继任的蓬皮杜总统、德斯坦总统、密特朗总统、希拉克总统，不管属于哪一个党派，无不奉戴高乐主义的外交政策。戴高乐主义可以说是法国外交思想和外交战略中的一棵常青树，在全球化和美国的单极霸权肆虐的今天，戴高乐主义的外交战略更加具有针锋相对的现实意义和普遍意义。

法国对中东战略与法国在中东传统的政治经济利益密切相关。战后法国在中东的利益是这些传统利益的延续和扩展。法国在中东的经济利益主要是石油利益和贸易利益，其中前者是法国战后积极发展与中东国家关系的一个重要考虑。战后西方工业国家积极发展经济，需要能源保障，建立稳定的石油供应渠道是法国重要的经济利益之一。法国看中中东地区的石油，把获得中东地区稳定的石油供应作为法国对中东外交的一个目标。法国与阿尔及利亚、伊拉克、沙特阿拉伯等中东产油国都确立了良好的经济关系。法国在中东的贸易利益还包括军火贸易，在 20 世纪 80 年代中期法国向中东地区出口的军火占法国军火出口总额的 50% 以上。法国与中东国家的贸易中，军火贸易占了很大比重。法国与中东国家的贸易额迅速上升，跃居西欧国家对中东贸易的首位。苏伊士运河战争后，法国在中东采取的外交战略主要有三点：第一，采取积极措施，摆脱殖民帝国的阴影，重新确立与殖民地国家的关系。戴高乐执政后首先在法国对中东外交中采取的重大行动是，1959 年宣布：法国允许阿尔及利亚独立。戴高乐的这一行动结束了"阿尔及利亚问题"对法国外交的较大影响，使法国摆脱了战后在国际关系中的被动局面。同时，法国与阿尔及利亚关系的重新确立（已是两个主权国家的平等关系）极大地缓和了战后法国与中东阿拉伯国家的紧张关系。第二，实行"倾向阿拉伯"的中东政策，积极发展与阿拉伯国家的关系，使中东成为法国再现世界大国地位的舞台。无论是从地缘政治的角度考虑，还是致力于恢复大国的战略地位，中东成为法国发展对外关系的重要地区。但是中东的和平问题成为影响地区国家间关系发展的主要问题，法国在中东和平问题上采取偏向阿拉伯的中东政策。法国的主要考虑是：充分利用法国在中东地区的传统影响，通过积极发展与阿拉伯国家的关系，使法国在战后国际关系中不断扩大影响，使中东成为法国再现世界大国地位的舞台。第三，与中东国家开展多种形式的合作，从政治、经济等多方面促进中东的和平与发展①。法国与以色列的关系发展集中体现了法国中东战略的这些特点。

第二节　法国在阿以冲突问题上的立场评价

一　法国与以色列的关系

法国是境内犹太人和穆斯林最多的欧洲国家，法国有犹太人 60 万人，而阿拉伯后裔则高达 500 万人，是法国第一大外族。由于历史和宗教的渊源，法国境内的犹太人和阿拉伯人的纠纷不断，法国政府对双方采取平衡立场，但实际上是各为所用，反而助长了双方对抗情绪的蔓延。在西方大国中，法国的中东政策有别于美国，比较折中衷，支持巴勒斯坦建国。同时，法国作为中东老牌的殖民主义国家，对阿拉伯人歧视和排挤的观念根深蒂固，而对犹太人却有优惠和保护政策。法国总统希拉克 1995 年正式承认法国历史上存在排犹不光彩一页，首次正式向犹太人道歉。政府也多次讨论遏制反犹和保护犹太社区，希拉克任期内拨款 70 万欧元给犹太人社区。法国这些"双重标准"为反犹浪潮推波助澜，外族暴力事件成为法国一大痼疾。

法国与阿以冲突的关系还可以从法国与以色列在核问题上的合作反映出来。法国是以色列核计划最初的合作者。20 世纪 50 年代早期，两国在核技术研发方面走得很近。如以色列科学家参与了法国位于马库勒钚 G—1 核反应堆和 UP1 核燃料再处理工厂的建设。20 世纪 50 年代末和 60 年代早期，以色列和法国的关系更加亲密，法国成为以色列武器的主要供应方。而当法国的北非殖民进程不稳定时，以色列向其提供了一些有价值的情报。这些情报是从一些北非殖民国家的西班牙籍犹太人那里获得的。促成以色列和法国核合作的直接原因是苏伊士运河危机。1956 年 10 月，以法伙同英国实施了针对埃及的"联合苏伊士—西奈山"行动。行动前一个半月，以色列意识到该是向法国提出帮助自己建设一个核反应堆的时候

---

① 　赵慧杰：《法国中东外交中的中东战略》，《西亚非洲》2006 年第 4 期。

了。当时以色列总理兼国防部长大卫·本·古里安的一位重要助手希蒙·佩雷斯和贝格曼与法国原子能委员会的成员进行了会晤，双方达成了初步共识，在 9 月建立一个研究核反应堆。10 月 29 日，苏伊士运河战争爆发。尽管以色列的行动十分成功，在 11 月 4 日之前就占领了整个苏伊士半岛。但是法国和英国却在 11 月 6 日沿苏伊士运河的进攻中陷入困境，随后迫于美国和苏联的压力而宣布失败。

1956 年 11 月 7 日，以色列外交部长果尔达·梅厄、希蒙·佩雷斯和法国外交和国防部长进行了一次秘密会晤。法国方面对自己作战中没有成功支援盟国而十分懊恼。然而以色列却十分关注苏联的核威胁。在这次会议中，双方在改良研究型核反应堆上达成初步一致。佩雷斯似乎要确保达成一个协议来帮助以色列发展核威慑能力。会谈后几个月，以色列就在法国的帮助下建成了一个 18 兆瓦的 EL—3 研究型核反应堆，并掌握了钚分离技术。以色列在其南部贝尔谢巴附近的内盖夫沙漠中的迪莫拉秘密建立了这个核反应堆。几百名法国工程技术人员赶到贝尔谢巴。内盖夫核研究中心是以色列核武器计划中心。它位于沙漠城市迪莫拉的附近，因此简称迪莫拉。20 世纪 50 年代末和 60 年代初法国在这个中心建成了一个核反应堆和一个钚生产车间，所有制造原子弹所需的特殊材料都在迪莫拉生产制造。1960 年，反应堆运转之前，法国（时任总统是戴高乐）重新考虑了这次交易并决定暂停这一计划。经过几个月的谈判，11 月双方达成了一致，以色列必须许诺不制造核武器并向世界宣布这个计划，否则停止"钚工厂"工作。1962 年，迪莫拉核反应堆进入关键的阶段。法国人重新进入建设钚车间。

据以色列前总理希蒙·佩雷斯最新传记称，20 世纪 50 年代，以色列和法国一度达成合作制造核弹的秘密协议①。以色列历史学家巴尔佐哈尔（MichaelBar – Zohar）在 2011 年出版的新书《佩雷斯传记》披露了这一内情，使外界对法国在造就以色列成为中东唯一核武国家中所扮演的角色有了更多了解。2011 年已 83 岁的以色列总统希蒙·佩雷斯在 50 年多前以色列启动核计划中扮演关键角色。有专家认定，早在 20 世纪 60 年代，在法国技术支持下，以色列已建立了自己的核反应堆，当时就可以生产多达200 枚核弹头。书中最引人注目的细节就是希蒙·佩雷斯 1957 年在巴黎

---

① http：//www. newnew. cn/newview298873. aspx.

签署的法以秘密核协议。但迫于美国的外交压力，法国数年后取消了这一协议。

二　法国在阿以冲突问题上的立场分析

1956 年，法国与英国一起入侵埃及，虽然战后不久法国就从埃及撤军，但给法国在阿拉伯世界的影响和作用带来了很大的负面效应。1958年戴高乐执政后，法国在殖民地问题上寻求出路，提出"给予殖民地国家自决与独立"，明智地打开了法国在殖民地问题上的"瓶颈"。法国在战后中东国际关系中出现了新的机遇，特别是法国与阿尔及利亚关系的重新确立（法国放弃了宗主国的地位）改变了法国在国际关系中的被动局面，重新确立了法国在阿拉伯国家的世界大国地位及其影响。1959 年戴高乐总统对阿尔及利亚独立问题的表态，是战后法国在中东国际关系中变被动为主动的重要开端。1960 年的《埃维昂协议》，是战后法国与中东殖民地国家重新发展关系的标志。此前法国虽已与叙利亚和黎巴嫩两个托管地重新确立了关系，但阿尔及利亚的独立问题一直是战后法国发展与中东国家关系的羁绊。阿尔及利亚问题的解决开启了战后法国对外关系新的历史，法国殖民帝国的历史逐渐被其与中东阿拉伯国家的友好关系所代替。在第三次中东战争中，法国谴责以色列夺取大片阿拉伯领土的侵略行径，要求以色列从被占领土撤军。1969 年以色列大规模轰炸贝鲁特时，法国政府又立即做出反应，认为以色列的军事打击行动"是不能接受"的，并宣布对以色列实施全面的武器禁运。法国积极发展与阿拉伯国家的关系成为战后法国对中东关系的主旋律。在第四次中东战争中，法国与中东阿拉伯国家的友好关系再次得到体现。在美国要求联合国安理会做出一项敦促阿以停火、恢复战前状况的决议时，法国政府则表示不支持美国的提案。在第四次中东战争后，法国在中东和平问题上的作用开始显现。法国倡议欧共体九国外长举行会议，讨论中东和平问题，且在法国的倡导下通过了一项关于解决阿以冲突的《联合声明》，明确要求以军撤出 1967 年"六五战争"中所占领的阿拉伯领土，且指出，"中东和平问题的全面解决应考虑巴勒斯坦人民的正当权利"。法国在中东和平问题上的积极表现标志着法国开始以世界大国的姿态参与中东和平进程[①]。

---

① 　赵慧杰：《法国中东外交中的中东战略》，《西亚非洲》2006 年第 4 期。

　　1974 年德斯坦执政后提出"阿以平衡"的法国对中东政策，但实际上奉行的依然是法国"倾向阿拉伯"的中东政策。直到 1981 年法国社会党人执政，密特朗提出要改变"德斯坦引导法国进行反以色列的路线"的中东政策，法国的中东政策才转向"不偏不倚"①。密特朗在执行"不偏不倚"的中东政策时，把法国与阿拉伯国家的关系放在重要位置。为了打消阿拉伯国家对法国所谓"新中东政策"的疑虑，密特朗执政伊始曾派出多名特使，前往阿拉伯国家进行解释工作，法国外长谢松专门举行记者招待会，介绍法国的"新中东政策"，即"我们目前在近东（中东）的立场，就是前政府的立场，当然会有某些变化和新的方针，但我们将保持政策的连续性"。密特朗总统提出的"不偏不倚"的中东政策有利于合理、公正地解决中东问题。长期以来大国插手中东问题，多表现为偏袒一方，其中尤以美国偏袒以色列最为突出，这就加剧了中东和平问题的复杂化。密特朗提出"不偏不倚"的中东政策，使外部力量在推动解决中东问题时能够更客观地反映冲突双方的利益。密特朗先后访问了阿拉伯国家和以色列，他是法国首次访问以色列的最高领导人。这不仅为法国在中东开辟了更广阔的国际空间，也使法国成为阿以间沟通的主要桥梁之一。法国"不偏不倚"的中东政策有助于法国在中东和平进程中发挥独特作用。由于法国与阿以双方都保持着接触，且开展了一系列合作项目，这就增加了法国在阿以之间进行调解和斡旋的手段，这是美国望尘莫及的。另外，法国与阿拉伯国家和以色列都建立起合作关系，也是对中东和平进程的一种推进。1982 年密特朗总统首次访问以色列，在以色列议会发表演讲时提出了法国对解决阿以冲突的主张和设想，虽遭到以政府的反对，但法国在国际社会率先提出解决阿以冲突的主张和设想，不能不说是对中东和平进程的一次有力推动，法国打破了长期以来由美国独家主导中东和平进程的传统地位。法国自 20 世纪 80 年代以来在中东和平进程中发挥着积极的作用，是沟通阿以双方冲突的一支主要国际力量，也是主张全面、公正地解决中东问题的一支中坚力量。

　　随着欧洲一体化的推进，法国、英国等欧洲国家的对外政策，在很多问题上通过欧盟集体表态的方式出现。海湾危机爆发后，法国、英国等欧洲国家参加了以美国为首的多国部队对伊拉克的战争。海湾战争一结束，

———————

① 赵慧杰：《法国中东外交中的中东战略》，《西亚非洲》2006 年第 4 期。

法国总统密特朗就发表电视讲话，主张在联合国范围内召开解决中东问题的国际和平会议，认为"巴勒斯坦人应该拥有应有的地位和自己的祖国"①。1991 年 4 月，法国外长在利比亚会见了巴解主席阿拉法特，既表明法国对巴解组织的立场，又使美国无法把法国排除在中东和平进程之外。马德里和平进程取得进展后，以法国为代表的欧盟国家积极参加巴勒斯坦自治政府的经济重建。1995 年 2 月，以法国外长朱佩为团长的欧盟委员会代表团访问了叙利亚、巴勒斯坦、以色列和黎巴嫩，特别访问了被占领土加沙和东耶路撒冷。朱佩重申了欧盟委员会的中东立场：以色列从戈兰高地全部撤军，严格遵守联合国安理会通过的各项决议。

　　① 　王京烈主编：《动荡中东多视角分析》，世界知识出版社 1996 年版，第 80 页。

第二篇　冷战结束后大国中东战略的调整和特点

第五章　冷战结束后美国中东战略的调整

第一节　海湾战争——冷战格局在中东瓦解的重要标志

在中东地缘政治较量中，"海湾"是一个热点地区。"海湾"是阿拉伯国家对阿拉伯海深入到阿拉伯半岛与伊朗之间一片海域的称呼，但在伊朗却称之为"波斯湾"。海湾周边国家是世界石油主产区，战略地位突出。1990 年 8 月，这一地区爆发了战后世界最大的一场局部战争——海湾战争。这场发生在冷战行将结束时爆发的战争，对冷战后国际新秩序的建立产生了深刻影响。

中东局势在 20 世纪 80 年代末 90 年代初发生了变化。首先，由于 1989 年东欧和苏联发生巨变和动荡，苏联在国际上的影响下降。在中东地区，苏联减少了对中东一些阿拉伯国家的援助，使中东力量失衡。其次，伊拉克在 1988 年两伊战争结束后，在海湾地区的影响上升，开始在海湾地区扩张势力。再次，阿拉伯国家对以色列的态度发生较大变化。1988 年 11 月，阿拉法特在阿尔及尔宣布巴勒斯坦国成立。① 巴解组织和阿拉伯国家开始重视通过政治谈判解决中东问题。

海湾危机和海湾战争是指 1990 年 8 月 2 日至 1991 年 2 月 28 日期间，在伊拉克突然入侵科威特后，以美国为首的由 34 个国家组成的多国部队，在联合国获得授权后，对萨达姆·侯赛因统治下的伊拉克发动的一场局部

---

① 1988 年阿拉法特宣布成立的巴勒斯坦国，虽然得到了包括当时苏联、中国在内的 100 多个国家承认，但还是一个没有完整主权和领土的政治象征意义的国家，至今巴勒斯坦仍在为建立独立的巴勒斯坦国而努力。

战争。1990 年 8 月 2 日，伊拉克军队入侵科威特，推翻科威特政府并宣布吞并科威特。以美国为首的多国部队在获得联合国授权后，于 1991 年 1 月 16 日开始对科威特和伊拉克境内的伊拉克军队发动军事进攻，主要战斗包括历时 42 天的空袭、在伊拉克、科威特和沙特阿拉伯边境地带展开的历时 100 小时的陆战。多国部队以较小的代价取得决定性胜利，重创伊拉克军队。伊拉克最终接受联合国 660 号决议，并且从科威特撤军。

经过海湾危机和海湾战争，美国中东政策的核心转变具有以下特点：以海湾危机为契机，通过海湾战争和战后中东秩序的安排及推动中东和平进程，确立冷战后美国在中东地区的主导地位，建构一种符合美国利益的地区安全体系。[1] 世界各国舆论要求解决阿以冲突的呼声高涨，认为"联合国在解决中东地区问题和观察联合国安理会决议问题不能搞双重标准"[2]。美国在海湾战争结束后，加大了推动以色列和阿拉伯国家谈判的努力。

第二节　克林顿当政时期的美国中东政策

美国总统布什在任期间打胜了海湾战争，但却没有赢得连任，1992 年 11 月 3 日，民主党人克林顿当选美国总统，1996 年 11 月再次当选。2000 年 1 月卸任。克林顿就任总统期间后，美国整个对外战略和政策，还在调整和重新制定的过程中。克林顿政府的中东政策，主要继承前任布什政府中东政策。克林顿执政时期美国中东政策的主要表现是：见证以色列与巴勒斯坦双方互相承认，签署《奥斯陆协议》。1993 年 8 月 20 日以色列总理拉宾和巴勒斯坦解放组织主席阿拉法特在挪威首都奥斯陆秘密会面后达成和平协议。当年 9 月 13 日，双方于美国白宫草坪签署了《临时自治安排原则宣言》，被认为是以巴和平进程中的里程碑。《奥斯陆协议》的主要内容是：巴以双方相互承认对方的合法权利和政治权利，并在约旦河西岸和加沙地带为巴勒斯坦人民成立一个巴勒斯坦临时自治机构，其过渡期不超过 5 年，最终将根据联合国安理会 242 号和 338 号决议实现巴勒斯坦问题的永久性解决；以色列和巴勒斯坦不迟于过渡期的第三年初就被

---

①　王京烈主编：《动荡中东多视角分析》，世界知识出版社 1996 年版，第 73 页。
②　万光：《迅速变化的中东局势》，《西亚非洲》1991 年第 1 期。

占领土最终地位举行谈判，谈判将包括耶路撒冷问题、难民问题、定居点问题、安全安排、边界问题和与邻国关系及其他共同关心的问题；双方将在 9 个月内选举产生自治委员会，实行自治管理，届时以色列对加沙和杰里科的行政和军事管辖权将一并取消，以军撤出加沙和杰里科地区，巴勒斯坦将建立警察力量负责维护治安；成立一个以色列巴勒斯坦联络委员会，负责处理共同关心的问题和需要协调的问题及争端，对谈判解决不了的纠纷和争端可由双方商定的调停机构仲裁解决。尽管《奥斯陆协议》在以后的执行过程中屡受挫折，但毕竟在埃及和以色列实现和平后，在中东又开创了一个用和平的方式解决阿以冲突的范例。1994 年 2 月，同样在美国的斡旋与"和平担保"下，以色列与约旦签署了和平条约，使得以色列在一条重要的战线（东部边界）确保了和平与稳定。① 在此之后，克林顿政府还一度对以色列与叙利亚达成一项突破性协定充满希望。美国国务卿克里斯托弗 1995 年 3 月在访问以色列时，与以色列总理拉宾讨论了与叙利亚阿萨德政府达成协议的可能性，认为"现在就是与叙利亚讨论的时候，并充满信心"②。

克林顿总统在其第二任期内的确想在解决阿以冲突问题上有所作为。2000 年夏，克林顿为期 8 年的总统任期将至，急于想在其任期结束前为巴以和平进程画上一个圆满的句号。2000 年 6 月，美国国务卿奥尔布赖特访问中东，分别与以色列总理巴拉克和巴解自治机构主席阿拉法特会晤，极力安排巴以双方在 9 月 13 日宣布建国前举行一次和谈，但双方均表示要看克林顿持什么态度；7 月 5 日，克林顿邀请巴以双方领导人前往戴维营，但表示"不能保证双方和谈"成功；7 月 10 日，由于以色列右翼力量担心巴拉克向阿拉法特让步过多，所以威胁退出政府，从而导致巴拉克政府发生危机。但巴拉克奇迹般地闯过了不信任投票，顺利前往戴维营；7 月 11 日，克林顿、巴拉克和阿拉法特正式举行秘密和谈。经过几轮会谈，7 月 19 日，克林顿推迟一天前往日本参加西方八国会议，巴拉克威胁要退出和谈，给克林顿写一封信称巴勒斯坦人不是"真正的和平伙伴"，最终，白宫宣布戴维营和谈失败。戴维营会晤可以说是克林顿一手

① Ephraim Kam – Zeev Eytan, *the Middle East Military Balance*, *1994 – 1995*, Jaffee Centre of Strategic Studies, Tel – Aviv University, 1996. p. 6.

② Itamar Rabinovich, *the Brink of Peace: Israel – Syrian negotiation*, Princeton University Press, 1998, p. 163.

促成的。克林顿希望在任期即将结束之际，能够为自己的总统生涯写上辉煌的一笔，力促巴以达成另一个彪炳史册的《戴维营协议》。因此，克林顿心情的迫切程度甚至可能超过了巴拉克和阿拉法特，以至于在出席日本冲绳 8 国集团首脑会议这样一个重要会议时，他也是来去匆匆。然而，尽管巴以美三方领导人都有达成巴以和平协议的良好愿望，但当时的条件和时机似乎还不十分成熟。阿拉法特面临着来自巴方和阿拉伯国家的巨大压力。以色列当时的国内政局动荡，巴拉克是在苦心经营的联合政府几近分裂的情况下只身前往戴维营的。对双方拟议中的有关和平条款，许多巴勒斯坦人和以色列人也都表示不满。甚至还有极端分子扬言要刺杀巴拉克和阿拉法特。因此，戴维营会晤更大程度上是克林顿的一相情愿，是克林顿担任总统期间在中东问题上一次急功近利的努力。但事实说明，当时巴以达成和平协议的时机并不十分成熟，特别是缺少成熟的内部条件。巴拉克内外交困，其和平行动既未讨得反对派的欢心，也未得到赞成和平者的支持；阿拉法特则面临着来自巴勒斯坦内部不同派别乃至阿拉伯国家的巨大压力。戴维营会谈失败后，以色列和巴勒斯坦内部矛盾和冲突再度激化，阿以和谈格局进入一个新的阶段。

第三节 "9·11"事件后美国在中东实施先发制人战略评析

2001 年发生的"9·11"事件对美国的军事、外交、安全战略的影响是全方位的。"9·11"事件后，美国在军事和安全战略上引进了"反恐战争"的概念。布什总统在发誓要进行一场"反恐战争"时，"反恐战争"一词最初界定的还是一个军事意义上的词汇，并且"拒绝讨论引起恐怖主义的根源"[①]。但美国发动反恐战争时，首先剑指中东，必定有其现实的根据和深远的战略考虑。

一 美国发动阿富汗战争，"先发制人"战略出台

2001 年的"9·11"事件催生了美国全球战略的调整，阿富汗战争是美国反恐战争的首次大考。2001 年阿富汗战争，是美国以反对国际恐怖主义为

---

① The Centre for Political Research and Studies（Egypt），*the Middle East after 9 – 11*，2005，p. 67.

名，对阿富汗基地组织和塔利班政权发动的一场战争，同时标志着多国参与的国际反恐战争的开始。参加阿富汗作战的国家主要有美国以及英国、德国、波兰、捷克、斯洛伐克等北约国家，哈萨克斯坦、日本、韩国、菲律宾等为美军提供后勤支援并在战后派遣军队驻扎阿富汗的国家。阿富汗战争自2001年10月7日美军开打以后，塔利班政权在两个多月后就趋于瓦解，以美国为首的联军控制了喀布尔等阿富汗主要城市。但此后阿富汗的政治和经济重建困难重重。美国直到2011年5月19日，才在巴基斯坦将本·拉登击毙。阿富汗战争的主要战场行动只有两个多月，但美国在此后却陷入阿富汗战争的泥潭不能自拔。一直到奥巴马总统上台后，美国才决定从阿富汗撤军的最后日期。美国已经决定，到2012年年底，美军将全部撤离阿富汗。

2002年9月20日，美国总统小布什正式向国会提交了《美国国家安全战略》报告。布什宣布，美国将改变其在冷战时期奉行的"遏制战略"，取而代之的将是对那些阴谋获得大规模杀伤性武器的恐怖分子和国家进行"先发制人"的打击。美国今后不能再允许敌人"先打第一枪"。这份长达33页的文件称，自从苏联解体后，美国的军事力量遥遥领先，美国的武装力量将足以强大到使任何潜在的对手都不会抱有超越美国力量的企图。美国永远也不允许任何外国势力像在冷战时代一样挑战美国的军事力量。然而，这份文件称，美国认为，当今面临的敌人已经"无法用遏制政策对付了"。过去的敌人需要具有相当的军事和工业实力才能威胁美国的利益，而现在"濒临崩溃的国家比冷战时的对手对美国形成更大的威胁"。许多秘密组织都可以用非常小的代价就给美国造成巨大的损失。"无赖国家"和受其庇护的恐怖分子也有可能使用大规模杀伤性武器。在威胁完全形成之前，美国必须采取行动将其阻止。在不断寻求国际社会支持的同时，美国在必要情况下也应行使自卫的权利，毫不犹豫地单独采取行动，对"无赖国家"和恐怖分子进行"先发制人"的打击。这份文件还肯定了布什于2001年决定退出美俄反弹道导弹条约的决策，因为该条约"阻碍美国建立导弹防御系统"。文件还批评禁止武器扩散条约未能防止伊拉克、伊朗以及其他国家取得大规模毁灭性武器。2002年5月以来，布什在不同场合曾多次谈到他的"先发制人"战略。这次正式写入《美国国家安全战略》，显示他推行这一战略的决心，并准备付诸实施。特别是他公布这一战略的时间，引起世界各国的关注。当时，美国正在紧锣密鼓策划对伊拉克动武，小布什已向国会提交了议案。白宫选择这一关键时刻公布这份《美国国家安全战略》，对内，意在促使国会通过议案；对外，则是对联合国安理会施压，显示美国对联合国做出新决议的耐心是有限的，表明美国即使在缺少联合国授权的情况下，也将对伊拉克"采取先发制人的打击行动"。从长远看，正如《纽约时报》评论所说，这份文件描绘了自从里根总统以来，过去 20 年美国最强有力甚至带有侵略意味的维护国家安全的战略蓝图。小布什提出这一主张后，等于宣告自 20 世纪 40 年代以来美国奉行的"遏制"战略的终结。这是美国国家战略的分水岭，将改变第二次世界大战以后美国对外用兵的原则。这表明美国已经把"军事至上"主义作为美国国家安全战略的中心，并把打击恐怖主义及其庇护者作为"重中之重"。

美国媒体对小布什的"新战略"评价不一。《洛杉矶时报》指出，布什向国会提出的《美国国家安全战略》，将使已经对美国一意孤行做法感到不满的国家进一步疏远美国。有学者指出，美国的先例一开，其他国家也可能提出同样的要求。这很可能在一些国家和地区引发新的动乱。

"先发制人"战略是乔治·W. 布什任内国家战略的核心组成部分之一，它既是美国为消除"9·11"恐怖袭击阴影做出的带有激进风格的战略选择，又是服务于美国国家利益扩张的相对"理性"手段。自从 2001 年美国将伊拉克作为"先发制人"的第一个试验场开始，该战略的命运就已经与伊拉克局势的发展以及布什的个人政治前途牢牢地拴在了一起。

作为一种指导美国"反恐"行动的军事战略，"先发制人"是指以强大的军事实力为支撑，以国家核心利益为尺度，以绝对安全为目标，采取一种超前性和进攻性的战略态势，在恐怖主义势力和"敌对国家"对美国产生实质性威胁前将之摧毁。该战略的出台并非偶然，而是在布什政府一面对阿富汗"反恐"战争进行总结，一面对国内、国际安全环境重新评估的过程中，逐渐酝酿而成的。它与"国土防御"内外结合，相辅相成，共同构成了布什任内美国国家安全战略的核心内容。"先发制人"战略自提出至今已近两年，在其指导下的美国对外军事干涉行动仍在紧锣密鼓地进行，但这些行动给美国国家利益以及世界政治带来的深刻影响已经开始明朗化。

二　美国"先发制人"战略出台的原因

先发制人战略虽然是美国军事和安全战略的一个重大转折，但它又产生于特殊社会氛围，带有激进风格的一种军事战略。在某种程度上说，它是美国人心中的"9·11"事件恐怖阴影在安全政策方面的集中反映。

被喻为美国历史上又一次"珍珠港袭击"的"9·11"事件，击碎了多年来美国本土相对平静免于外来恐怖袭击的迷梦，打乱了美国正常的社会节奏。在恐怖事件的冲击下，美国经济一度连续多个季度负增长，道·琼斯工业平均指数曾跌至自30年代大萧条以来的最低位，航空、旅游、保险等行业所受打击更无法用数字估量；美国社会的政治气氛也开始不安全化，"国土不安全"，"恐怖主义的威胁尤其捉摸不定"，"对自由的最大威胁在于极其危险的激进主义与技术的结合"等这些社会共同的心理，也就不可避免地作为主要结论反映在布什政府国家安全环境评估中，这在冷战后美国历史上还是首次。在这样一种氛围下，越是摆出坚决（甚至极端）的姿态，就越会得到国内民众的支持。"9·11"事件后，有关国土防御、增加防务开支，甚至发动伊拉克战争的提案，在美国国会几乎都得以高票通过，就是典型的例子。

应该说，美国对应对国际恐怖主义威胁政策的调整，并不是从布什总统开始的，但布什是把反对国际恐怖主义上升到国家安全战略，并付之于战争行动的首任美国总统。为应对恐怖主义的威胁，克林顿总统任期内已经在1995—1998年将反恐预算从50亿美元增加到了70亿美元。① "9·11"事件后，"反恐"一时成了美国全民性的任务，但却并没有动摇美国人在后冷战时期对帝国理想的追求，主要的特点是：确保和利用"独大"地位，用西方民主理念和价值观改造世界，建立"美国治下"的世界和平。因此，布什政府一直坚持的"反恐"口号是"为民主的生活方式和价值观而战"，目标则是打击恐怖主义，并"锻造有利于美国的新型的国际关系，以适应新世纪需要的方式重新定义旧有模式"。从这一点讲，小布什的"先发制人"战略与老布什—克林顿时期的美国国家战略是一脉相承的，只不过变换了"手法"而已。

克林顿时期积累的丰厚经济遗产，为先发制人战略提供了强大的实力支撑，使布什政府更有信心和理由"主动出击"。克林顿政府以成功的经济政策"打造"了以知识与信息经济为中心的"新经济"，使美国经济保

---

① ［美］威廉·内斯特编著：《国际关系：21世纪的政治和经济》中文版，北京大学出版社2005年版，第325页。

持近十年的繁荣，到 2000 年，美国 GDP 占世界总量的比重达到了 33%；而克林顿以前的 20 年，除个别的年份外，这一比重一直保持在 23%—25% 的水平上。这样，即使小布什时期美国的军费开支屡创新高，美国的国防投入占 GDP 的比例也没有高到影响经济发展的程度。

三　美国"先发制人"战略的理论基础

与冷战后美国旧有国家战略相比，"先发制人"战略对美国国家利益的扩张而言，并没有缺失"理性"成分。它的出炉并非是"病急乱投医"、一蹴而就，而是有其立论基础的。里根时期鼎盛的新保守主义外交思想，在克林顿时期卷土重来，并在布什上台后再次成为美国外交的行动指南。

新保守派是美国保守阵营中在外交政策领域极为活跃的一支力量。它的外交理念因共和党 20 世纪 90 年代中期取得国会领导权而增强了其对美国外交的影响力度。在国会的作用下，克林顿外交战略中"过于相信"多边主义和"四面出击"两大"错误倾向"逐步被纠正，现实主义国家利益观得到了更多重视。比如，克林顿政府受压之下逐步减少了对联合国维和行动的支持力度，放弃了自由派倡导的低投入政策，离任前美国的防务预算已接近于冷战结束初期的水平，NMD 研发获得的拨款数量也在不断增加。即便如此，新保守派仍认为，老布什—克林顿时期的美国政府一直沉湎于"战略间歇期"，从道德到战略，全方位向敌人缴械；克林顿政府以放任自流或逃避的方式放弃了美国世界责任；美国的军事实力因防务开支的过分削减而到了不足以应对未来挑战的程度。

新保守派在 2000 年大选前为克林顿以后的美国对外战略作了如下设计：第一，重新拾起里根时期引导美国走向冷战胜利的那些"非常规"教义，继续开展"保卫和扩展"国际秩序的行动，而不是消极地等待向美国价值观提出挑战的新"纳粹政权"的出现。第二，美国积极追求领导权的过程中，很有可能引起其他国家的敌意，反对者有可能与其他"独裁政权"或"流氓国家"组成战术联盟，或者试图分化美国的盟国。但这是美国必然要付出的代价，也是美国力量外化不可逃避的形式。第三，如果想诉诸武力解决问题，就不能半途而废，就应把外交和军事行动进行得更彻底和有效。比如在伊拉克问题上，美国不能仅像海湾战争中一样，把战争目标局限于解放科威特，而是应该彻底铲除萨达姆独裁政权，直至与美国友好的新政权得到巩固。

四　伊拉克战争是美国"先发制人"战略在中东的一场重大实践

阿富汗"反恐"战争基本上是美国对于"9·11"事件的应急性反应，但是通过这次战争，美国不仅成功地展示出超强的军事力量，而且牢牢地控制了全球反恐规则的制定权。为巩固和扩大"反恐"成果，布什政府迅速将伊拉克选为下一个打击目标，并为此进行了长时间的国内、国际动员。可以说，"先发制人"战略模式的成型和伊拉克战争对象的选择，是这一决策过程的两个结果，前者为后者提供了理论指导，后者是前者的第一次验证。因而，美国在伊拉克的外交实践和军事行动可以被理解为一个完整意义上的"先发制人"样本。

布什政府把萨达姆政权第一个挑出进行"先发制人"军事打击，其原因在于：伊拉克处于"无赖国家"和中东地区的地缘核心区域，对其开刀具有更明显的示范效果；伊拉克处于大国地缘政治和安全利益的边缘地带，战争不易引起其他大国的过分紧张；萨达姆对国内的独裁统治使美国公众对其好感甚少，有利于美国国内的战争动员；美国拥有海湾战争的历史经验，而且遭受十余年经济制裁的伊拉克国力更加虚弱；对伊拉克的"遏制"和"聪明制裁"机制没有达到期望的效果，没能"阻止其秘密武器的生产，对巴勒斯坦恐怖主义提供资助，或成为不稳定之源"。这些独特性使美国的决策者对发动伊拉克战争的收益预期大大高于成本预期，新保守派激进但不失"理性"的战略目标选择由此可见一斑。

从纯军事的角度来说，美国对伊拉克大规模军事行动进展比较顺利。2003年3月20日战争开始，4月9日占领巴格达，2003年5月1日，布什总统在亚伯拉罕·林肯号航空母舰上发表演讲，宣布美军在伊拉克的军事行动"胜利"，萨达姆政权彻底垮台。

但从政治和全球战略意义上来说，美国通过推翻萨达姆政权的军事行动，使美国在中东的战略获得了如下好处：其一，世界"独大"地位再次得到有效印证。战前美国的单边主义与霸权意识已显露无遗，俄法德中等大国对此强烈反对。但在战争结束后，为了在中东地区的战略利益不被边缘化，法俄德等反对者不得不争相与美国修好。当然，这是大国关系的复杂性使然。一个明显的结论是，美国的意愿是不能怠慢的。其二，通过对伊拉克石油资源的控制，赢得了经济利益和战略主动权。控制了中东的石油资源就相当于控制了其他国家经济的命脉。无论对伊军事占领要耗费多少国力，无论 2004 年大选后谁上台执政，美国都不会放弃在伊拉克既得的经济利益。其三，通过军事行动重塑中东政治版图的努力，对"无赖国家"起到了一定的震慑作用。伊战后，被美国列入"邪恶轴心"和"无赖国家"黑名单的利比亚、叙利亚、伊朗以及朝鲜，都先后显示出不同的妥协姿态，尽管其真正意图仍要以美国能否最终"摆平"伊拉克这一标准来衡量。此外，战争没有对经济复苏造成多少负面影响，美国经济基本摆脱了"9·11"事件的消极影响。

但伊拉克战争对美国政治的负面影响也是显而易见的，特别是随着时间的推移，伊拉克战争所消耗的美国政治资源、经济代价也是巨大的。对于这场战争，国际社会普遍认为是对国际法的严重践踏，世界各地掀起了自越战以来规模最大的反战运动。美国的道义形象更是在这场战争中受到沉重打击。美国一位著名杂志的编辑惊呼："9·11"事件中，美国得到了全世界的同情，而一年后的今天，布什政府的行为让人感到，美国是一个坏蛋。①

五　"先发制人"战略带来的负面影响

"先发制人"战略从理念、方法和手段等多方面对冷战后美国对外战略的传统模式进行了"扬弃"或"改良"，似乎引导美国外交走上了一条全新道路。但从美国在伊拉克的实际操作来看，该战略一些先天的、无法克服的缺陷也显露无余。

第一，过分依赖军事手段和反恐的扩大化。

布什政府认为，由于"恐怖势力和那些'心照不宣'地为之提供帮助的国家之间没有任何区别"，美国只能通过"先发制人"的军事行动，深入敌国遏制恐怖主义的蔓延，也只有这样才能一劳永逸地解决恐怖主义问题。这一逻辑不仅打破了美国外交一贯的"超脱于外，平衡获益"的历史传统，而且错解了恐怖主义产生的真正根源，错用了"老办法"来解决"新问题"。在国家间层次，军事方法是决定性的，它可以颠覆一个政权，甚至使一个国家在世界政治版图上永远消失；但恐怖主义与其说是

---

① 见倪峰文《塑造新帝国："9·11"之后的布什对外新战略》，载《反恐背景下美国全球新战略》，时事出版社 2004 年版，第 67 页。

政治性命题，不如说是经济、社会问题在政治领域的集中表现，其解决方法只能是综合性的。由于认识的偏颇和方法选择的不当，美国的军事行动虽然轻而易举地"铲除"了萨达姆政权，却也激发了恐怖主义的"潜力"。一些小盟国撤军引发的"多米诺骨牌"效应并不是致命的，可怕的是，占领军不得不同时应对来自于地方武装和恐怖分子的"混杂威胁"。美国提出的"中东民主共同体"计划，也引起了阿拉伯国家的疑虑和不安，加剧了该地区的政治动荡，还导致了这些国家国内原教旨主义势力的增长。美国遭遇这些的原因，与其说是布什和新保守派没有为"建立友好政权"做好准备，毋宁说"先发制人"战略从一开始开始就含有一些不切实际的成分。

第二，单边主义倾向与多边合作的矛盾。

"先发制人"战略虽然客观上也需要盟友的支持，但是布什政府一直没有将第二次世界大战以来的"盟国一致"原则当作美国军事行动的决定性因素。而且，阿富汗"反恐"战争对美国行动正义性和国际号召力的"成功"验证，使布什政府对伊拉克战争的胜利信心十足。以美国的实力和地位，它和主要盟国的关系不会因为一两次分歧而走向破裂，但是从伊拉克战争来看，这些分歧对美国利益造成的负面影响不容小视：其一，行动中盟友反对者的掣肘和行动后相互妥协的高成本，使美国不能充分实现其行动前的战略目标；其二，盟友反对者的独立倾向受到刺激，从长远来讲不利于美国"一极"统治的实现；其三，盟友支持者会因反对者的存在提高要价，美国只能做出更多的让步；其四，盟友间也需要"大国一致"，一些较小的盟国虽可以"搭便车"，但却很难在关键时刻提供可靠的帮助。如果今后美国仍以伊拉克方式继续实施"先发制人"战略，那么布什政府一边"巩固和强化与盟国关系"，一边追求行动自由的"盟国战略"，很可能会陷入自相矛盾的窘境。新保守派设计的"自由选择多边主义"，即"根据不同的外交问题，选择不同的盟友支持"的理论，做起来比说起来难得多。

第三，现行联合国维持世界和平的体系面临挑战。

在伊拉克问题上，联合国充当的"配角"角色以及一些小国向强权靠拢的"自我保护意识"，彰显出既有国际机制在维持世界秩序方面的无效和无力；而重建工作的回归却又证明联合国仍拥有国际社会普遍承认的正统性，美国依然需要联合国来加强其"软力量"。战时美国可以单独行事，但在战后没有联合国对其合法性的追认，就难以成事。这些事实也显示出"先发制人"战略本身蕴涵的局限，即美国的单边行动与"多边理想"之间的不可调和性。

美国霸权的最终目标是建立美国主导下的全球控制体系，通过"制度"与"力量"的结合来维持世界体系的稳定。这也是美国自认为优于以往任何帝国霸权之处。新保守派一方面强调"力量"的扩张及其效能，把联合国贬低为"世界官僚主义组织"；另一方面却也要让美国的行动为"自由国家"树立榜样，依靠美国的"道德优势"和"善性本质"来维持领导地位。在伊拉克方式中，这种榜样是很难树立的，因为"自由选择多边主义"干扰了美国与盟国关于"民主共同体"观念的共识。长此以往，美国会因小失大。

六 "先发制人"战略给国际社会和国际关系带来的影响

首先，美国"先发制人"战略的提出和实施，破坏了现有国际秩序的稳定性和多边机制的有效性，也给新世纪国家间良性关系的建立和发展带来了阴影。伊拉克战争之外最令人担忧的是，"先发制人"战略作为一种模式近两年来正在像毒菌一样，在一些具有重要影响力的大国和比较活跃的地区行为体中间蔓延开来。这些国家也在像美国一样，摆出强势姿态，明确打击对象，加强军事准备：2003 年 11 月，俄罗斯总统普京表示，如果"先发制人"使用武力的原则在国际实践和国际生活中得到确立，为捍卫本国的国家利益，俄罗斯将保留"先发制人"使用武力的权利。2004 年 3 月，日本防卫研究所发布年度《东亚战略概观》，明确提出日本自卫队应确立"先发制人"战略的观点，声称如果发现朝鲜准备用弹道导弹袭击日本，自卫队有权对其导弹基地发动先发制人的攻击。2004 年 3 月，英国首相布莱尔在演讲中除了为伊拉克战争辩护外，呼吁联合国修改国际法以授权进行类似"先发制人"的军事打击行动。此外，法国、澳大利亚、印度、巴基斯坦、以色列，也都相继提出了"先发制人"主张。

其次，美国在中东地区利用"先发制人"发动的两场地区性战争虽然冠以"反恐"和"防止大规模杀伤性武器扩散"的理由，但客观上推动了整个国际社会的尚武倾向，对于世界和平的长久维持显然不是什么好事。而且，在共同"反恐"旗号的背后，对"威胁来源"的不同认识和判断，反映了不同国家迥异的心理动机。比如俄罗斯认定的主要威胁是国内肆虐的恐怖主义分离势力和北约快速的东扩步伐，其选择是被动的。美国在中东的特殊盟友以色列就借助于美国打击恐怖主义的口号，对巴勒斯坦以阿拉法特为首的民族权力机构大打出手，使中东和平进程进一步陷于僵局。当然，这又是美国不愿看到的。

第六章　冷战结束后俄罗斯在中东的战略利益

第一节　戈尔巴乔夫和叶利钦当政时期的俄罗斯中东政策

苏联的解体和冷战的结束可以说"是二十世纪最令人惊叹，也是最令人深思的事件之一"①。对苏联及其外交的主要继承者俄罗斯来说，冷战结束前后，外交战略急剧变动。冷战结束后的前几年，俄罗斯在一系列的重大国际问题上迎合与追随美国和西方，但不久俄罗斯意识到，完全追随西方政策既不能保证自己的大国地位，也有损自己各方面的利益。苏联在海湾危机和海湾战争期间的态度就是苏联外交转向的一个明显例证。

1990 年 8 月 2 日伊拉克突然入侵科威特，海湾危机爆发。苏联一改战后 40 年在世界地区性冲突上持与美对立立场的常态。8 月 3 日美苏达成共识，并发表《联合声明》，要求伊拉克"无条件地从科威特撤军"，"充分恢复科威特的主权、合法政权和领土完整"。这与美国对伊拉克的政策目标完全一致。同一天，苏联政府就停止了对伊拉克的武器供应与军事援助。虽然伊拉克是苏联在中东经营多年的为数不多的亲密盟国之一，但为了避免与美国和其他西方国家在对伊立场上的对立，苏联宁愿牺牲伊拉克这个昔日的盟国。在对伊拉克问题上，苏联与美国合作的态度使美国总统布什感到"非常满意"，并称这是"美苏战后在地区冲突上首次结成同盟"。美苏在海湾危机整个过程中基本立场保持一致，使联合国安理会得以顺利地通过了一系列制裁伊拉克的决议。虽然苏联没有直接派兵参加对伊作战，但它对美国组织多国部队出兵海湾的支持态度，使美国可以毫无顾忌地采取各种军事行动。苏联一直坚持伊拉克必须从科威特撤军的立场，同时又积极努力，坚持和平解决海湾危机，制止战争爆发。战争开始以后，戈尔巴乔夫又三次提出和平计划，想及早结束战争，均被布什拒

① 钱其琛：《外交十记》，世界知识出版社 2003 年版，第 220 页。

绝。随着外交政策的调整，俄罗斯开始恢复在中东的阵地。从20世纪90年代后半期起，俄罗斯在发展与以色列的关系的同时，与一些海湾国家也开始密切交往，并逐步重返埃及、叙利亚、伊朗和伊拉克。

叶利钦当政期间，俄罗斯提出了既面向西方也面向东方的"双头鹰"外交，强调俄罗斯的利益，中东开始出现在俄罗斯的外交日程上。1994年2月，希布伦屠杀案发生后，俄罗斯展开外交攻势，要求安理会草拟谴责希布伦事件的决议。3月，俄罗斯高官先后出访中东并提出召开第二次马德里中东和会，想以此打破美国独揽中东和会的局面。4月，俄罗斯相继接待了阿拉法特和拉宾，叶利钦明确表示俄将在政治、经济等各个领域支持巴勒斯坦，而且商讨了帮助巴勒斯坦训练警察的问题。与此同时，俄还同以色列签署了六个合作协定。6月，俄罗斯总参谋长访问叙利亚，签署了12项军事合作协议。1995年3月，科济列夫访问中东，斡旋中东和平进程各方展开和谈。

1996年1月，有亲西方倾向的外长科济列夫被免职，中东问题专家普里马科夫接任外长，这被西方认为是俄罗斯进行全方位外交，尤其是在中东实行强硬外交的标志。"叶利钦在俄罗斯的外交上日益实行强硬路线，尤其在周边和中东更是如此。"① 由此，俄罗斯开始着力介入中东事务。首先，恢复俄罗斯与中东大国的传统友好关系。1996年2月，俄罗斯与伊拉克签订了近百亿美元的石油协议，在各种国际组织中为伊拉克游说，并于1996年5月促成了伊拉克与联合国达成售卖石油协议。其次，促进俄伊经济联系，实现俄罗斯与伊朗和解。1996年2月，俄罗斯决定为伊朗承建核电站和培训核专家，俄伊外长互访，随后伊朗总统访问莫斯科，俄罗斯与伊朗实现政治和解。再次，恢复俄罗斯在阿拉伯国家因为车臣战争受损的形象，争取阿拉伯国家的理解和同情，借机力促中东和谈，凸显俄罗斯的公正角色。1996年11月3日，俄罗斯外长普里马科夫结束了为期一周的中东访问。1997年10月，普里马科夫提出中东和平与安全12项原则，受到阿拉伯国家的普遍欢迎，俄罗斯似乎找到了介入中东事务的着力点。2000年2月，在俄罗斯和美国的共同倡议下，中东问题多边会谈部长级会议在莫斯科召开。2003年，中东和平"路线图"出台，

---

① 李延长：《冷战后俄罗斯的中东政策及其特点浅析》，《当代世界与社会主义》2010年第3期。

但在斡旋巴以冲突的四方会谈中，俄罗斯基本上是一个配角。

第二节　普京 2000—2008 年担任总统期间俄罗斯的中东政策

2000 年 3 月 26 日普京首次当选为俄联邦总统，并于 5 月 7 日正式宣誓就职。2004 年 3 月，普京再次赢得大选，连任总统，同年 5 月宣誓就任。

普京执政后，俄罗斯外交进一步加大了调整力度，其对中东问题的立场也更加明晰。普京指出："我们毗邻中东，中东的局势关系到我们大家的利益，所以我们不能袖手旁观。"俄罗斯中东政策的要点是：巴以双方都应停止暴力活动，共同担负起维持和平的责任；"路线图"计划是实现中东和平的最佳途径，各方应当在此计划框架下逐步解决所有问题；应充分发挥联合国的主导作用，在联合国安理会有关决议的基础上推进中东和平进程。推动莫斯科回到中东的是其强国的战略规划和现实的各种利益。

在中东问题上，普京总结了叶利钦时期中东政策的得失，认为这一时期俄中东政策实际上是走了一段弯路，尤其对中东事务的消极旁观，不仅使俄丧失了许多传统的外交资源，也丧失了俄美讨价还价的筹码。于是，普京对俄罗斯的中东政策进行了积极调整，高调参与，主动出击，对中东事务不再袖手旁观。几乎在所有针对中东重要事件和热点问题的国际斡旋中都可看到俄罗斯所扮演的极为重要的角色。俄在该地区展开积极的外交和经济活动，将建立与中东国家的伙伴关系作为其中东政策的主要目标之一。这期间，俄不仅加强了与埃及、叙利亚等国的传统伙伴关系，与沙特、约旦、阿联酋等国家的关系也逐渐升温。俄罗斯积极主张在多边合作基础上构建控制世界进程的可靠机制，热心参与中东等热点地区问题的调解，是俄罗斯外交的主要活动方式。其目的就是通过形成参与国之间不同利益的制衡、利用各种矛盾，以凸显实力已经衰弱的俄罗斯的作用。应该说，这是俄罗斯在力量积蓄时期既避免过多卷入、又能保证自身利益的有效方式。其实，不仅是巴以冲突，在对待伊拉克战争、伊朗核问题等许多问题上，俄罗斯"重在参与"、并表示出不同于西方的立场，都是为了在这个地区确立起自己"独立大国"的形象，恢复其国际影响。

普京时代对俄罗斯外交的继承主要表现在：维护国家利益、捍卫大国地位；反对一国或几国主宰的单极世界格局，推进民主的多极国际关系体系的建立，争取俄罗斯成为世界重要的一极；坚持推行平衡的全方位外交。根据这样的原则，2000 年 7 月通过的俄罗斯联邦外交构想，确定了俄罗斯外交政策中在解决全球问题方面需要优先考虑的问题。这些原则是：(1) 主张建立世界新体制。俄罗斯希望建立基于平等、相互尊重和互利合作原则之上的稳定的国际关系体系。这种体系应当保证国际社会每个成员在政治、军事、经济、人文及其他领域享有可靠的安全。在 21 世纪，联合国仍应是调解国际关系的主要中心。俄罗斯坚决抵制企图忽视联合国及其安理会在国际事务中的作用的做法。(2) 强调加强国际安全合作。在加强战略和地区安全的同时，俄罗斯主张进一步降低武力因素在国际关系中的作用。(3) 主张建立国际经济新秩序。在国际经济关系领域，外交政策的优先方面是促进国家经济的发展，在全球化条件下，广泛参与国际经济联系体系。(4) 尊重人权与国际关系现状。俄罗斯遵循民主社会价值观，包括尊重人权和人身自由，力求在遵循国际法准则的基础上尊重全世界的人权和人身自由；依据国际法和现有双边协定维护俄罗斯公民和国外同胞的权益。(5) 主张外交活动公开透明。让世界广大公众了解有关俄罗斯在主要国际问题上的立场、外交倡议和行动等方面准确而客观的信息。

保证国家的安全和维护俄罗斯的利益是普京执政的一个重要国策，同时也是其外交活动的重要内容。众所周知，俄罗斯面临着复杂的反恐、维护国家领土完整的任务。而其境内的恐怖组织正是以宗教为政治旗号，并从一些阿拉伯国家获得了物质、资金和道义的支持。"来自南部的威胁"已被俄罗斯官方判断为国家安全最主要的不稳定因素之一。因此，通过积极的外交活动、特别是与广大阿拉伯国家发展良好关系、确立自己新的形象是俄罗斯开展反恐斗争、保证安全、消除危险源的重要方面。从这个意义上理解，俄罗斯发展与包括沙特、伊朗在内的中东一些重要的伊斯兰国家的关系就有着非同一般的作用。

2004 年普京连任总统后，俄罗斯的全球战略尤其是中东战略出现了明显的变化，表现出极强的独立性，其恢复大国地位、重塑大国形象的雄心逐渐显现出来。而伴随着俄罗斯国力的不断恢复，俄重塑大国形象的雄心开始付诸实践，俄罗斯与美国在中东地区继续存在冲突将不可避免。

中东地区一直是世界上主要的军火市场之一。军火出口是俄罗斯仅次于石油出口的第二大外汇收入来源，军火工业是俄罗斯经济的支柱产业，扩大在中东军火市场中的份额是俄罗斯中东战略的一个重要目标。

2007 年 2 月 11 日，普京在出席慕尼黑安全政策会议后，访问了沙特阿拉伯、卡塔尔和约旦。普京在出访中东前夕接受卡·塔尔半岛电视台采访时批评美国的中东政策，指出中东形势的变化表明美国中东政策的失败。普京当时表示，哈马斯在巴勒斯坦大选中获胜是美国中东政策的失败，单边主义无法解决中东问题。普京希望美国采取进一步合作的姿态，更多倾听中东问题有关各方的意见。此外，在 2 月 10 日德国慕尼黑安全政策会议上，普京再次对美国在全球事务中滥用武力、奉行单边主义的政策提出了严厉批评。

由于普京出席慕尼黑安全政策会议后马上要出访中东三国，因此观察家认为，普京的矛头更多的是指向美国的中东政策的。普京在出访中东三国前举行的记者招待会上表示，俄罗斯"并不是要与哪个国家争夺在该地区的影响力"。但实际上，俄罗斯改变由美国主导的中东秩序的意图显而易见。

冷战期间，中东曾经是美苏长期激烈争夺的地区，苏联解体后，俄罗斯淡出了中东地区。这次普京中东之行是俄罗斯总统对中东地区的第一次访问，标志着俄罗斯在事隔多年后重新进入中东，意义非同一般。沙特、卡塔尔和约旦这三个国家是美国在中东地区的传统盟友，沙特和卡塔尔还有多个美国军事基地，普京访问这三个国家还意味着俄罗斯的影响力已经进入美国的传统势力范围。

普京在访问期间，与沙特、卡塔尔和约旦领导人讨论了巴勒斯坦问题、伊拉克局势等地区和国际问题，三国领导人都肯定了俄罗斯在推动中东问题和平解决方面发挥着重要的作用，提高了俄罗斯在中东的地位和政治影响力。值得注意的是，跟随普京访问中东的还有一个由 60 多名经济学家和企业界人士组成的庞大的经贸代表团。访问期间，俄罗斯与沙特和卡塔尔签订了一系列经贸、能源和信息领域的合作协议。俄罗斯将在当年为沙特发射 6 颗通信卫星，允许沙特在俄罗斯建立全资银行等。普京还提出愿意帮助沙特发展核能。

2007 年，俄罗斯总统普京顶住美国的压力，坚持访问伊朗，引起了全世界的关注。普京此举是对美国在中东主导地位的挑战。最近一两年来，俄罗斯的全球战略尤其是中东战略出现了明显的变化，表现出极强的独立性，其恢复大国地位、重塑大国形象的雄心逐渐显现出来。

在对待哈马斯问题上，俄罗斯的立场与西方拉开距离。2006 年 3 月，哈马斯通过选举上台。由于坚持强硬的立场，哈马斯政府遭到美国等西方国家政治上的联合抵制和经济上的严厉制裁。而俄罗斯则认为，哈马斯政府是巴勒斯坦人民经过民主程序选举出来的合法政府，于是不顾美国等西方国家的强烈反对，邀请哈马斯政府领导人访问莫斯科。俄罗斯直到现在仍与哈马斯保持着接触。

在伊朗核问题上，俄罗斯与美国也保持着相当的距离。首先，俄罗斯顶住美国的压力，帮助伊朗建设布什尔核电站；其次，俄罗斯坚决反对用军事手段解决伊朗核问题；再次，在对伊朗进行制裁方面，俄罗斯也有很大的保留。2005 年年底，俄罗斯与伊朗签署了向伊朗出售 29 套 "道尔 M1"（Tor－Mi）型防空导弹系统的协议，并于 2006 年年底向伊朗交付了这些导弹，使伊朗抗击美国空中打击的能力大大提升。

2007 年年初，俄罗斯外交部发表《俄罗斯联邦外交政策研究》，文件对伊朗帮助维护阿富汗和中亚地区的稳定给予了肯定，批评美国在伊朗核问题上企图把世界拖入危机当中，呼吁国际社会不要贸然参与导致伊朗核问题升级的行动。俄罗斯认为，美国可以通过对话与伊朗建立联系，用外交手段解决伊朗核问题。

2007 年 10 月 16 日，俄罗斯总统普京赴伊朗参加里海沿岸国家峰会。这是继斯大林 1943 年参加德黑兰会议 60 多年后俄罗斯国家元首首次访问伊朗，加之当时伊朗核问题引起国际社会激烈争论，因此普京的伊朗之行引起国际社会的极大关注。普京顶住西方压力和暗杀传闻如期访问伊朗，并与伊朗总统内贾德和最高领袖哈梅内伊进行会晤，这本身就是对伊朗外交的有力支持。普京访伊期间，俄罗斯在多个方面加强了与伊朗的合作：一是与伊朗等里海沿岸国家（另三国是哈萨克斯坦、阿塞拜疆和土库曼斯坦）领导人共同签署关于里海法律地位宣言，强调只有沿岸国家才拥有里海及其所有资源的全部主权，由此进一步加强了与伊朗的能源战略合作；二是公开支持伊朗和平利用核能权利，并坚决反对对伊朗动武。里海峰会共同声明强调，所有签署《不扩散核武器条约》的国家都有权 "在这一条约框架内以及联合国核监管机制下出于和平目的研究、生产和使用核能"。共同声明还表示，"在任何情况下，五个里海沿岸国家都不会允许第三国利用一个里海沿岸国领土对另一个沿岸国实施侵略或发动军事打击"。这实际上是以集体安全的形式保障伊朗安全。可以说，这是当前伊朗所能得到的最好礼物。内贾德对此非常满意，会后他形容共同声明传递出"非常有力"的信号。

普京访伊期间，俄罗斯与伊朗还签署了向伊朗空军供应 50 台涡轮喷气发动机的协议，这些发动机将装配在伊朗国产的"闪电"超音速轰炸机上；俄将向伊朗供应数台 RD－5000 发动机，装配在伊朗新研制的"曙光"试验型战机上。另外，普京还向伊朗提交了一份解决核问题的新方案。

普京重视与伊朗发展关系并不难理解。在所有与伊朗合作的大国中，俄罗斯与伊朗合作领域最广，获益也最多。在能源方面，俄罗斯自 1997 年就开始参与伊朗南帕尔斯气田第二、三期及其他区块勘探开发项目。该项目总投资约 10 亿美元，其中俄罗斯投资 6.3 亿美元。俄罗斯还是伊朗核能市场的唯一合作者。俄伊 1995 年签署的布什尔核电站建造合同总金额达 8 亿美元，俄罗斯有 300 家企业参与，创造了近 2 万个工作岗位。光是核燃料生意，俄罗斯每年就能从伊朗获得 3000 万美元的利润。在军售方面，伊朗是俄罗斯第三大武器进口国，平均每年花费 4 亿美元。2006 年 1 月，双方又签订了一个 1.32 亿美元的卫星发射合同，伊朗计划在 2007 年使用"联盟"运载火箭从拜科努尔发射升空。2007 年年初，俄罗斯又向伊朗提供了价值 10 亿美元的"道尔－M1"（Tor－Mi）导弹系统。据说伊朗还在招标研制并发射 ZS－4 和 Sepehr 前景通信卫星，而俄罗斯可能是伊朗在该领域的主要合作伙伴。

俄罗斯一直看重与伊朗的合作。在俄罗斯援建的伊朗第一座核电站，即布什尔核电站建设问题上，俄罗斯与伊朗的合作一波三折。布什尔核电站原是 1974 年由德国西门子公司负责建造的，后来在美国的反对和施压下，西门子公司停止了与伊朗的合作。1995 年，俄伊两国签署合同，由俄罗斯帮助伊朗续建该核电站。1996 年 2 月，布什尔核电站在俄罗斯的帮助下开始兴建。由于涉及核能技术等问题，俄罗斯与伊朗的核电站合作一直受到西方国家的指责。根据合同，该核电站应当于 1999 年 7 月竣工。但后来由于政治、资金、技术等多种原因，竣工日期一拖再拖。2007 年，俄伊之间就发生了"拖欠工程款事件"。俄方称由于伊朗拖欠工程款，原定于 2007 年秋季完工的布什尔核电站将被推迟，并已撤走其技术人员。支撑该核电站正常运转的核燃料也被推迟运抵伊朗。而伊朗官方则否认拖欠工程款，并指责俄罗斯是迫于西方国家压力才这样做。俄罗斯在联合国安理会表决制裁伊朗的 1747 号决议问题上投赞成票一事，让伊朗愤怒不已，抱怨俄罗斯是一个不可信赖的合作伙伴，自己只不过是俄罗斯在其与西方国家博弈时的一枚棋子。俄伊关系出现了明显裂痕。而此次普京选择在伊朗外交非常困难的时期来访，明显有助于修补、巩固双方关系，且有事半功倍的效果。多年来，俄罗斯对布什尔核电站的策略是"不放弃、不收尾"，不放弃的是俄的战略和经济利益，不收尾是为了握住筹码，在与伊朗的谈判中掌握至关重要的发言权。

近年来，随着俄罗斯国力复兴，大国意识日益复苏，俄试图谋求恢复在苏联时期的影响力，俄罗斯加快重返中东、扩张势力范围的步伐。里海沿岸国家（除伊朗外）原是苏联的加盟共和国，苏联解体后，里海地区因丰富的油气资源而成为各方觊觎和争夺的对象。中东则一直是苏联向南扩张的重点区域。此前俄罗斯接连向伊朗、叙利亚这两个中东反美国家出售武器并加强双边关系，并不顾美以反对公开邀请哈马斯领导人访问俄罗斯，明显有培植亲俄罗斯势力、借机重返中东的考虑。而伊朗作为唯一一个沟通海湾和里海两大"油库"的国家，是俄罗斯重树大国形象、在中东和中亚扩张最重要的据点和地缘盟友，也是俄罗斯实现通过阿拉伯海湾进入暖水水域的夙愿的重要跳板。在某种意义上，"得伊朗者得中东"。俄罗斯一位地缘政治家就曾说过，同伊朗结盟能使俄罗斯实现数百年来一直未能实现的战略目标，即（俄罗斯海军）进入暖水水域。而此次普京高调访伊朗，并与伊朗等里海沿岸国家划定里海资源问题，在俄罗斯南部俨然形成一个排他性的"安全合作圈"，不仅限制了阿塞拜疆与西方国家的军事合作，而且，普京称只有得到里海沿岸五国的共同支持才能执行在里海铺设能源运输管道的项目，这实际是俄伊联手反对美国插手里海，无形中使双方形成一种准盟友关系，由此提高了俄罗斯在中东乃至世界舞台的地位。

普京 2007 年对伊朗的访问，向西方明确发出了俄罗斯在伊朗核问题上的明确立场，那就是反对动武，为当时日趋紧张的伊朗核危机降温。当时，西方要求对伊朗动武的呼声又开始高涨。美国国内部分高官认为布什应在任内"将战争进行到底"。为营造"攻伊有理"气氛，布什政府已把攻打伊朗说成是"反恐"，而不是过去所说的"阻止核武扩散"；欧盟三国在核问题上的态度也更趋强硬：英国称愿意为美国动武提供军事帮助，法国总统萨科奇宣称如果伊朗制造核武器，法国将支持对伊朗动武，德国总理默克尔也强调要加强对伊朗制裁。"山雨欲来风满楼",西方"喊打"之声此起彼伏,使伊朗核危机面临激化危险。

俄罗斯明确在核问题上的立场,对伊朗来说是重大外交胜利,使伊朗在核问题上的态度更趋强硬。自伊朗核问题被提交联合国并被美国纳入制裁轨道后,联合国已通过数个制裁伊朗的决议,美国和西方还不时讨论新的制裁决议。在此背景下,伊朗更加希望通过分化大国来减缓自身压力。而俄罗斯一直是伊朗核伙伴,也是伊朗抗衡国际压力的最强有力靠山,俄罗斯态度的变化直接影响伊朗核问题发展。此次普京顶住西方压力访问伊朗,使大国在伊朗核问题上的分歧更趋公开化,也使伊朗在俄罗斯与西方之间的巨大分歧中看到了"希望"。有普京为伊朗"壮胆",伊朗未来在核问题上更难让步,各方围绕伊朗核问题的斗争也将进一步长期化。

但另一方面,俄伊关系变数也不少。俄罗斯对伊朗政策仍有两面性,未来仍存在政策"变脸"的潜在因素。一是俄罗斯不会甘心始终为伊朗当"挡箭牌"。俄罗斯一些官员称,伊朗人在滥用俄罗斯对他们采取的建设性态度,顽固追逐自己的核目标,最终会使俄罗斯外交策略和国际形象受损,因此俄罗斯应不时借题发挥,敲打伊朗,不要继续无条件支持伊朗。据悉,当初布什尔核电站推迟竣工就是普京的决定。二是俄罗斯与伊朗核合作具有结构性冲突,很难深入。俄罗斯与伊朗进行核合作主要是为获取高额经济利益,并不希望伊朗自主发展核技术,尤其是发展核武器。而伊朗与俄罗斯的合作目的是要完全掌握核技术,并在条件许可的情况下研发核武器。尤其是伊朗高调宣称要与其他穆斯林国家分享核技术,这更让俄罗斯难以接受。

普京2004年再次出任俄罗斯总统后在中东的战略调整有其深刻的背景,其中既有政治原因,也有经济因素。

首先,俄罗斯经济恢复,国力迅速增强,超级大国意识逐渐复兴。

1991年苏联解体后,俄罗斯在经济上采取休克疗法,致使经济一蹶不振。1999年俄罗斯经济出现转机,自2003年到2006年,俄罗斯的经济增长率始终保持在7%左右。2006年俄罗斯国内生产总值已超过1万亿美元。俄罗斯财政部长库德林表示,俄罗斯经济已赶上并超过1990年苏联解体前的水平。俄罗斯第一副总理梅德韦杰夫在今年的达沃斯世界经济论坛上宣布,俄国经济完全有可能在今后两年内超过意大利、法国和英国，跃居世界前列。最近几年国际油价大幅上升，俄罗斯的外汇收入激增。2006 年 2 月 1 日，普京举行年度记者招待会，宣布俄罗斯已提前偿还苏联所欠的所有外债，黄金外汇储备达 3037 亿美元，跃居世界第三。经济恢复、国力增强，大大提升了俄罗斯叫板美国的底气，为俄罗斯调整其中东战略奠定了物质基础。

其次，俄罗斯的战略生存空间遭到挤压，普京迫切需要外交突围。

苏联解体后，俄罗斯国力下降，不得不采取与西方合作、对美退让的政策，但换来的却是轻视和进一步的挤压。北约的不断东扩使俄罗斯切切实实感受到美国和西方对俄罗斯政策根深蒂固的不信任感。

美国遭受"9·11"恐怖袭击后，俄罗斯很快伸出了同情与援助之手，并且支持美国的反恐斗争，但这一举动却被美国视为"理所当然"，美国非但不领情，不给任何回报，还不断挤压俄罗斯的战略空间，如将北约东扩直到俄罗斯西部边境，在乌克兰、格鲁吉亚等苏联地区策动"颜色革命"，计划在波兰和捷克部署反导系统，等等。

当然，普京重视与中东国家发展关系，在很大程度上是由于经济原因。

首先，争夺中东市场。能源、军火和设备技术的出口是俄罗斯经济恢复的三大支柱。中东既是俄罗斯能源出口的合作伙伴，又是俄罗斯军火和技术出口的广阔市场。

对伊朗核技术出口是俄罗斯技术出口的一个重大突破。早在 1992 年，俄罗斯就与伊朗就布什尔核电站的建设达成了协议。俄罗斯帮助伊朗建设这个核电站有其政治、战略和经济等多方面的考虑。政治上，俄罗斯帮助伊朗兴建布什尔核电站不仅密切了与伊朗的关系，而且增加了抗衡美国、提高国际影响力的筹码。战略上，伊朗对俄罗斯来说具有重要的地缘政治价值，它将保障俄罗斯南部地缘战略空间的安全，还有助于俄罗斯争夺对里海石油资源及油气输送管道的控制权。发展同伊朗的关系已成为俄罗斯对外政策的重要组成部分。经济上，俄罗斯帮助伊朗修建布什尔核电站获利颇丰。布什尔核电站造价为 8 亿美元，而且，伊朗还准备在 2015 年前再建 20 个规模相当的核电站，总合同价值将达到 160 亿美元。2009 年 2 月底，布什尔核电站进入测试运行阶段。2010 年 8 月 13 日，伊朗和俄罗斯先后确认，将为布什尔核电站核反应堆装载核燃料。

随着伊朗核问题的激化，包括海湾国家在内的国际社会的担忧与日俱增。很多中东国家认为，应加强自身的防卫力量，抵御外部威胁。国际石油价格的高位运行，让中东国家积累了巨大的财富，使之有能力购买世界上最先进的武器。沙特近年来就和美国签订了历史上最大额的军购合同。同时，海湾国家也希望与伊朗关系密切的国家，如俄罗斯，在打破核僵局问题上发挥积极作用。不难想象，由于俄美双方在价值观和国家利益上的分歧，同时伴随着俄罗斯国力的不断恢复，俄重塑大国形象的雄心开始付诸实践，俄罗斯与美国在伊朗核问题上继续冲突将难以避免。

第三节　俄罗斯中东政策的特点

苏联时代的中东政策带有强烈的冷战色彩，着眼于地缘政治重要性的考虑，苏联利用中东重要的战略地位，从北向南扩大势力，一直深入到中东的腹地，并且还发动阿富汗战争，试图南下印度洋，从侧翼包抄中东和欧洲。因而苏联和美国在中东形成全面对抗的局面，并各自培植了自己的盟友和利益代言人。但随着美苏冷战格局的结束，苏联在中东的势力和影响迅速衰退。冷战结束后，随着国力的复兴，俄罗斯的中东政策表现出以下的特点。

首先，经济外交是俄罗斯对外政策的一个新的努力方向，也是俄罗斯与中东国家发展关系的首要考虑。

其中，武器和能源成为俄罗斯手中的两张"王牌"。俄罗斯希望借助良好的外交联系，扩大俄罗斯武器和机器设备的出口，开拓外部市场。而中东这个传统的市场在其对外经济联系中占有重要位置。自2000年以来，俄罗斯不断扩大与叙利亚、伊朗等传统军贸伙伴的联系，并在一些海湾国家开始打开了军品出口的市场。尽管面临着美国的压力，俄罗斯也仍然没有放弃与伊朗的核合作，而且还有进一步发展的趋势。同样，在伊拉克战后重建项目中，俄罗斯也努力为自己分得了一杯羹。能源开发和供应已经成为俄罗斯经济复兴的主要渠道，而且还被视为提高国际政治和经济影响力的重要手段。无论是为了保证国际能源市场相对稳定，还是参与临近中东的里海新能源开发，俄罗斯都有必要把理顺与中东国家的关系、在这个能源"金库"站稳脚跟置于长期考虑的范畴。利比亚的石油资源、武器军购和战略要地，也关系俄罗斯重大的利益。利比亚地处地中海南岸，是连接非洲和欧洲的重要战略要地，是欧洲国家进入非洲的战略要地，俄罗斯要重现大国梦想，利比亚是俄罗斯一个重要棋子，是登陆非洲、牵制欧洲、控制东西方交通的要塞。近年来，俄罗斯大打资源牌，以此作为武器应对西方挑战，作为世界重要产油国的利比亚，当然会成为俄罗斯对外政策的关注对象。武器出口一直是俄罗斯对外贸易的一个重头戏，而中东和非洲历来是个大市场。随着俄罗斯国力的强盛，俄罗斯的民众对俄罗斯的大国梦想越来越迫切，伊朗、叙利亚、利比亚、伊拉克等中东国家，都将成为俄罗斯重返国际舞台的重要帮手。当然，这不是说俄罗斯会与西方国家走向冷战，俄罗斯与西方国家将会以其他方式展开在世界舞台上的利益争夺。

其次，俄罗斯以中间人的角色努力协调对立各方的立场，在不增加俄罗斯自己物质投入的同时，更多地利用外交资源，特别是其安理会常任理事国身份和四方代表的资格为俄罗斯谋取利益。

俄罗斯在中东和平问题上始终是"四方会谈"的代表。在伊朗核问题谈判中，俄罗斯也充当重要的中间人角色。自从与以色列建交后，俄罗斯就摈弃了在巴以矛盾中支持一方反对另一方的做法，采取更加务实与均衡的中东政策。此外，已占以色列人口近1/6的俄罗斯犹太移民大多数都享有双重国籍，这既为俄以联系准备了较好的人文桥梁，也使俄罗斯政府不能不更关注以色列的安全。因此，2005年4月普京访以、并参观犹太教圣地"哭墙"，就不仅是一种礼节和做"秀"，而是表明了俄罗斯把以色列作为自己在中东发挥影响的一个落脚点。同时，俄罗斯也要求以色列回到"以土地换和平"的轨道上来，切实改善巴勒斯坦人民的生活状况，立即停止扩建犹太人定居点。显然，莫斯科意识到，在巴以问题上走单边路线，不仅会使自己卷入矛盾旋涡之中，并且有丧失在这个热点问题上发言的机会，而以各方均能接受的"调停者"的身份出现则有利于扩大自己的活动空间。

再次，俄罗斯的中东政策独立性不强，很多时候需与美国及西方国家协调立场。

一方面，俄罗斯不同意华盛顿在中东的霸权主义的思想，它坚持和平与稳定有赖于合作与对话，而不是以某种好恶划线的政策，与被华盛顿列入所谓"黑名单"的国家，如叙利亚、伊朗等保持较好的外交和经济关系。另一方面，俄罗斯注意利用与中东一些国家有过友好合作的历史，在一些关键时刻表明自己的立场和利益。在美英等国加大对叙利亚压力时，俄罗斯放出话来要向其出售"伊斯堪杰尔"弹道导弹；伊朗核问题难解难分之际，俄罗斯不仅提出了要帮伊处理浓缩铀、更决定向其出售先进的"道尔"防空导弹。坚持武装反对以色列的哈马斯赢得巴勒斯坦选举获胜后，在美国、以色列和其他西方国家排斥哈马斯之时，普京却对其伸出了橄榄枝，邀请该组织领导人访俄，并强调不把哈马斯视为一个恐怖组织。另一方面，与冷战时期"凡是不利于对手的，就是有利于自己的"概念不同，俄罗斯在中东趋向活跃的外交并非与美国对抗，或者与其争夺对中东的主导权。无论是俄罗斯出于发展自己这个基本国策，还是要为其外交争取良好外部环境的战略考虑，都决定了它在包括中东在内的许多热点问题上都将在大原则上与美国保持合作。换句话说就是，在中东等热点问题上，俄罗斯与美国的合作是基本面，而斗争则是为了使这种合作更加有较平等的味道、更加有助于不沦为美国的"小伙计"。事实上，出于自身安全考虑，在许多热点问题上，俄方原则性的立场与美国并无根本分歧。比如伊朗核问题，作为伊朗的邻国，俄罗斯绝不希望在其家门口出现一个拥有核导弹的国家。因此，在继续向伊朗提供核帮助的同时，它也要求该国放弃开发核武器、密切与国际社会合作，并设法防止其实现核武装。这次在邀请哈马斯对话的同时，俄方也强调，要敦促哈马斯放弃"极端的观点和立场"，继续和平建国路线，承认以色列。

最后，俄罗斯的中东政策归根到底是自身实力的反映。

当今国际舞台上角力的基础还是国力。在多种因素限制之下、特别是在许多方面还有求于美国的情况之下，俄罗斯中东外交的选择余地被压缩得非常狭小，在很大程度上还是跳不出力量强大一方设计的框架，更多的情况是为他人规定的蓝图"修修补补"、做些枝节性的调整，或为对立双方当"说和者"。也正因为实力缺乏、同时关注重心也不在中东，因此，俄罗斯中东政策往往表现出一种矛盾的心态，即一方面想发挥某种作用，在一些热点问题上能有重要的影响，捞取政治上和经济上的好处；但是另外一方面，一遇到关键的问题，又往往拿有关问题做交易，换取美国和西方国家对俄罗斯其他核心利益的支持。

第七章　冷战结束后英国和法国中东政策的调整

第一节　紧跟美国的英国中东政策

第二次世界大战结束后，在英国的外交历史和传统中，紧跟美国的政策一直是一个显著的特点。但是在中东问题上，20 世纪 60 年代前，由于美国在中东势力的扩张伴随的是英国和法国等老牌殖民主义势力的退出，因此，在 1956 年的苏伊士运河危机和此后的苏伊士运河战争期间，美国公开反对英、法的立场，最后迫使英国和法国从埃及撤军。美国也乘机取代了英国在中东的影响。

一　英国中东政策追随美国，协调欧盟

冷战结束后，英国和美国的"特殊关系"在中东问题上已越来越多的表现出来。1997 年 5 月，布莱尔领衔的工党在英国大选中以压倒性多数的选票击败连续执政达 18 年之久的保守党。年仅 44 岁的布莱尔出任政府首相，成为 20 世纪以来英国最年轻的首相。在 2001 年和 2005 年英国两次大选中，布莱尔获得连任，是英国历史上首位三次当选的工党首相。

在国际舞台上，布莱尔领导的英国政府，积极参与国际事务，展开全方位外交。他主张英国积极参与欧洲一体化进程，并在其中发挥主导作用；积极巩固与美国的特殊关系；重视改善欧盟与俄罗斯的关系。布莱尔担任首相期间，英国对外实行大国外交，对内倡导多元化社会。在推动北爱尔兰和平进程、应对"7·7"伦敦连环爆炸袭击、伦敦赢得奥运会举办权等方面，布莱尔赢得广泛称赞。但布莱尔也由于支持伊拉克战争、派兵出战，并在阿富汗和伊拉克长期驻军，从而使他领导的政府饱受压力和批评。

在阿富汗和伊拉克两场战争中，英国都是美国坚定的盟友。国际舆论甚至讽刺布什和布莱尔的关系是"双布"关系。在 2003 年 3 月美国发动的伊拉克战争中，英国派出的作战部队，仅次于美国。当时美国领导的对伊拉克作战"联合部队"主要由 12 万人的美军部队、4 万 5 千人的英军部队、2000 多人的澳大利亚军队和 200 人的波兰军队所组成。在阿富汗战场，英国的驻军人数也仅次于美国。自英军 2001 年 10 月追随美军一同

入侵阿富汗，英军在战争初期未受到太大损失，2002年4月9日，首名英国士兵在喀布尔遇袭身亡。2006年以来，英军伤亡人数不断攀升。在2009年一年中，超过100名英军士兵在阿富汗阵亡。英国国防部2009年8月宣布，英军在阿富汗的死亡人数已超过伊拉克战争的179人。到2009年年底，仍然有9000余名英军士兵驻扎在阿富汗。

在调解巴以冲突的国际斡旋中，作为"四方会谈"代表之一，英国也做过不少调解努力。2003年1月13日，在英国的斡旋下，中东问题多边会议在伦敦举行，欧盟、美国、俄罗斯、联合国和埃及、约旦等阿拉伯国家的代表将出席会议，共同商讨巴以地区最新局势以及促进巴机构改革等事宜。但由于以色列的封锁，巴勒斯坦高级官员不能出席会议，只通过电话方式与会议进行联系。2004年11月，布莱尔在访问美国时与布什总统专门讨论了再次召开中东和会事宜，英国希望借此次和会能够弥合美国与欧洲国家在伊拉克问题上产生的裂痕。但美国反对把会议开成类似第一次海湾战争后马德里和平会议的大型聚会，美国和以色列都希望这是一次能解决"实际问题"的会议。会议将着重讨论重建巴勒斯坦安全机构、明年以方从加沙地带撤离后对巴勒斯坦人的经济援助等问题。

2004年11月，巴勒斯坦领导人阿拉法特逝世，为了表示英国对巴勒斯坦问题的关注，布莱尔在2004年圣诞前夕，还专门访问了中东地区，包括巴勒斯坦地区。布莱尔的态度表明英国想争取主动，在中东问题上占据优先权。

2005年3月1日，在布莱尔的协调和主持下，名为"支持巴勒斯坦民族权力机构会议"在伦敦举行。这次会议是继当年1月9日巴勒斯坦大选和2月8日埃及沙姆沙伊赫中东问题四方会议以后，中东和平进程中的又一重要的事件。联合国秘书长安南和美国国务卿赖斯，欧盟负责外交事务的负责人索拉纳都参加了会议，因此备受当时国际社会的关注。

2011年5月，美国总统奥巴马在就中东及北非局势的演讲中指出："以色列和巴勒斯坦的边界应以1967年的界限为基础，并加以双方同意的土地互换，从而为两国建立起安全和公认的边界。"英国外相黑格很快对奥巴马就中东地区"阿拉伯之春"等问题发表的意见表示了支持，并称："我要特别支持奥巴马总统传递的明确信息，即以色列和巴勒斯坦的边界划分应该以 1967 年双方达成的共识为基础。"①

二　布莱尔出任四方会谈"中东问题特使"

2007 年 6 月,布莱尔辞去首相职务后,中东问题有关四方(联合国、欧盟、美国和俄罗斯)于 2007 年 12 月 7 日在纽约联合国总部发表声明,宣布任命英国前首相布莱尔为中东问题特使。声明说,加沙地带和约旦河西岸最近的事态发展表明了向前推动中东和平进程的紧迫性,国际社会应帮助巴勒斯坦人民加强制度和经济建设,以便建立一个与以色列等邻国和睦相处的、繁荣的巴勒斯坦国。为了促进国际社会的这种努力,中东问题有关四方决定任命布莱尔为中东问题特使。声明说,作为特使,布莱尔的职责将包括:与捐助国和有关机构紧密合作,为巴勒斯坦人民动员国际援助;为巴勒斯坦政府加强国家治理尤其是加强法治寻求国际支持;为促进巴勒斯坦经济发展制定方案,其中包括与私人部门建立合作关系;与有关国家进行联络事宜,帮助实现中东问题有关四方制定的目标。

三　在美国发动伊拉克战争问题上,英国坚定站在美国一边

布莱尔在伊拉克这个问题上紧紧追随美国,在国际上,在阿拉伯世界以及在英国国内都引起了广泛的批评。面对英国舆论对他的伊拉克政策的批评,布莱尔仍然坚持为他的立场辩护。一直到辞职前夕,布莱尔的立场才有所松动。2007 年 6 月辞职以前,布莱尔在记者问道关于驻伊拉克和阿富汗英军士兵的境遇问题,布莱尔说:"我对他们今天在伊拉克和阿富汗所面临的危险深表歉意。"②

布莱尔政府奉行的对美国亦步亦趋的外交政策及追随美国出兵伊拉克,不仅造成工党政府声望和执政能力下降,也使工党内部要求布莱尔早日下台的呼声日趋高涨。因此,布莱尔于 2007 年 5 月 10 日宣布辞去工党领袖职务,并于 6 月 27 日正式卸任首相。同一天,中东问题有关四方(联合国、欧盟、美国和俄罗斯)在纽约联合国总部发表声明,宣布任命布莱尔为中东问题特使。布莱尔个人在中东问题上有了更多发言的机会,但对英国的中东政策来说,仍然摆脱不了欧盟外交以及追随美国

---

① http://gb.cri.cn/27824/2011/05/20/5187s3253765.htm.

② http://www.china.com.cn/news/txt/2007-06/27/content_8449778.html.

政策的特点。

第二节　不满足在和平进程中当配角的法国中东政策

在欧盟国家中，法国的对外政策相对具有自己的特色。但在欧洲联盟成立后，欧盟各个国家的对外政策经常以欧盟对外政策的形态表现出来。由于法国在中东有着其他任何欧盟国家都难以相比的地缘政治历史联系与利益，因此，法国对中东地区的任何重大问题都相当感兴趣，不满足于被美国或其他国家排挤。

2000 年以巴爆发激烈冲突，国际社会积极调解，法国不甘心落后于美国的主导调解作用。鉴于以巴流血冲突在 2001 年后出现骤然升级的势头，法国建议向中东地区派遣国际维和部队，以色列 2003 年 6 月 16 日对法国的建议说"不"，而巴勒斯坦方面表示坚决支持。但以色列总理沙龙的发言人就法国的提议表态说，没有向中东再派一支国际部队的"余地"，因为中东和平"路线图"计划第一阶段的任务本身就包含了"完全停止恐怖主义活动和避免增加相互仇恨"的内容。这位发言人称，如果法国想帮助推进中东和平，法国"就应该利用其影响力说服阿拉法特不要再妨碍阿巴斯的和平努力"。但法国的建议，得到了阿拉法特的支持，认为法国的建议正是巴方所期待的，只是由于美国"从中作梗"，这一期待才被搁在了一边。

在如何解决巴以冲突问题上，法以关系时常出现不和的状况，症结是法国在中东问题上的立场不为以色列认同。以色列认为法国亲巴勒斯坦，以方对此不能接受。2003 年，时任法国外长的德维尔潘出访中东，由于会见了阿拉法特，沙龙就拒绝见他。2004 年 7 月，沙龙指责法国的反犹活动已经失控，呼吁在法国的犹太人紧急移居以色列。沙龙的言论在法国激起公愤，希拉克宣布沙龙是"不受欢迎的人"，一时间两国关系达到最紧张地步。2004 年 11 月，在巴勒斯坦面临内忧外困和阿拉法特身体状况不佳的状况下，法国接受阿拉法特来法就医，阿拉法特去世后法方对其后事予以很高礼遇，这又增加了以色列的不悦。

法以关系之所以发生转折，是因为中东局势出现了一些新因素。其一，阿拉法特去世后，其继任者阿巴斯成了以色列认可的谈判对手，这使重启巴以谈判成为可能；其二，美国总统布什明确表态，说建立一个独立的巴勒斯坦国是中东和平条件之一,在此背景下,以色列也承认巴勒斯坦人民有建国的权利,法以立场趋于接近;其三,在巴以和谈中断、中东和平"路线图"计划搁浅的情况下,沙龙提出从加沙撤军并取消犹太人定居点的单边行动计划,在目前没有别的可替代方案的情况下,法国只有表示支持,以期借此推动中东和平进程重新起步。在对待哈马斯问题上,法国与以色列及美国的态度也明显不同。以色列希望将黎巴嫩真主党列为恐怖组织,法国并不同意;对哈马斯,法国虽然也认为这是个恐怖组织,但认为应该鼓励它参加政治进程。

一 法国支持以色列对黎巴嫩的入侵

2006 年 7 月,以色列以营救被绑架士兵为由发动了历时 34 天的入侵黎巴嫩的大规模军事行动,造成约 2000 人丧生,近百万黎巴嫩人沦为难民,许多村庄被夷为平地。8 月 11 日,联合国安理会通过第 1701 号决议。14 日,黎以双方实现全面停火。黎以冲突开始时,希拉克曾通过秘密渠道向以色列传递信息,暗示以方应入侵叙利亚并推翻叙总统巴沙尔。希拉克还承诺法国将全力支持以色列。希拉克在密信中称叙利亚是推动黎巴嫩真主党发动袭击的"幕后黑手",应该为发生在以色列北部的冲突事件负责。以色列前驻法大使在接受采访时表示:"以色列前总理沙龙曾经告诉法国方面,伊朗是真主党武装的主要支持者,但希拉克则认为叙利亚应对此事负主要责任。"他还透露说:"希拉克总统认为在黎巴嫩前总理哈里里遇刺、真主党武装势力膨胀以及一些企图推翻黎巴嫩现政权的活动中,叙利亚都要负直接责任。而且他还认为,真主党武装的活动也是遵照叙利亚的命令行事的。"在黎以冲突爆发后,法国是最早主张联合国向黎以边境派遣临时部队的国家之一。此前,法国还曾经积极推动联合国安理会通过 1559 号决议,该决议要求叙利亚从黎巴嫩撤军。另外,在成立哈里里遇刺案调查委员会一事上,法国也发挥了重要作用。

二 法国在中东和平进程中的立场和作用分析

在中东和平谈判进程中,法国的中东政策一般被认为体现在欧盟的中东政策中,但由于欧盟各国与中东冲突的各方利益关系不尽相同,欧盟国家的中东政策很难不显现出各自的意图和战略考量。尤其是法国,不甘心自己的角色和利益被其他组织和国家"取代"。2004 年 6 月 20 日,法国外长巴尼耶在接受埃及官方报纸《金字塔报》专访时强调，当前有必要推动中东和平"路线图"计划的执行，并认为"路线图"是有关各方都应遵守的"唯一的共同准则"，也是实现巴以和平的唯一途径。巴尼耶说，法国以及欧盟愿意就以色列实施撤离加沙地带计划进行合作，但必须建立在以下基础上：首先，撤离计划必须在"路线图"框架内完成，并作为和平进程的一个步骤，直至最终实现巴勒斯坦和以色列的和平共处；其次，以色列撤离加沙地带不能致使犹太人定居点转移到约旦河西岸的巴勒斯坦土地上；再次，以色列撤离应该保证向巴民族权力机构移交职责，为巴方重建加沙地带创造条件。巴尼耶还表示，法国赞赏埃及提出的旨在推动巴以和平进程的新计划，认为埃及的介入是维持加沙地带安全形势的重要保证。他还说，欧盟支持巴勒斯坦人民建立巴勒斯坦国的合法权益，并承诺为巴以和平进程有关方面提供物质和政治援助，帮助各方走出当前僵局。

2006 年以后，巴勒斯坦内部出现严重分裂局面，巴以和谈进一步陷入僵局，但法国却在调解巴以和谈方面表现出积极的立场。

2007 年 12 月 18 日，为期一天的援助巴勒斯坦国际会议在法国巴黎结束，近 70 个国家以及联合国、世界银行、国际货币基金组织、欧盟、阿拉伯基金会等国际组织的大约 90 个代表团出席了会议，各方慷慨解囊，承诺在未来 3 年向巴勒斯坦提供 74 亿美元的援助。中国中东问题特使孙必干出席会议并发言。法国外长库什内在会后举行的新闻发布会上说，与会各国承诺的援助，超出了巴勒斯坦民族权力机构的要求额度，这是国际社会对巴民族权力机构以及巴勒斯坦建国计划发出的"强有力"的政治和财政支持信号。

2009 年 11 月，法国总统萨科齐在与来访的以色列总理内塔尼亚胡会谈时曾提议，召集有关各方在巴黎举行国际会议讨论中东和平进程问题。为此，他与多个中东国家领导人进行了接触和磋商。除内塔尼亚胡和哈里里外，萨科齐还在巴黎先后会见了叙利亚总统巴沙尔、约旦国王阿卜杜拉、埃及总统穆巴拉克，并与巴勒斯坦民族权力机构主席阿巴斯通了电话。2010 年 1 月 22 日，到访法国的黎巴嫩总理萨阿德·哈里里表示，黎巴嫩支持在巴黎举行有关中东和平进程的国际会议。哈里里当天在与法国总统会面后说，萨科齐在中东形势上的态度是明确的，法国希望推进中东和平进程。黎巴嫩支持法国有关在巴黎举行一次中东和平进程国际会议的提议。法国外长朱佩 2011 年 6 月 2 日在约旦河西岸城市拉姆安拉会晤巴勒斯坦过渡政府总理萨拉姆·法耶兹，法国外长提出中东和谈"两步走"新方案，即先决定巴以双方安全和边界，再讨论耶路撒冷地位。法国的建议虽然并没有很强的建设性，但的确表明法国希望在中东和谈问题上发挥更大的作用。

三　法国推动建立"地中海联盟"，进一步扩大在中东和北非的影响

　　除了在中东和谈问题上谋求更多发言权以外，法国更关心在整个地中海区域发挥主导性的政治作用。法国热衷于推动地中海沿岸国家建立政治和经济联盟，为法国加强与中东和北非国家联系搭建新的平台。2008 年 7 月 13 日，欧盟 27 个成员国和 16 个地中海沿岸非欧盟成员国的领导人在巴黎举行地中海首脑会议，地中海联盟正式成立。这是全球化背景下出现的一个区域性合作的新实体。"地盟"这个简称，今后可能同"欧盟"、"阿盟"、"非盟"、"东盟"等一样成为经常见诸报端的国际政治词汇。

　　地中海地区地理位置十分重要。地中海东西长 4000 公里、南北最宽处 1800 公里，海域面积 250 多万平方公里。地中海北面是欧洲大陆、南边是非洲大陆，东面是亚洲的中东地区。地中海西部经直布罗陀海峡与大西洋相通，东北经土耳其海峡与黑海相连接，1869 年苏伊士运河开凿通航后，地中海的东南端经过这条运河与红海相通，经红海出印度洋。从西欧到印度洋，通过直布罗陀海峡、地中海、苏伊士运河、红海这条航线成为世界上运输最繁忙的海路。据统计，每天在地中海航行的各类船只达到 2000 多艘，西欧输入的石油总量的 85% 是通过这条航道运送的。地中海在经济、政治和军事上都具有极为重要的战略地位。长期以来，地中海成为列强必争之地。从第二次世界大战起，美国第六舰队一直以地中海为基地，西方其他国家的舰队也在这个海域游弋，从舰艇数量看，今天的地中海已经成为西方军事大国军舰集聚密度最大的海域。

　　地中海联盟的设想是法国现任总统萨科齐 2007 年年初提出来的。他当时作为总统竞选候选人于 2 月 28 日举行的一次阐述其未来外交政策的记者招待会上宣布，建立一个涵盖南欧、北非和部分中东国家的地中海联盟是他出任法国总统后的外交战略目标之一。他认为，法国既是欧洲国家，也是地中海国家，法国要像当年建设欧洲联盟那样推进地中海联盟的建设。这个联盟将在反对恐怖主义、移民问题、地区经贸发展以及推动民

主进程方面发挥作用。

　　萨科齐提出的地中海联盟并非偶然。第一，从地缘政治看，地中海是法国安全战略的优先关注地区，通过地中海东进是中东和海湾，南下是北非和法语黑非洲，这些地区都是法国传统势力范围。萨科齐强调，法国的目标是重新成为实力雄厚的地中海大国。第二，法国面临的恐怖主义威胁越来越严峻，而这种威胁主要来自北非和中东阿拉伯国家的极端主义势力，通过地中海联盟与北非和中东各成员国加强合作，将有助于制止这些极端分子的潜入和行动。第三，由于战争和贫困，非洲大量移民进入法国造成了众多的社会经济问题，一旦南欧与地中海南岸国家展开合作，实现南岸国家的安定和繁荣，能从源头上解决移民问题。第四，地中海南岸国家具有很大的产品、投资的市场潜力，法国还特别希望开拓阿拉伯国家的核工业市场。北非和中东国家以及邻近这一地区的苏丹和几内亚湾地区都是石油天然气等能源产地以及各种原料产地，如果地中海地区建成一个地域广泛的自由贸易区，这将是确保和开拓新的能源和原料供应来源的重要手段。第五，美国同法国在非洲的争夺十分激烈，美国大举"进攻"，争夺法国的传统市场和原料供应地，法国在非洲，特别是黑非洲的影响正在削弱。而地中海联盟将使得法国能够加强在北非地区的影响，进而扩大到西部黑非洲地区，从而维护自己在非洲前法国殖民地的传统地位。

　　早在1995年11月，欧盟和地中海沿岸9个非欧盟国家在西班牙的巴塞罗那就开展地区合作举行首脑会议，开启了"巴塞罗那进程"。欧盟承诺每年提供20亿欧元的资金用于推动地区的合作和经济发展。这一进程的目标是在2010年建立一个广泛的自由贸易区。然而，后来的事实表明，"巴塞罗那进程"收效甚微，名存实亡。为此，萨科齐提出了地中海两岸合作的新模式。他建议从确立大型项目入手，实现经济共同繁荣。正如负责筹备地中海联盟计划的法国高级官员勒卢瓦所说："地中海联盟的目标是政治，但推动力量是经济。我们不能等冲突解决之后再来提出计划。地中海联盟将启动一个程序，我们希望这个程序能帮助解决种种政治冲突。"①

　　按照萨科齐的最初设想，地中海联盟仅由地中海沿岸的国家组成，欧洲大陆只有法国、西班牙和意大利等南欧国家参加，南岸国家则由与法国

---

　　①　http：//www.ce.cn/xwzx/gjss/gdxw/200807/14/t20080714_ 16146711. shtml.

关系密切的埃及打头，法国与埃及在计划中的地中海联盟中担任首轮联合主席国。显然，法国希望在这个联盟中占据主导地位，甚至有同德国在欧盟中争夺地区优势的企图。

地中海联盟的成立，提高了法国在中东外交舞台的地位。首先，北非和中东的阿拉伯国家领导人应邀在地中海联盟的框架内同当时的以色列总理奥尔默特一起出席首脑会议，共同坐在一个会议桌前，这在阿以关系史上是罕见的，东道主法国认为，这本身就是一项极大的成功。其次，奥尔默特在巴黎和巴勒斯坦权力机构主席阿巴斯都表示，双方对中东和平前景表示乐观，认为巴以已经十分接近达成协议。再次，叙利亚总统阿萨德借出席这次会议高调访问巴黎，并出席 7 月 14 日法国国庆节阅兵式，这表明叙利亚在法国协助下重返国际舞台。访问期间，阿萨德和黎巴嫩总统苏莱曼在法国和卡塔尔的斡旋下宣布两国建立外交关系，从而结束了双方长达半个世纪的对立状态。最后，有报道说，巴黎首脑会议期间，叙利亚和以色列通过土耳其进行了间接接触和谈判，中东地区这两个夙敌也出现了和解的迹象。以上外交活动和外交成果虽然同地中海联盟没有直接联系，但是地中海联盟的确为这些成果的取得提供了机会和可能，这在很大程度上表明，地中海联盟在未来的中东和平进程中很可能会发挥自己的独特作用，而这一点也正是欧盟"南下"战略的意图所在。

第八章　"9·11"事件后的阿以冲突与大国政策的调整①

自 1948 年以色列建国后，阿以冲突成为中东地区持续的一个"热点"，并且成为影响这一地区局势变化的重要因素。在阿以冲突的发展过程中，大国和外部势力的介入无时不在。冷战的结束对阿以冲突格局的影响是划时代的，它"使巴勒斯坦问题朝着摆脱地缘政治的方向迈出了重要的步伐"②。伊拉克战争后，中东局势又一次发生巨大变化，给巴勒斯坦问题带来的是复杂而史无前例的新挑战。这种变化给阿以冲突的基本格局带来巨大冲击。作为阿以冲突焦点的巴以冲突受伊拉克战争的影响更

---

①　参见本人所著的《伊拉克战争后的阿以冲突及其解决前景》一章相关内容，载于唐宝才主编的《伊拉克战争后动荡的中东》一书，当代世界出版社 2007 年版。

②　[巴勒斯坦]马哈茂德·阿巴斯：《奥斯陆之路——巴以和谈内幕》中文版，世界知识出版社 1997 年版，第 131 页。

大。在外部环境发生巨大变化的情况下，巴以内部局势也发生了深刻的变化，由此带来了各自的战略调整。尤其是巴勒斯坦长期的领导人阿拉法特的去世和哈马斯在政坛上的崛起，以及以色列政坛格局的变化，都给巴以局势的变化带来新的因素。特别是大国战略的调整，极大地影响着阿以冲突的外部环境。在地缘政治正在发生巨大变化的背景下，解决阿以冲突问题既面临着机遇，也将面对各种新的不定因素。

第一节　中东和谈受挫，巴以冲突再起

当今国际社会普遍提及的中东和平进程，一般指的是 1991 年召开的马德里中东和会后以色列与中东国家进行的和平谈判进程，其中的核心是以色列与巴勒斯坦的谈判。1993 年 9 月，以色列和巴勒斯坦经过艰苦谈判签署了《奥斯陆协议》，双方实现互相承认，使巴以关系获得重大突破。此后，巴以还签署了一些阶段性的和谈协议。但是，1995 年 11 月以色列总理拉宾遇刺身亡，以色列国内右翼势力逐渐抬头，巴以和谈的阻力加大，最终导致巴以关系从 2000 年开始走向暴力循环。

一　巴以再次爆发严重冲突的内外原因

第三次中东战争以色列占领东耶路撒冷后，一直严格限制犹太人前往"圣殿山"。2000 年 9 月，当时在野的利库德集团领导人沙龙"访问"圣殿山，使 1993 年以来有所缓和的巴以关系发生逆转，最终引发了巴以间持续多年的流血冲突。

在以色列，沙龙一直以强硬派人士著称。1993 年巴以和谈开始后，沙龙对《奥斯陆协议》框架下的中东和平进程持强烈的批评态度。虽然沙龙曾在 1998 年 10 月至 1999 年 5 月内塔尼亚胡执政期间担任外交部长，但内塔尼亚胡并未让沙龙过分插手与巴勒斯坦的谈判。2000 年 7 月，以色列、巴勒斯坦、美国三方举行戴维营首脑会议。在会谈的关键时期，沙龙在《耶路撒冷邮报》发表文章，阐述了他对中东和平的看法，提出了"和平的六条红线"的主张。这些主张基本上可以反映出沙龙对有关和平与安全问题的看法。（1）统一的不可分割的耶路撒冷是以色列永恒的首都，必须置于以色列的主权之下；耶路撒冷问题不容谈判，否则，它将可能成为引发下一次冲突的定时炸弹。（2）以色列将保

留和控制足够纵深的安全区，无论是在东部还是在西部；约旦河谷地区将成为以色列东部的安全区；以色列西部的安全区将包括整个沿海地区，以确保控制至关重要的地下水资源。（3）朱迪亚和撒马利亚①、加沙地区的所有犹太城镇、村庄和连接它们的道路及沿线地区，都应保留在以色列控制之下。（4）解决 1948—1967 年巴勒斯坦难民问题的前提是，在难民现在居住地（如约旦、叙利亚、黎巴嫩等）就地安置；在任何条件下，以色列不能接受难民有返回的权利；以色列对难民的处境没有任何道德责任，也不承担经济责任。（5）为了极端重要的生存需要，以色列必须继续控制撒马利亚地区的地下水资源（以色列用水量的大部分来源于此），巴勒斯坦人应保证不污染以色列的水资源。（6）安全安排：所有巴勒斯坦控制的恐怖主义组织必须解除武装；巴勒斯坦人不能拥有自己的军队，只能拥有警察；以色列继续保持对整个加沙、朱迪亚和撒马利亚地区的空中管制。从沙龙的政治主张可以看出，沙龙及其所代表的利库德集团，与拉宾所代表的工党在安全与和平等重大问题上有重大区别。沙龙坚持"以安全换和平"，反对"以土地换和平"，这为巴以冲突从和谈走向对抗埋下了隐患。

2000 年 7 月戴维营美、以、巴三方首脑会议的失败为沙龙在以色列政坛的崛起提供了机会。克林顿总统在他任期内的最后一年，对巴以和谈明显带有急功近利的目的。他三番五次地把以巴领导人拉到美国，一相情愿地希望以巴双方各作让步，达成历史性的和平协议，这样，他自己的外交和政治生涯就可画上一个圆满句号。克林顿显然忽视了以巴双方在一些关键问题上的感情因素。如在戴维营会谈中，克林顿不成熟地直接向阿拉法特提出了美方关于解决耶路撒冷问题的建议，要求巴勒斯坦放弃对圣殿山的主权要求，结果引起了阿拉法特强烈的惊讶和不满，认为美国替以色列说话。美国的这一态度，直接破坏了戴维营会谈的气氛，是会谈破裂的重要原因。以色列人和巴勒斯坦人各自对耶路撒冷的感情，很难为外人所理解。戴维营会谈结束仅 2 个月，巴以就因耶路撒冷问题而爆发了严重的冲突。

圣殿山是犹太教和伊斯兰教的圣地所在地，其主权的归属一直是巴以和谈最难解决的问题之一。2000 年 9 月 28 日上午，沙龙和他所领导

---

① "朱迪亚"和"撒马利亚"是以色列利库德集团在官方文件中对约旦河西岸的称呼。

的利库德集团部分议员在近千名全副武装的以色列军警的护卫下，开始了他对圣殿山地区的"访问"，结果引发了巴勒斯坦示威者和以色列军警之间的大规模冲突，造成多人受伤。29 日，位于耶路撒冷老城的阿克萨清真寺广场又发生巴勒斯坦群众同以色列军警之间的流血冲突，至少造成 5 名巴勒斯坦人死亡，200 多人受伤。数百名巴勒斯坦游行者随即与以色列军警发生了推搡，造成包括负责耶路撒冷事务的巴勒斯坦官员侯赛尼在内的多人受伤。以色列警察逮捕了多名挑起事端的犹太右翼极端分子和巴勒斯坦人，但并没有控制住局势。此后不到一个月，以巴双方在多个城镇发生冲突，双方有 100 多人丧生。阿拉伯国家对沙龙"访问"圣殿山的行为反响强烈。约旦、突尼斯和埃及三国在事发后分别发表声明，谴责以色列对伊斯兰圣地的挑衅行为。约旦外交大臣哈提卜于 29 日晚在安曼发表谈话说，约旦已多次表示，谨防中东和平进程倒退。巴勒斯坦人民的合法权益，其中包括阿拉伯和伊斯兰在耶路撒冷圣城的权益不能剥夺。他指出，对以色列挑衅行径的有力回击是尽快完成中东和平进程，确保巴勒斯坦人民的一切合法权益。他呼吁以色列政府必须采取有效措施，防止在中东和平进程进入关键时刻发生会使局势恶化的任何挑衅行为。突尼斯外长本·叶海亚和当时在突访问的埃及外长穆萨在记者招待会上谴责以色列反对党利库德集团领导人沙龙对耶路撒冷老城阿克萨清真寺广场的侵犯。叶海亚强调，突尼斯对沙龙这一行径深表遗憾。他指出，在巴以谈判代表团正在华盛顿进行谈判之际发生这样的事情，必将对谈判产生消极影响。穆萨指出，沙龙的这一行为"是一种政治恐怖的形式"。他强调必须停止这种不利于中东和平的活动。他说，这些企图强化对耶路撒冷占领的活动改变不了阿拉伯和伊斯兰世界在圣城问题上的立场。

从 2000 年 9 月至 2001 年 9 月，这场由沙龙挑衅行为引发的巴以激烈冲突已持续一年，直接造成 700 多人丧生。在 2001 年 9 月 11 日纽约和华盛顿遭受罕见的恐怖袭击后，美国政府向巴以官员施加压力以结束双方暴力冲突。布什政府认为，成功解决巴以冲突问题可以赢得阿拉伯国家和穆斯林社会的广泛支持，有利于美国对恐怖主义实施全面的报复打击。尽管巴以双方曾多次同意实现停火，但这些停火协议均未能维持很久。与此同时，以色列利用美国和国际社会加大打击国际恐怖主义的背景，对巴勒斯坦展开了新的军事行动。

二　以色列借美国发动反恐战争乘势打击巴勒斯坦武装

2001 年 2 月，利库德集团领导人沙龙击败工党领袖巴拉克，首次当选以色列总理后。长期以来，沙龙一直主张对巴勒斯坦实施强硬政策。沙龙当选以色列总理后表示：如果巴勒斯坦方面无法保证以色列的安全，那么，以色列就不会与巴勒斯坦谈判。对于巴勒斯坦人的自杀式袭击，沙龙采取的是以牙还牙的做法，他恢复对巴勒斯坦的定点清除政策。特别是"9·11"事件后，沙龙借"反恐"之名，不断强化对巴控区的军事镇压，并把矛头指向巴领导人阿拉法特。从 2001 年 12 月起，以色列军队将阿拉法特软禁在拉马拉的官邸长达 4 年之久。

沙龙政府上台后，针对巴勒斯坦武装分子的定点清除行动越来越频繁，越来越多的巴极端组织领导人遭到以军清除。以色列军队开始动用军用直升机、坦克、甚至 F−16 战斗机来打击目标。与此同时，以色列遭受自杀式恐怖袭击的次数也达到了前所未有的程度，以色列人的伤亡也大大增加。据统计，在 1987—1991 年的第一次巴勒斯坦人起义时期，巴人与以人死亡的人数比例为 25∶1，而 2000 年 9 月开始的第二次巴人起义中，巴人与以人的死亡人数比例达到 3∶1。[①] 在一段时间内，以色列的定点清除行动和巴勒斯坦人的报复互为因果，形成了恶性循环的局面。2001 年 8 月，以军杀死巴人阵总书记穆斯塔法，巴人即在 10 月杀死以旅游部长泽维。2002 年 1 月，以杀死哈马斯军事派别坦齐姆（Tanzim）领导人卡尔米，使以巴为期一个月停火协议夭折。此后巴以的暴力冲突走向恶性循环。

巴以走向暴力循环，既与巴以内部各自对对方的战略判断相关，也与国际大背景的变化密切相关。在国家生存权得到国际普遍承认后，以色列把哈马斯、杰哈德等巴勒斯坦极端组织看作最现实的威胁以色列安全的因素。以色列反恐国际中心（The International Policy Institute for Counter − Terrorism, ICT）在一份报告中提出："'9·11'事件后国际反恐联盟的形成，为以色列打击本地区的恐怖主义组织提供了战略机会。"[②] 2001 年 12 月，以色列对巴勒斯坦领导人阿拉法特的态度发生了大的改变，宣布阿拉

[①]　Bar − Ilan University: Fatal Choices: Israel's Policy of Tarketed − killing, September, 2002, Israel.

[②]　【Israel】*Ely Karmon: The War on Terrorism, Who is the Enemy and What is the Coalition*, ICT Sinior Researcher Report, 2003.

法特为"与和平不相关的人"。沙龙政府认定，阿拉法特是巴勒斯坦一切恐怖活动的"总后台"。在游说美国接受自己的看法后，以色列放手打击巴勒斯坦激进组织。在此之后，以色列的定点清除政策开始升级，决定对哈马斯等恐怖组织斩草除根。2004年，以色列先后用定点清除手段杀害了哈马斯领导人亚辛及其继承人兰提斯，国际社会对此一片哗然。

面对巴以暴力冲突的升级，包括美国在内的国际社会和阿拉伯各方都进行了积极斡旋，并先后提出了米切尔报告、特尼特停火计划、阿拉伯和平倡议等一系列建议和方案，但都遭到了沙龙政府的拒绝。

为了打破巴以冲突的僵局，美国总统布什2002年6月24日提出了一项"中东和平计划"①，为第二年正式出台的"路线图"计划提供了依据。同年12月20日，联合国、欧盟、俄罗斯和美国四方代表在华盛顿举行高层会议，探讨结束巴以争端的途径。会议原打算当时就公布酝酿已久的"路线图"计划。但是，布什政府应以色列的要求拖延公布方案的具体内容。12月24日，美国助理国务卿伯恩斯在约旦河西岸城市杰里科会见巴勒斯坦官方代表团时，首次向巴方递交了这份中东和平新计划草本，但前提条件是巴勒斯坦实行内阁制，意在削弱一直担任巴勒斯坦民族权力机构主席的阿拉法特的作用。伊拉克战争爆发之前，美国总统布什就曾承诺，当巴勒斯坦新政府宣誓就职后，由"中东问题四方会议"所共同倡导的"路线图"和平方案将公布于世。

2003年4月，伊拉克大规模战事已结束，"路线图"出台的机会来临。2003年4月29日晚，巴勒斯坦立法委员会表决通过总理阿巴斯提交的新内阁名单，为宣布拖延已久的"路线图"和平计划最后铺平道路。几个小时后，这份"路线图"终于亮相。4月30日下午，美国驻以色列大使卡扎尔在以色列总理沙龙的家中，联合国中东特使拉森在约旦河西岸的巴勒斯坦新总理阿巴斯的办公室中，分别以隆重的仪式向以色列政府和巴勒斯坦民族权力机构递交了人们期待已久的中东和平"路线图"方案。与此同时，联合国秘书长安南发言人的办公室在联合国总部公布了"路线图"的内容。中东问题四方会议代表分别向巴勒斯坦民族权力机构和以色列递交了"路线图"计划文本。

尽管"路线图"的出台为巴以冲突乃至阿以和谈制定了基本框架和

---

① http://www.chinadaily.com.cn/gb/doc/2002 - 06/25/content_ 24576. htm.

时间表，但由于"路线图"的实施缺乏基本的制约因素，再加上巴以双方内部都有着强大的反对势力。时至今日，"路线图"制定的时间表早已过期，主要的目标基本没有实现。

第二节　美国发动的伊拉克战争对阿以冲突的影响

伊拉克战争是美国在"9·11"事件后在中东发动的一场较大规模的战争，战争的主要目的是推翻萨达姆政权，但这次战争给地区局势和世界格局带来的影响是巨大的，其中对阿以冲突格局的影响是多方面的。1982年黎巴嫩战争后，阿以之间还没有发生过大规模的战争。尽管以色列与阿拉伯国家之间小规模的武装冲突未曾断过，但阿以冲突对地区和国际局势的影响，总的来说越来越小。2003年美国发动伊拉克战争前后，以色列和巴勒斯坦的暴力冲突也正处于一个高潮，但国际社会却把关注的焦点集中在伊拉克。以色列借助国际反恐和美国发动推翻萨达姆战争的有利时机，对巴勒斯坦武装组织大打出手，并且将巴领导人阿拉法特长期围困在官邸。尽管巴勒斯坦和一些阿拉伯国家不断呼吁国际社会制止以色列肆意大规模侵犯巴勒斯坦自治区，但由于美国的偏袒，以色列一直无所顾忌。在过去的几年里，虽然以巴暴力冲突一度愈演愈烈，但并未对周边局势带来太大影响，显示阿以冲突对国际局势的影响正在下降。

一　伊拉克战争对巴以局势的影响

2003年3月，美国不顾国际社会的反对发动了推翻萨达姆政权的战争。当时，巴以冲突正酣，美国在此前不久还推出了"路线图"计划。伊拉克战争的爆发，显示美国中东战略的排序发生了重大变化。

（一）先"倒萨"后"促和"

"9·11"事件之前，在中东战略排序问题上，是集中精力推动解决阿以冲突问题，还是解决伊拉克问题，美国政府一度犹豫不决。但"9·11"事件发生后，美国对其全球战略作了调整。反恐和防止大规模杀伤性武器扩散成为美国全球战略的优先目标。虽然中东成为美国战略调整的重点，但美国把伊拉克问题置于首位，而原先中东的老热点——阿以冲突则相对受到冷落。具体表现为：美国不顾国际社会的普遍反对，悍然发动伊拉克战争，推翻萨达姆政权。为了达到这一目的，美国对愈演愈烈的以巴暴力冲突采取了冷处理，避免以巴问题影响美国发动对伊战争。

（二）出台中东和平"路线图"

"9·11"事件后，沙龙借"反恐"之名，不断强化对巴勒斯坦地区的军事打击，并指责阿拉法特领导的巴民族权力机构是"支持恐怖主义的实体"，要求改变巴领导层，从而导致巴以和谈陷入僵局。为了确保对伊拉克战争的顺利进行，美国与联合国、欧盟、俄罗斯的中东问题四方代表几经磋商，最终形成了中东和平"路线图"计划。2003 年 4 月 30 日，中东问题四方会议代表分别向巴以双方递交了"路线图"计划文本，并公布了"路线图"计划内容。6 月 4 日，巴以美三方在约旦红海港口城市亚喀巴举行峰会，宣布"路线图"计划正式启动。

国际社会对"路线图"的公布和巴以双方的态度表示欢迎，普遍认为这为恢复中断了两年多的以巴和谈提供了契机，结束巴以冲突有了新的希望。但是，"路线图"出台后不久，巴以内部立刻出现了强大的反对派。巴以双方不断指责对方没有兑现诺言，使"路线图"的实施遭遇种种阻力。

巴勒斯坦和以色列一开始对这份中东和平计划表示欢迎。在这份计划提出几小时后，以巴双方就已经开始阐述各自的谈判立场。刚刚成立的巴勒斯坦新政府对"路线图"计划表示肯定。阿巴斯说，巴方将完全接受并要求全面执行"路线图"计划中的所有内容。虽然阿巴斯的这一表态得到国际社会的一致好评，但他在执行这一政策的过程中面临着来自巴内部的巨大挑战。巴勒斯坦激进的伊斯兰抵抗运动组织哈马斯精神领袖亚辛在当天表示，将阻挠这一计划的实施。他说，"路线图"计划的实质是以牺牲巴勒斯坦人的安全为代价，保护以色列人的安全。

以色列总理沙龙同样面临着来自右翼和宗教党派的反对声音。这使他在实施从巴勒斯坦城镇撤军以及冻结犹太人定居点的实际行动上举步维艰。沙龙始终坚持，"路线图"和平方案的第一步要求是中止恐怖活动，解除哈马斯等巴勒斯坦激进组织的武装，以方的行动是分步进行的，而不是同步进行。以色列外交部的一名官员说，以准备做出"意义深远的妥协"，但巴方必须首先停止恐怖主义活动，必须放弃巴勒斯坦难民返回家园的权利。

为落实"路线图"计划，巴以首脑曾多次举行会晤，巴激进组织也一度宣布停火。但由于以色列坚持其强硬政策，至 2003 年 9 月，巴以和谈中断，"路线图"计划搁浅。

由于以巴双方过去几十年来积怨已久，要想彻底化解恩怨恐非一朝一夕之事。在"路线图"计划陷于有"图"无"路"的境况下，美国并没有公开宣布放弃该计划。2004 年，以色列总理沙龙提出的"单边行动"计划，并得到美国默许。国际社会普遍认为，"路线图"计划虽然已不可能按照原有时间框架运行，但中东和平"路线图"具有相当基础，获得国际社会的广泛支持，仍然是今后以巴双方谈判的重要基础。

（三）提出"大中东民主计划"

在中东和平"路线图"受挫后，美国的中东政策已把重心转到伊拉克重建和战后中东的整体改造。2004 年 2 月，美国总统布什提出了一份旨在促进"大中东"地区民主改革的方案。美国希望把解决以巴冲突问题纳入到建立中东民主体系的进程中去。2004 年 6 月 10 日，在美国的乔治亚州举行 G8 峰会上，美国总统布什正式宣布这项"大中东民主计划"。

"大中东民主计划"是美国在武力推翻伊拉克萨达姆政权后，为进一步推动中东国家民主化而推出的一项雄心勃勃的战略。其宗旨是加速中东地区的"民主进程"，并以此来消除伊斯兰原教旨主义和恐怖主义滋生的土壤。美国《华盛顿邮报》称："大中东民主计划"的出台，标志着美国与中东国家打交道的方式发生了"彻底的改变"①。

从出台的背景看，"大中东民主计划"显然受到了第二次世界大战结束后美国在欧洲推行的"马歇尔计划"的启示，希望通过经济援助与改革相结合的方法，按照西方模式来改造中东国家。在推销"大中东民主计划"过程中，欧盟不少国家对美国这项带有私心的计划能否行之有效表示怀疑。埃及、沙特等中东国家纷纷表示反对或质疑。为了争取更多中东国家支持，美国不断对"大中东民主计划"内容进行调整与修改，并特意邀请阿富汗、阿尔及利亚、巴林、约旦、也门和土耳其等国领导人到美国参加当年的八国峰会，但一些有代表性的中东国家，如埃及、沙特、巴勒斯坦等拒绝与会，突出说明中东国家并不欢迎美国的这项计划。2004 年 3 月 12 日，埃及总统穆巴拉克在亚历山大市举行的阿拉伯改革论坛大会上强调，改革应适合阿拉伯国家国情，而且应以解决中东地区冲突为重点，应争取实现中东公正和持久的和平。穆巴拉克的观点在中东国家领导

---

① Washington Post, March 1, 2004.

人中非常具有代表性。他们普遍认为，对阿拉伯国家来说，"大中东民主计划"并不比以巴冲突等问题解决更急迫，美国在以巴暴力冲突仍在持续的情况下提出这一计划是本末倒置。

二　伊拉克战争对阿以冲突国际环境的影响

伊拉克战争对中东的最大影响是改变了一个时期以来的中东地缘政治格局。其中最大的变化是，美国推翻了上一次海湾战争没被推翻的伊拉克萨达姆政府，从而在中东地区消灭了一个多年来敢于公开挑战美国霸权的政权。这一结果对中东的影响既是多方面的，也是深远的。

应该说，伊拉克战争后，中东开始进入一个大动荡、大分化的新时代。伊拉克战争给中东地区带来的连锁反应是美国当初发动这场战争没有料想到的。美国外交学会会长理查德·哈斯在 2006 年 10 月发表文章，认为"伊拉克战争已把中东带进一个纠纷不断的时代"①。

首先，伊拉克战争进一步打压了中东激进势力。2002 年 1 月，美国总统布什提出"邪恶轴心"说，妄称伊拉克、伊朗和朝鲜三国正在不同程度地谋求研发和扩散核武器、生物武器和化学武器等大规模毁灭性武器，并形成了一个"邪恶轴心"；为防止恐怖分子获得大规模毁灭性武器，美国已将这三国列为"全球反恐战争"所要打击的目标。同年 5 月，美国副国务卿约翰·博尔顿在华盛顿一个基金会年会上发表演说，指责利比亚、叙利亚和古巴也在谋求大规模毁灭性武器，并将它们列入布什提出的"邪恶轴心"国家的扩大名单之列。萨达姆政权被推翻后，中东地区以利比亚、叙利亚、巴勒斯坦为代表的激进国家受到了来自美国的强大压力。一些国家在对外政策上作出了较大的调整。利比亚领导人卡扎菲于2003 年 12 月 19 日发表声明，宣布利比亚自主放弃发展大规模违禁武器。第二年 3 月，卡扎菲在会见来访的英国首相布莱尔时还表示，利比亚愿在打击"基地"组织问题上与国际社会开展合作。叙利亚在伊拉克战争结束后也采取一些措施改善与美国的关系，如在国际反恐方面与美国交换情报，向美国移交了一些渗入境内的基地组织成员。在美国的反恐战略下，巴勒斯坦强硬派领导人阿拉法特被以色列和美国抛弃。美国还放任以色列打击以"哈马斯"、"杰哈德"为代表的激进组织，把伊朗列为伊拉克之

---

① 英国《金融时报》2006 年 10 月 17 日。

后在中东地区进行重点打击的对象，不断在伊朗核问题上向伊朗施加压力。可以想象，中东地区的激进势力和国家今后仍将不断面临来自美国的压力，其生存空间受到进一步压缩。

其次，伊拉克战争使美国与传统温和的阿拉伯国家关系面临调整。尤其是像沙特、埃及等亲美国家，面临着来自两方面的压力。一方面，美国要求这些国家加快政治和民主改革；另一方面，面临着国内高涨的仇美、反美情绪。如何防止这两种情绪走向极端，从而危及自身统治，成为当政者处理与美国关系的难点。

在中东亲美阿拉伯国家中，埃及和沙特的政策调整具有代表性。埃及人民议会于2005年3月决定修改宪法，允许通过公民直接投票方式在多个候选人中选举埃及总统，这一决定受到美国和西方国家的普遍称赞，认为这是穆巴拉克在推动埃及民主政治改革方面所迈出的"历史性"一步。沙特阿拉伯在"9·11"事件后受到了美国舆论的大肆攻击，使双边关系十分紧张。美国国内一些强硬派人士甚至认为，把美国的能源进口维系在沙特身上已不安全。美国要考虑在保持美沙关系前提下寻找新的伙伴，如果这一认同趋势得以确立，美沙关系的核心价值必然下降。在此背景下，沙特修正了过于亲美的外交政策。沙特在支持国际反对恐怖主义活动的同时，调整内外政策，重点发展同伊斯兰和阿拉伯国家的关系，力图在以巴冲突等中东地区事务上发挥更大作用。

再次，中东亲美势力进一步扩大。美国过去在中东只有以色列一个铁杆"盟友"。萨达姆政权被推翻后，美国的首要目标是把伊拉克培养成一个亲美国家。伊拉克位于中东的中心部位，毗邻盛产石油的波斯湾，地缘战略价值极高。控制了伊拉克后，美国在中东便有了更广阔的回旋余地。通过组建土耳其—以色列—伊拉克这一亲美轴心，美国在中东就有了新的战略支点。如果这一格局得以形成，对美国推动解决以巴冲突等地区问题大有益处。一旦美国能从伊拉克腾出手来，有可能在主导巴以、阿以谈判方面做出更大动作。但美国也有一些有识之士认为，美国把战后伊拉克纳入到新的中东安全体系的核心面临着巨大的不确定性。他们认为，如果美国仿效第二次世界大战后在德国和日本那样在伊拉克长期驻军，那样会带来巨大危险。[1] 可见，

---

① The Washington Institute for Near East Policy: How to Build a New Iraq after Saddam, 2002. p. 3.

美国打造新的中东亲美势力范围的设想也面临着巨大的风险。

中东地缘政治的这些变化对巴以、阿以和谈影响深远。不仅以巴内部出现了分化，而且以巴双方各自的战略也逐渐发生重大变化，为阿以冲突今后的发展增添了新的不定因素。

第三节　伊拉克战争后阿以冲突面临新的国际环境分析

伊拉克战争使 1991 年以来本已失衡的阿以力量对比进一步朝有利于以色列的方向倾斜，阿拉伯世界反美、反以激进势力被大大削弱。未来伊政府将可能对以奉行温和路线，削弱对巴、叙的支持，以色列在中东的安全环境将大幅度改善。伊拉克战争大大强化了美国在中东的主导地位。

美国总统布什曾在对伊拉克开战后声称，"伊拉克新政府的成功可为中东和平开创一个新阶段"。但伊拉克战争后不久，人们就看到了"倒萨"战争可能带来的诸多后遗症。首先，"9·11"事件后，美将反恐矛头对准伊斯兰世界，激起穆斯林的强烈不满和怨恨，而"倒萨"战争只会日益强化这一矛盾。其次，表面稳固的许多中东国家政权实际上非常脆弱，一些被迫支持美军"倒萨"的阿拉伯国家政权的稳定将可能面临来自国内民众反对的重大威胁。再次，阿以问题短期仍难以解决。而巴勒斯坦问题一日不解决，中东就永无宁日，反美和反以活动就不会消失。最后，伊拉克未来具有很大的不确定性。由于伊内部派系林立，民族、宗教矛盾极其复杂，战后伊拉克能否维持稳定是一个非常关键的问题。如果伊拉克不能建立起一个强有力的中央政权，长期陷于动荡或实际分裂之中，不仅可能成为恐怖主义滋生的又一温床，而且也可能成为危及地区国家安全和稳定的根源。

一　哈马斯上台及各方对哈马斯的态度

伊拉克战争后，在外部局势发生巨大变化的情况下，巴以内部局势也发生了很大的变化。在巴勒斯坦方面，阿拉法特终去世和随后哈马斯在巴勒斯坦立法委员会选举中的胜出，标志着巴勒斯坦的政治结构正发生微妙的变化，给巴勒斯坦政局带来新的不确定因素，巴以关系也必然会受到影响。

2004 年 11 月 11 日，巴勒斯坦长期的领导人阿拉法特去世。阿拉法特是一位集传奇与争议于一身的人物。不同的民族，不同的对手，不同的国家称呼不同的阿拉法特。毫无疑问，阿拉法特是巴勒斯坦人的英雄，是他们心中的雄狮和斗士。而很多以色列人则称其为沾满犹太人鲜血的"恐怖分子"和杀人犯。在政治家眼中，阿拉法特也是一个矛盾人物。事实上，阿拉法特的正式身份是巴勒斯坦民族权力机构主席，巴全国委员会主席，巴解组织执委会主席，巴勒斯坦国总统。虽然巴勒斯坦还不是一个完整意义上的国家，但与巴勒斯坦建立外交关系的国家尊称阿拉法特为巴勒斯坦国总统。此外，阿拉法特还因大胆的和平举动，1995 年获得诺贝尔和平奖。但是在国际上，近几年，阿拉法特的声誉经历了巨大的落差。特别是在 2000 年戴维营美、以、巴首脑会议后，阿拉法特重新选择了包括武装起义在内的强硬的对以色列政策，为以色列对巴勒斯坦大打出手提供了借口。2001 年以后，以色列沙龙政府宣布阿拉法特为"与和平不相干的人"，此后，以色列拒绝与阿拉法特进行接触和谈判，并对阿拉法特进行长达 4 年的围困，使阿拉法特的身心受到严重摧残。2004 年 11 月 11 日，在被迫前往法国巴黎治病后不久，阿拉法特与世长辞。

阿拉法特的去世，标志着巴勒斯坦阿拉法特时代的结束，留下了一份沉重的政治遗产。阿拉法特终其一生追求巴勒斯坦建国，但直到其去世，还看不到希望所在。阿拉法特去世后巴勒斯坦政坛最大的变化就是哈马斯的崛起，使未来巴以关系的发展增添了新的不定因素。

2004 年 11 月阿拉法特逝世后，阿巴斯当选为巴解组织执委会主席。2005 年 1 月，阿巴斯以绝对多数票当选巴民族权力机构第二任主席。同年 1 月 15 日，阿巴斯宣誓就职。阿巴斯被认为是巴勒斯坦温和派领导人。他反对通过暴力手段解决巴以矛盾。但巴勒斯坦内部许多派别却认为阿巴斯对以色列过于软弱。以哈马斯为代表的巴勒斯坦激进派坚决反对阿巴斯要求他们放下武装的要求。法塔赫与哈马斯的权力之争严重削弱了巴勒斯坦的整体力量，为巴勒斯坦局势的发展留下了诸多隐患。

2006 年 1 月 25 日，伊斯兰抵抗运动（哈马斯）在巴勒斯坦第二次立法委员会选举中击败巴解组织（法塔赫），一举赢得 132 个席位中的 74 席，成为第一大党。2 月 21 日，巴勒斯坦民族权力机构主席阿巴斯授权伊斯梅尔·哈尼亚组建新一届巴勒斯坦自治政府。巴勒斯坦政治翻开了新的篇章，而以巴局势就此走向何方引起世人关注。

"哈马斯"是巴勒斯坦伊斯兰抵抗运动的简称，由"伊斯兰"、"抵抗"、"运动"三个阿拉伯语缩写而成。哈马斯是一个宗教—政治一体组织，成立于第一次巴勒斯坦人起义期间的 1987 年。从宗教上看，哈马斯崇尚伊斯兰传统思想，信仰伊斯兰教义和法则，主张扶助穷人，并且兴办一些慈善事业。在政治上，它主张暴力斗争，以武力彻底解放从约旦河西岸到地中海的"全巴勒斯坦"土地，实现建立一个以耶路撒冷为首都的独立的巴勒斯坦国为目标，拒绝承认以色列生存权利。在以巴和平问题上，哈马斯立场激进，坚决反对和谈，主张以武力抵抗以色列的占领。巴勒斯坦解放组织在流亡海外时，曾大力支持哈马斯在被占领土上开展斗争。但随着哈马斯的不断壮大和发展，巴民族权力机构也渐渐失去对哈马斯的控制，其影响一度与阿拉法特领导的主流派"法塔赫"不相上下。从阿拉法特到阿巴斯，巴勒斯坦自治政府领导人一直试图说服哈马斯等巴勒斯坦激进组织放弃暴力斗争，但由于双方在战略目标、利益等方面的分歧难以弥合，哈马斯成为巴自治政府难以控制的一股力量。

在 2000—2003 年巴以冲突的激烈阶段，哈马斯在以色列境内组织了数十起自杀式袭击事件，造成数百以色列人伤亡，以色列和美国把哈马斯视为"恐怖组织"。以色列政府一直向巴自治政府施加压力，要求取缔哈马斯武装。在哈马斯参加巴勒斯坦立法会选举问题上，以色列一开始就反对哈马斯参选，并游说美国和欧洲国家拒绝与哈马斯打交道。以色列的"定点清除"政策一直把哈马斯列为军事打击的重点。2004 年 3 月和 4 月，以色列总理沙龙亲自批准"定点清除"了哈马斯精神领袖亚辛和继任领导人兰提斯，此后哈马斯领导人一度转向地下活动。国际社会普遍认为，现任巴勒斯坦总理哈尼亚并不是哈马斯的实权人物，一直居住在叙利亚的哈马斯政治领导人马沙尔才是最高领导人。

近年来，哈马斯在政治上的壮大与其逐步改变斗争方式有关。尽管哈马斯始终坚持武装抵抗的方针，但也开始重视政治斗争。依靠多年来在加沙和约旦河西岸兴办社会福利事业建立起的群众基础，哈马斯在基础社会中的影响越来越大，从而为开展政治活动打下了良好基础。早在 2004 年 12 月举行的巴勒斯坦 28 年来的第一次地方议会选举中，哈马斯成功地控制了 9 个地方立法会议，成为仅次于法塔赫的赢家。2005 年 1 月，在第二阶段地方选举中，哈马斯再次取得了压倒性的胜利，赢得了 2/3 的席位，并且控制了举行选举的 9 个地方议会中的 7 个。2005 年 12 月，哈马斯在约旦河西岸 4 个主要城市举行的地方选举中赢得 3 个城市的胜利，显

示哈马斯的政治势力不可小视。可见，哈马斯在立法委员会选举中的异军
突起并非例外。

以色列人对哈马斯获胜深感意外。尽管以色列对以阿巴斯为首的巴自
治政府多有不满，但此前以色列的政治和军事情报部门均预测法塔赫会在
巴立法委员会选举中获胜。哈马斯获胜后，以色列有媒体认为，沙龙的
"单边行动计划"助推了哈马斯的上台。以色列政府的尴尬处境在于，如
果对哈马斯采取相对温和的态度，将受到右翼攻击，对前进党不利；如果
一味强硬，又可能背负激化巴以矛盾的责任。因此，在哈马斯完成组阁和
以色列大选后，以色列总理奥尔默特政府在严防哈马斯的同时，静观巴勒
斯坦局势的进一步发展。

哈马斯获胜后，以色列立即与美国协调立场。为了向哈马斯施加压
力，美国和以色列政府决定共同采取孤立和经济封锁的手段。美国已经要
求巴勒斯坦归还美方 2005 年向其提供的 5000 万美元援助资金，因为美国
不希望看着这些钱落到伊斯兰抵抗运动哈马斯领导的巴新政府手中。以色
列内阁决定，停止向巴当局转交每月约 5000 万美元的代征关税。美国还
强调，如果哈马斯领导的政府拒绝放弃武力并承认以色列生存权，将说服
欧盟和其他国家停止除人道主义援助以外的一切援助计划。美国国务卿赖
斯在哈马斯上台后出访中东国家，呼吁它们和美国一道停止向哈马斯提供
援助，敦促该组织放弃其暴力手段，承认以色列。但美国和以色列官员也
担心孤立政策可能会适得其反，担心哈马斯会积极寻求盟友叙利亚和伊朗
的支持，并再次掀起反以暴力高潮。

尽管前进党领导人奥尔默特在大选后组建了新政府，但显然不敢对哈
马斯上台后的局势掉以轻心。一方面，奥尔默特已发誓要继续对巴勒斯坦
武装团伙采取打击行动。以色列士兵继续追捕巴勒斯坦武装人员。以色列
国家安全总局（辛贝特）前局长阿维·迪希特在哈马斯上台后声称，如
果哈马斯实施自杀式爆炸行动，那么哈马斯提名的巴勒斯坦总理哈尼亚将
是合法暗杀目标。另一方面，与此同时，奥尔默特也表示，以色列将继续
和平进程的努力，但强调哈马斯不是"一个和平伙伴"。奥尔默特在一次
电视讲话中表示，哈马斯上台后，巴以达成协议的可能性大打折扣。但强
调说："希望仍未破灭。我负责两件事情，一是对抗哈马斯，二是保留达
成协议的希望。"

以色列多次表示拒绝与哈马斯参加的巴政府接触。中东问题有关四方

（联合国、美国、欧盟和俄罗斯）则要求哈马斯放弃暴力、承认以色列、承认巴以之间协议，否则将重新考虑对巴经济援助问题。

　　自从哈马斯在巴勒斯坦第二次立法委员会选举中获胜以来，以色列、美国、欧盟等国家和组织不断向哈马斯施加压力，要求其放弃暴力、承认以色列并承认巴以签订的协议。巴勒斯坦新总理哈尼亚日前在担任总理后接受一家美国媒体采访时说，如果以色列给予巴勒斯坦人民充分的权利并从 1967 年占领的阿拉伯领土上撤离，伊斯兰抵抗运动（哈马斯）愿意承认以色列，并与以色列逐步实现和平。

　　哈马斯上台是对美国中东政策的一次挑战。美国首先想到在经济上对其施压。美国不仅自己停止了对巴勒斯坦政府的一切援助，还希望欧盟等和美国一道停止向哈马斯提供援助。因此，哈马斯上台后，主要寻求它在中东的盟友以及阿拉伯国家提供援助。

　　伊朗是哈马斯在中东的主要政治盟友。哈马斯获胜后，伊朗和中东地区最大的原教旨主义政治组织穆斯林兄弟会分别表态，愿意从财政上支持哈马斯。伊朗最高精神领袖哈梅内伊在德黑兰会见来访的哈马斯领导人哈立德·马沙尔时，呼吁穆斯林国家每年给巴勒斯坦提供财政援助。与此同时，阿拉伯国家对哈马斯的获胜反应谨慎。2006 年 2 月 20 日，阿盟成员国六国外长在阿尔及利亚磋商巴以局势时，计划每月向哈马斯当局提供约 5000 万美元资金，这一金额正好与以色列冻结的代征关税相当，显示阿拉伯国家并不想把哈马斯逼上绝境。

　　以色列虽然早已把哈马斯视为"恐怖组织"，但对巴勒斯坦通过选举产生的哈马斯政权一时也无计可施。以色列新任总理奥尔默特已发誓要继续对巴勒斯坦武装团伙采取打击行动。2006 年夏天，以色列军队对巴勒斯坦自治区发动了代号为"夏雨"的军事行动。2006 年 11 月，以色列总理奥尔默特再次宣布，以色列国防军将继续在加沙地带执行代号为"秋云"的军事行动。短短的一个星期就造成 57 人死亡、约 250 人受伤，成为哈马斯上台后对巴勒斯坦采取的最大一次军事行动。舆论认为，奥尔默特政府对巴勒斯坦的强硬军事行动与他所领导的政府在国内面临越来越大的压力有关。以色列内阁于 2006 年 10 月 30 日投票通过利伯曼领导的右翼政党"以色列是我们的家园"加入执政联盟，这是奥尔默特政府上台半年后首次进行的内阁改组。利伯曼领导的政党反对在领土问题上向巴方让步，主张重新划分以色列版图，将以色列的阿拉伯人排斥在外。外界认为，该党加入执政联盟可能会使巴以和平进程复杂化。

由于哈马斯一直坚持对以色列的"三不"原则，即：不承认以色列、不承认以前巴勒斯坦和以色列达成的和平协议、不放弃武装抵抗的政策，因此，巴以关系在短期内不太可能取得突破。

首先，对以色列来说，哈马斯是一个"恐怖组织"，只要哈马斯的"三不"政策存在，以色列就难以与哈马斯谈判。哈马斯发言人祖赫里在奥尔默特宣布获胜后即称："以色列人选择奥尔默特，这是对巴勒斯坦的宣战。"以色列外交部发言人雷格夫马上回应："哈马斯的言论，有助于消除可能存在的对这届巴勒斯坦新政府的任何幻想。"显然，今后以巴双方仍然会继续妖魔化对方。

其次，以色列国内政治的瞬息万变使任何以色列执政党在巴以和谈问题上都面临着艰巨的选择，与巴勒斯坦谈判难以成为优先选项。2006 年以色列的大选使以色列政治格局发生重大变化。奥尔默特领导的前进党虽然获得 120 个议席中的 28 席，但与大选前估计能获得 34—36 席相差甚远。传统的左翼工党获得 20 席，保住了议会中第二大党的地位。两大宗教和右翼党派沙斯党和"以色列是我们的家园"表现不俗，分别获得 12 席和 11 席。而内塔尼亚胡领导的利库德集团仅仅获得 11 个议席，远远低于上届大选时获得的 38 席。这是 1977 年以来利库德集团首次未能进入议会前三大政党。在接下来的组阁问题上，前进党显然不能像上届利库德集团一样游刃有余。奥尔默特已经表示将不会把不同意单边撤离行动的政党拉进内阁。右翼阵营对奥尔默特决定撤出约旦河西岸的计划表示强烈不满，很有可能以在野党身份出现，因此奥尔默特组阁选择的余地并不大。右翼阵营将在议会中对前进党执政形成强大钳制。现在已有政治家预言："奥尔默特领导的联合政府，最终将在 4 年任期结束前走向分裂。"更值得注意的是，奥尔默特的撤离计划已引起西岸定居者的强烈反对。此前沙龙决定从加沙撤离 9000 人就招致利库德集团分裂和提前进行大选，今后将有 6 万西岸定居者受到下一步撤离计划的影响，奥尔默特遇到的阻力可想而知。沙龙和奥尔默特坚持单边撤离行动前提之一就是：难以和巴勒斯坦人达成协议，哈马斯的强硬立场只会推动奥尔默特加强单边行动。

再次，哈马斯政治转型和赢得国际社会认可仍然需要时间。哈马斯在立法委选举获胜后，虽然开始重视在国际社会改善形象，如派代表出访俄罗斯、阿拉伯等国家，但基本立场并没改变。在哈马斯宣誓就职后，以色列、美国、加拿大、部分欧洲国家已经明确表示将中止向巴勒斯坦官方提供援助。对一向严重依赖国际社会援助的巴政府来说，今后维持政府运转的开支将捉襟见肘。与此同时，哈马斯与阿巴斯领导的巴解组织及巴民族权力机构的关系仍然紧张，政府、安全部队、外交、财政等职权仍需理顺。目前，国际社会普遍承认的是阿巴斯领导的巴解组织及巴民族权力机构，哈马斯在国际社会活动的空间仍然相当有限。从巴勒斯坦人民的根本利益出发，哈马斯在塑造政治形象方面显然更需主动和迫切。因此，双双在选举中获胜的哈马斯和前进党都没有理由沾沾自喜。巴以寻找对话的契机不会轻松。不过，半个多世纪的中东冲突历史亦已显示，"峰回路转"或许就在"山穷水尽"之际。巴以内部局势的变化也许能够给政治创新带来机会。

二　2006 年的黎以冲突及国际影响

在巴勒斯坦和以色列久陷僵局的情况下，2006 年夏，一段时期内相对平静的黎巴嫩和以色列边界地区形势突然恶化，并且爆发了自 1982 年黎巴嫩战争以后最大规模的武装冲突。这场持续 34 天的边界冲突，给阿以冲突和地区局势带来了重大影响。

黎以冲突的直接起因是黎巴嫩真主党绑架了 2 名以色列士兵，以色列军队随即对黎巴嫩真主党展开了大规模的报复行动。黎巴嫩真主党成立于 1982 年以色列入侵黎巴嫩期间，后逐渐发展成为黎巴嫩的穆斯林什叶派政党。真主党主张通过武装斗争迫使以色列军队撤出黎巴嫩，解放阿拉伯国家被占领土，帮助巴勒斯坦难民早日返回家园。长期以来，哈马斯和黎巴嫩真主党武装互为盟友，相互支援，联系密切。真主党建立之初曾得到伊朗伊斯兰革命卫队的大力支持，最初的目标是将以色列从黎巴嫩领土上赶走，并建立一个类似伊朗神权统治的伊斯兰国家。从 1982 年至 2000 年，黎巴嫩真主党对占领黎巴嫩南部的以色列军队发动了游击战。在以色列军队于 2000 年 5 月撤出该地区后，许多黎巴嫩人和阿拉伯世界都称赞真主党取得了阿拉伯国家对以色列的首次军事胜利。近年来，真主党在黎巴嫩的政治势力越来越大，并且在黎巴嫩议会中拥有合法的议席。此外，真主党多年来一直在建设学校、医院和社会服务部门，这使得它赢得了广泛的政治支持，成为黎巴嫩政局中一股活跃的力量。

2006 年 7 月 12 日，以色列以营救被绑架士兵为由对黎巴嫩发动大规模军事入侵行动，但遭到了黎巴嫩真主党武装的顽强抵抗。持续 34 天的血腥冲突造成约 2000 人丧生，近百万人沦为难民，黎巴嫩直接经济损失高达 30 多亿美元。8 月 11 日，联合国安理会通过第 1701 号决议。8 月 14 日，黎以双方实现全面停火。

黎以冲突加剧了阿拉伯国家与以色列的对抗，中东局势更趋复杂动荡。

首先，战争虽然使真主党武装遭到重创，但并没有实现以色列的既定目标——营救被绑架的士兵，解除真主党武装，消除真主党的威胁。战事暂时以接受联合国维和部队进驻为结局，实施停火。这是一场没有赢家的战争。对以色列国内来说，通过与黎巴嫩真主党一个多月的较量，以色列军队战无不胜的神话被打破，引发了以色列军队内部对其军事和安全战略的重新审视。此战还使以方认识到伊朗和叙利亚的强大，以色列的不安全感进一步加剧。以军因未能速战速决而蒙羞，以色列军方已意识到单纯依赖空战和高技术武器的局限性，开始全面整改。黎以冲突还对以色列的国内政治造成影响。2007 年 4 月 30 日，以色列政府指派的调查黎以冲突特别委员会在公布的调查报告中认定，以色列总理奥尔默特在去年的黎以冲突中存在判断上的严重失误，对战争负有责任，而以国防部长佩雷斯则因缺乏军事建树而面临下台的压力。奥尔默特政府因黎以战事不利承受了巨大的政治压力。

其次，黎巴嫩战争使伊朗在中东的作用进一步体现。伊朗是真主党的重要支持者，伊朗向真主党提供了大量的武器装备。冲突当中，真主党向以境内发射了 3000 余枚火箭，可见黎巴嫩真主党具备相当的实力。外界普遍认为，真主党的军事实力离不开伊朗的支持。战争证明，要解除真主党武装没有伊朗的参与是不可能的。伊朗对黎巴嫩和叙利亚事务的影响使伊朗在核问题上更加有了讨价还价的资本。

再次，黎巴嫩战争不仅给叙利亚与黎巴嫩的传统关系带来重大影响，也使中东地区的穆斯林什叶派势力得到了联合和加强的机会。2005 年 2 月黎巴嫩前总理哈里里遇刺后，迫于国际社会的压力，叙利亚被迫从黎巴嫩撤军，但叙利亚对黎巴嫩的影响不可能马上消除。黎以冲突后，黎巴嫩国内重建困难重重，内部矛盾纷繁复杂，这对一直在黎巴嫩有重大利益关系的叙利亚来说相对有利。叙利亚通过支持真主党维持对黎巴嫩的影响。黎以冲突中一个引人注目的现象是，中东许多国家的什叶派力量纷纷支持黎巴嫩真主党武装的抗以斗争，这引起了西方国家的担忧。

当然，黎以冲突对美国的中东政策也是一大考验。美国在黎以冲突期间大力支持以色列，希望向全球展示以色列的"反恐作用"，同时借助以色列之手击退真主党。美国及以色列通过此次冲突加强联系，将真主党及其背后支持者视为共同敌人。在美国看来，以色列攻击真主党，等于间接打击伊朗及叙利亚，两国均被美国称为"支持恐怖主义的国家"，故此举符合美国的利益。美国认为，其中东战略利益的最大威胁来自伊朗，担心伊朗与叙利亚、黎真主党、巴勒斯坦哈马斯联合，加上伊拉克反美武装和阿富汗塔利班遥相呼应，形成反美统一战线，在从帕米尔高原到地中海的广袤地带，发动空前的武装反美狂潮，导致灾难性后果。因此，全面削弱伊朗是美国的既定方针。以色列认为伊朗是唯一有能力、有意向对以进行军事打击的伊斯兰大国，美、以都认定伊朗是真主党武装的后台，消灭了真主党，也就消灭了伊朗在阿拉伯世界与美、以对抗的臂膀。因此，美国对以色列的军事行动暗中怂恿。战争期间美国拒绝支持以黎停火，就是要给以军更多时间，最大限度地消灭真主党有生力量。但真主党凭借化整为零和神出鬼没等战术使以色列没有在有限的时间内取得军事胜利，最终在内外压力下接受了联合国的停战决议。

黎以冲突反映出中东地区的许多冲突背后都有巴勒斯坦问题的影子。真主党绑架以色列士兵是为了声援巴勒斯坦的抗以斗争。巴以冲突是阿以冲突的缩影和阿以矛盾的集中体现，也使各方进一步认识到伊拉克战争后解决阿以冲突问题并不乐观。

三　阿以冲突面临新的国际处境

伊拉克战争改变了阿以力量对比。战前，萨达姆当政的伊拉克是最坚定支持巴勒斯坦的阿拉伯国家。战争结束后，美国又对叙利亚、伊朗等中东国家进行武力威胁，使美阿关系陷入紧张状态。在阿拉伯国家利益整体受到重大打击的同时，伊拉克战争也催生了阿以内部各派势力的分化。

在美国强权政治的威逼利诱下，大部分阿拉伯国家从现实出发，采取了不少迎合美国政策的举措。如美国公布了中东和平"路线图"计划后，阿拉伯国家也为推动这个计划的落实做出了努力。埃及积极在以巴之间斡旋，在调解以巴冲突方面发挥着重要作用。2004 年 5 月，布什总统提出美国拟在 10 年内同中东国家建立自由贸易区的建议；阿拉伯国家对美国上述行动做出积极回应，表示将同美国一道推动中东和平进程，并希望美国为落实自由贸易区建议采取实际步骤。此外，叙利亚加强了对叙利亚—伊拉克边界地区的控制并限制巴勒斯坦激进组织在叙境内的活动，苏丹政府在美国鼓励下同反对派加紧进行和解谈判，利比亚也表示将向 1988 年洛克比空难事件中的死难者家属提供高额赔偿，卡扎菲随后还宣布利比亚放弃发展大规模杀伤性武器。这些做法反映了一些阿拉伯国家已经意识到，伊拉克战争已经成为过去，它们必须接受战争对世界格局和地区形势已经产生影响这一既成事实，以冷静、务实的态度处理与美国的关系。而且，阿拉伯国家目前正面临着一系列严峻挑战，它们必须趋利避害，尽快摆脱伊拉克战争的阴影。阿拉伯国家的一个共识是，中东动荡的根源是巴以冲突，而解决这一冲突离不开美国的介入。在伊拉克战争前，美国作出了在推翻萨达姆政权之后将致力于推动中东和平进程的承诺，阿拉伯国家希望美国兑现这项承诺。

不难看出，在中东国家中，以色列是伊拉克战争最大的受益者。美国推翻萨达姆政权实际上替以色列消灭了一个夙敌，以色列的安全环境得到了很大改善。大部分阿拉伯国家从现实和教训出发，对以色列的立场将软化。因此，伊拉克战争进一步强化了以强阿弱的战略态势，这一态势将极大地影响阿以矛盾的发展趋势以及解决前景。

（一）阿拉伯国家在阿以冲突问题上分歧加大

2000 年以巴冲突爆发后，阿拉伯国家以各种不同形式支持巴勒斯坦，但在对以色列战略以及如何实现和平等重大问题上分歧也越来越大。在近几年召开的阿拉伯国家首脑会议上，阿拉伯国家的分歧越来越公开化，对自身利益的关注也越来越明显。

在 2002 年 4 月于贝鲁特召开的第 14 届阿拉伯国家首脑会议上。阿拉伯国家对以色列严重侵犯巴勒斯坦自治区的行为没能采取任何措施。相反，沙特阿拉伯提出了一项有关中东和平的新建议，遭到了埃及、叙利亚等国家的冷遇。2003 年 3 月，在埃及沙姆沙伊赫召开的阿拉伯国家联盟第 15 次首脑会议上，伊拉克问题取代了以巴冲突成为主要内容。各国领导人表示要坚决维护伊拉克和其他阿盟成员国的主权与领土完整，任何阿拉伯国家都不会参与针对阿盟成员国的军事打击，对任何成员国发动战争都将被视为对全体阿拉伯国家发动的战争。事后证明，在伊拉克问题上，阿拉伯国家的立场并不一致。尤其在以巴问题上，阿拉伯国家只能避实谈虚。阿拉伯国家联盟第 16 次首脑会议因各国在阿拉伯国家民主改革和巴以和平进程等重大议题上分歧严重，东道国突尼斯宣布首脑会议无限期推迟。在会议召开后，当阿盟秘书长穆萨在会上致辞时，利比亚领导人卡扎菲突然离场，使阿拉伯国家的矛盾再一次公开暴露。各国在一系列重大议题上没能达成一致。

从近年来阿拉伯国家联盟首脑会议的召开过程和内容看，阿拉伯国家越来越多地考虑各自的利益，更多地关注国际和地区环境的变化对自身的影响。相反，对以巴冲突及阿以矛盾等共同面临的重大问题，大部分阿拉伯国家从现实主义出发，或者避重就轻，或者限于空谈，没能提出广泛的、切实可行的方案。在阿以矛盾的所有重大问题上，从四方会谈提出和平"路线图"，到"单边行动计划"，阿拉伯国家几乎已沦为看客和配角。这种趋势将给今后阿以和谈带来极大不利影响。

（二）以色列调整安全战略

建国后以色列国家安全政策的总体目标是"在一个敌对的地区通过不断增强国防实力和与阿拉伯国家谈判实现安全保障"[1]。以色列建国后国家安全战略经历了几个阶段。建国初期至 1967 年战争前为第一阶段。这一时期以色列在与阿拉伯国家对峙中总体处于弱势，确保国家的生存成为第一要务，寻求大国对其安全的承诺和支持成为主要追求目标。1967 年第三次中东战争后，以色列凭借在战争中取得的梦幻般的胜利，以占领的阿拉伯领土为谈判条件，寻求与阿拉伯国家谈判。2000 年美、以、巴三方戴维营和谈失败后，以色列对和谈逐渐丧失信心，通过拖延谈判，维持现状，强化对被占领土的控制达到维持相对和平的目标。以色列的对外和安全政策成为国内政治的直接反映。自从 1991 年马德里会议启动中东和平进程以来，工党和利库德集团在以色列交替执政，而两党对和平等重大问题的不同态度在很大程度上影响着以色列的内外政策。从总体上说，工党代表国内左翼势力，坚持"以土地换和平"的原则。利库德集团代表国内右翼势力。在和平与安全问题上，利库德集团坚持"以安全换和平"，以别于工党的"以土地换和平"，强调安全第一。

2003 年 1 月，在第 16 届议会大选中，利库德集团取代工党，成为议

---

① Bernard Reich and Gershon R. Kieval, *Israel National Security Policy: Political Actors and Perspectives*, Greenwood Press, London 1988, p. 1.

会第一大党，沙龙再次出任总理。在此前后，原先一些其他党派，如中间道路党、桥党、以色列移民党等先后与利库德集团合并。与工党"以土地换和平"的口号不同，利库德集团坚持"以安全换和平"的方针。在以色列屡遭恐怖袭击、安全形势日趋恶化的大背景下，利库德集团的主张赢得了广泛支持。

尽管沙龙的强硬政策在国内赢得了较高的支持率，但以色列也付出了惨重的代价。据统计，以巴冲突爆发5年以来，已使上千以色列人死亡。2003年，以色列人均收入比1999年下降20%。几年来，以巴冲突陷于以暴易暴的恶性膨胀。以色列的军事行动不断升级，用"定点清除"的手段杀害了哈马斯领导人亚辛和兰提斯，引起国际社会的强烈抗议。国际社会普遍认为，始于1993年的奥斯陆和平进程在沙龙上台后已走向死胡同。以色列资深政治领导人佩雷斯曾说，1995年拉宾总理遭到右翼犹太极端分子的暗杀，"不仅扼杀了奥斯陆和平进程，而且改变了以色列的历史"[1]。

在以巴和谈久拖不决的情况下，沙龙政府转向单边行动。2004年6月和10月，以色列内阁和议会先后批准了由沙龙提出的"单边行动计划"[2]。该计划的要点是：在不能与巴勒斯坦方面达成协议的背景下，以色列将单方面采取与巴勒斯坦"脱离"措施；以方将从加沙撤出全部21个犹太人定居点和约旦河西岸另外4个定居点，并给定居者补税偿；继续修建隔离墙（以称为"安全墙"）。

"单边行动计划"出台后，遭到巴勒斯坦及阿拉伯国家的反对，美国政府也曾一度明确反对以在"路线图"计划之外采取单边行动。但后来以色列说服美国支持这一计划。美国总统布什还称，国际社会应该"感谢"沙龙，因为他的计划使"我们现在终于有机会开始建设一个和平的巴勒斯坦国"[3]。沙龙执意推行"单边行动计划"，除了迫不得已的因素外，还与以色列安全战略的调整有关。

1993年签署《奥斯陆协议》后，以色列的和谈战略经历了几个发展阶段。（1）从1993年巴以相互承认到1995年拉宾总理遇刺。工党执行"以土地换和平"的政策，以色列撤出了加沙大部分地区和西岸部分城

---

[1] The International Jerusalem Post, December24, 2004.

[2] 以色列的"单边行动计划"英文名为"The Disengagement Plan"，应译为"脱离接触计划"更为准确。

[3] New York Times, April 22, 2004.

镇，与巴勒斯坦方面合作，基本按照《奥斯陆协议》规定的步骤完成撤军承诺。（2）从1995年以色列总理拉宾遇刺到2000年巴、以、美戴维营首脑会议。这期间，以色列与巴勒斯坦民族权力机构在撤军、巴建国及最终地位谈判等问题上的分歧越来越多，但并未放弃"以土地换和平"的原则。与此同时，以色列与约旦、突尼斯、摩洛哥、毛里塔尼亚等部分阿拉伯国家的关系获得突破和改善。以色列与叙利亚在戈兰高地撤军问题上进行了实质性谈判。以色列还于2000年5月结束长达18年对黎巴嫩南部地区的占领。（3）从2000年9月以巴冲突爆发至今。以色列在安全战略问题上发生重大变化。以沙龙为代表的利库德集团及其他右翼党派完全放弃了"以土地换和平"的原则。在安全与和平等重大问题上，以色列怀疑巴勒斯坦及其他阿拉伯国家并没有做好与以色列媾和的准备，认为"即使以色列放弃所有被占领土，阿拉伯国家也不会与以色列实现全面和平"①。此后，以色列在巴以、阿以问题上越来越多选择单边做法。沙龙的"单边行动计划"正是这种安全战略调整的集中表现。正如以色列自己所说的，"脱离接触计划是单方面决定的结果，它是以色列在没有其他选择的情况下为了保证安全而采取的一个措施"②。

（三）巴以冲突解决前景分析

巴以冲突是阿以冲突的核心，也是半个多世纪以来阿以冲突的一个缩影。巴以冲突牵涉到历史、宗教、民族、国家权力等诸多领域，但核心是领土争端。自60年代巴勒斯坦解放组织成立以来，在巴勒斯坦土地上建立自己的国家一直成为全体巴勒斯坦人心中的梦想。2004年11月11日，一生为巴勒斯坦事业奋斗的巴领导人阿拉法特去世，巴勒斯坦政坛进入新老和新旧势力的交接时期，对巴勒斯坦政坛带来了较大的冲击。

阿拉法特是在以巴冲突陷入僵局、以巴和谈难以恢复的艰难时刻去世的。尽管继任者阿巴斯在某种程度上得到以色列和美国的认可，但并没有改变以强巴弱的基本格局。阿巴斯上任后，于2006年2月在埃及的沙姆沙伊赫与巴各派及埃及、约旦、以色列的代表一起宣布停火，正式结束长达四年多的以巴冲突。6月，阿巴斯还与以色列总理沙龙实现会晤。但哈马斯上台后，以巴停火局面并不平静，以色列仍然不时对巴勒斯坦进行军

①　The Jerusalem Report, September 17, 1999, P. 17.
②　见以色列驻华大使馆所编《以色列的脱离接触计划》，2005年中文版，第7页。

事行动，巴以较大规模的冲突随时可能复发。目前，以巴在以下几个问题上的立场仍然相距遥远。

第一，犹太定居点问题是巴以冲突的一个急迫问题。

长期以来，犹太定居点问题是影响阿以和谈的重大障碍之一。在沙龙的"单边行动计划"中，犹太人定居点问题成为核心。按照以色列中央统计局的数据，至 2003 年，在约旦河西岸和加沙地带，一共有 150 个长期有人居住并有一定规模的定居点，居住着约 23 万名犹太人。[①] 沙龙提出"单边行动计划"后，尽管遭到以国内极右翼势力的强烈反对，一些犹太极端分子一直扬言要暗杀沙龙，但沙龙政府执意推行。按照计划，以色列已于 2005 年 8 月完成撤离加沙定居点的目标。巴勒斯坦方面对犹太定居点问题的态度一直比较明确，认为以色列必须撤出 1967 年后所有在被占领土上建立的犹太定居点，而不仅仅是从加沙撤离。

第二，隔离墙问题对将来巴以制定边界造成极大障碍。

2002 年 6 月，以色列开始沿"绿线"边界[②]修建长达 360 英里的安全隔离墙，以便将约旦河西岸巴勒斯坦地区与以色列彻底隔离开来，阻止巴激进组织成员渗透到以境内实施恶性袭击。至 2004 年年底，大约有 2/3 的隔离墙建设已经完成。以色列的隔离墙建设在巴勒斯坦和国际社会引起强烈争议。原因在于，隔离墙基本沿着"绿线"建造，而"绿线"是巴以间尚未确定的边界线，是将来以巴谈判的重要问题。而实际上，隔离墙全长约 1/3 的走向明显侵占了巴勒斯坦西岸地区。据初步统计，约有 11 个巴勒斯坦村庄、约 77 平方公里的土地、3 万名巴勒斯坦居民将被圈在墙内以色列一边，他们赖以生存的土地被"征用"和侵吞，同时也影响到大批巴勒斯坦人的出行自由。[③] 2003 年 12 月初，联合国大会以绝对多数的投票结果通过法案，谴责以色列在约旦河西岸修建隔离墙。2004 年 7 月 9 日，海牙国际法庭作出裁决，认为以色列在约旦河西岸修建隔离墙违反了国际法，侵犯了巴勒斯坦人的权利，以当局必须予以拆除，并对给巴勒斯坦人造成的财产损失给予经济赔偿。同年 7 月 20 日，联合国大会以压倒性多数通过决议，要求以色列服从海牙国际法庭的裁决，停止在巴勒斯坦被占领土上

---

　　① *The Jerusalem Report*, October 20, 2003.

　　② 国际社会一般把 1967 年 6 月 5 日第三次中东战争爆发前，以色列和阿拉伯国家边界的实际控制线称之为"绿线"。

　　③ 见阿拉伯国家联盟驻华代表处编《隔离墙》一书中文版，第 6 页。

修建隔离墙并拆除已建的部分。联合国秘书长安南 2005 年 1 月 11 日致函第 59 届联合国大会，宣布将设立专门机构对以色列修建隔离墙给巴勒斯坦人带来的损失进行登记，以便将来巴方能向以色列提出索赔。

在国际社会的压力下，沙龙政府在隔离墙问题上的立场有所松动。以政府表示，如果巴勒斯坦真正铲除了恐怖主义，以色列人的安全不再受到威胁，那么"隔离墙就没有存在的必要"。以方还表态，可以修改隔离墙的具体走向。但阿巴斯多次表示："只要定居点和隔离墙还在，中东和平就不会实现。"但奥尔默特领导的前进党上台执政后，隔离墙的建设并没有完全停止。

第三，耶路撒冷问题超越了巴以双方的立场和态度。

在以巴冲突诸多症结中，耶路撒冷问题是难点之一。在 2000 年的巴、以、美三方戴维营首脑会议上，耶路撒冷问题成为谈判最终功亏一篑的重要原因。无论是已故领导人阿拉法特，还是新当选领导人阿巴斯，在公开场合都表示，将来巴勒斯坦国定都在耶路撒冷。而以色列国内各政党和阶层在耶路撒冷问题上也基本持一致的立场：即耶路撒冷应是统一的不可分割的以色列的首都。在过去的谈判中，以巴双方曾同意把这一问题留到谈判的最后阶段。虽然以色列早已在 1980 年将东、西耶路撒冷合一而治，并宣布其为"永久的首都"，但国际社会始终没有承认以色列对东耶路撒冷的吞并。阿拉伯国家和巴勒斯坦一直视东耶路撒冷为被占领土，并坚持把东耶作为未来巴勒斯坦国的首都。由于耶路撒冷问题的敏感和复杂性，在有可能尽快恢复的以巴谈判初期阶段，双方回避敏感的耶路撒冷问题，不失为明智之举。

第四，巴勒斯坦难民问题是巴以间最难以解决的一个难题。

按照多种统计途径，目前巴勒斯坦总人口约 800 万人，其中难民人数约 400 万人。[①] 生活在加沙地带、约旦河西岸及周边阿拉伯国家的巴勒斯坦难民人数已经超过 400 万人。在相当长的时间内，巴勒斯坦方面一直要求拥有让所有难民回归原住所，即回到今天以色列境内的权利。以色列则认为，正是当初阿拉伯国家发动战争，最终导致巴勒斯坦难民问题的产生。因此，以色列拒绝对 1948 年战争产生的难民承担一切责任。目前，

---

① 国际社会一般把在联合国巴勒斯坦难民救济和工程处（UNRWA）登记注册的难民称为巴勒斯坦难民。

以色列只是表示，愿意在国际社会共同努力下，讨论解决 1967 年战争后产生的难民问题。国际社会普遍认为，由于巴勒斯坦政治版图的巨大变化，让 1948 年以色列建国后被迫背井离乡的所有巴勒斯坦人全部返回故土，已经不可能实现。由于巴勒斯坦难民已分布在几十个国家，未来关于解决难民问题的谈判，没有国际社会的广泛参与，显然难以成功。

（四）阿以全面和平的概念与条件

首先应该界定的是，目前国际社会所说的中东和平进程指的是始于 1991 年马德里中东和平国际会议之后的阿以和平谈判过程。阿以全面实现和平的概念和目标至少应该包含以下两个方面。首先，具备基本国家要素的巴勒斯坦国能否建立并与以色列实现和平，这是最基本的目标。其次，以色列与主要阿拉伯国家，尤其是与所有以色列邻国实现和平，建立正常的外交关系。

从现实情况分析，阿以实现全面和平取决于以下条件。

第一，以色列和巴勒斯坦能否实现持久和平。

2005 年 2 月 8 日，巴勒斯坦 13 个派别的代表及埃及、约旦、以色列在埃及的沙姆沙伊赫一起宣布停火，正式结束长达四年多的以巴冲突。但以巴停火局面并不平静，以巴冲突随时可能又爆发。随着 2005 年 8 月以色列实施“单边行动计划”后从加沙撤离，巴自治政府能否对加沙实行有效控制将引人注目。阿巴斯领导的巴自治政府面临着以哈马斯为代表的激进势力的挑战。2006 年 3 月，哈马斯赢得了立法委员会选举后组建了巴勒斯坦新政府。2007 年 2 月，法塔赫和哈马斯的代表在沙特阿拉伯麦加签署“麦加协议”，3 月，法塔赫和哈马斯组建了新的巴勒斯坦联合政府，但双方的权力斗争和武装冲突仍时有发生。

第二，阿拉伯国家是否愿意与以色列实现和平。

2001 年年初以色列与叙利亚的和谈中断后，阿以和谈实际上只剩下巴以断断续续的会谈。在与以色列接壤的主要阿拉伯国家中，埃及、约旦已经与以色列实现和平。叙利亚成为阿以实现全面和平的关键。目前，以色列还占领着叙利亚的戈兰高地。叙利亚对叙以和平的基本立场是：以色列必须从戈兰高地撤军。叙利亚和以色列并没有恢复和谈的迹象。对以色列来说，戈兰高地具有重要的战略意义。在 2000—2002 年的叙以谈判中，双方曾就以色列从戈兰高地撤军及撤军后的安全安排等问题进行了实质性谈判，但最终功亏一篑。叙利亚希望未来的叙以会谈能在 2001 年年初中断的基础上开始，但以色列则认为，叙以会谈应从零开始，显示以色列不愿从戈兰高地撤军的意图。伊拉克战争后，叙利亚受到了来自美国的强大压力。今年5月，叙利亚在国际社会的压力下从黎巴嫩撤军。美国和以色列却不断指责叙利亚仍在发展违禁武器。以色列情报机构甚至判断："叙利亚谋求核均势的努力已经有25年了。"① 以色列希望借助美国打压叙利亚的图谋非常明显。在内忧外患的背景下，叙利亚在短期内并没有做好与以色列恢复和谈的准备。

对大部分阿拉伯国家来说，巴以、阿以冲突对其并没有太多的直接利益关系。许多国家都在不同程度上与以色列进行接触。2005年年初，以色列外交部一份报告称，至2005年年底将有10多个阿拉伯国家与以色列建立外交关系。但在当年3月的阿盟首脑会议上，阿盟秘书长却对此公开辟谣，显示阿拉伯国家对与以色列建立外交关系仍持谨慎立场。可以肯定的是，今后阿拉伯国家与以色列发展关系会以个案的形式发展，阿以全面、公正的和平仍待时日。

第三，阿以冲突的外部因素分析。

正如阿以矛盾的产生及发展与外部势力的卷入息息相关一样，阿以矛盾的解决更离不开国际社会的努力。目前阿以矛盾的基本格局是：巴以冲突成为阿以冲突的焦点，而以强巴弱的态势突出，仅仅依靠阿以双方的自身努力显然难以达成全面和平。

在相当长时期内，美国成为调解阿以冲突的主要外部力量。伊拉克战争后，美国主导中东事务的力量进一步强化。在未来调解以巴冲突的过程中，美国的作用更为突出。但美国调停的角色也有先天软肋，那就是过于偏袒以色列，使得其调解的成效大打折扣，因而难以完全取信阿拉伯国家。今年以来，美国总统和国务卿等要员等多次出访中东，希望推动中东和平进程，但成效仍不显著。近几年来，欧盟、俄罗斯在中东和平进程中的作用引人注目。欧盟、俄罗斯与联合国、美国的中东问题特使设立的"四方会谈"机制成为一个时期以来调解以巴冲突的重要场所。

2006年哈马斯赢得巴勒斯坦立法委员会选举后，中东和平进程进入了一个新的敏感时期。有舆论甚至认为，哈马斯在中东引发的"政治地震"将使中东和平进程走向终结。在中东问题国际四方委员会中，俄罗

---

① The International Jerusalem Post, October 1, 2004.

斯是第一个站出来表示愿与哈马斯进行对话的。哈马斯赢得选举后，普京即明确表示，哈马斯的获胜是对美国中东政策的"沉重打击"。俄没有紧随美欧的脚步，而是抓住时机频频发出与众不同的声音，这不仅展示了俄外交政策积极灵活的新特点，也意在向国际社会显示俄不容忽视的作用。俄罗斯与哈马斯的接近堪称一着"妙棋"，显示俄意欲挑战美在中东的主导地位，伺机在巴以问题上发挥其独特作用，继而恢复苏联在中东地区的传统势力和影响。2006 年 4 月，俄罗斯总统普京对埃及、以色列和巴勒斯坦进行为期 4 天的正式访问。这既是苏联和俄罗斯领导人 40 多年来第一次访问阿拉伯国家，也是苏联和俄罗斯国家元首历史上首次访问以色列和巴勒斯坦的土地。这对俄罗斯来说，是"重返中东"的重要标志。英、法、德、日本等国近年来在中东的外交也日趋活跃，虽然不能改变美国主导中东和谈的格局，但对打破和谈僵局仍然会起到积极的作用。

在调解巴以冲突的国际因素中，欧洲国家是一支重要的中间力量。1993 年 9 月，正是由于北欧国家挪威独特的调解作用，以色列和巴勒斯坦打破坚冰，实现互相承认，开创了一个时代的巴以和平进程。近年来，以法国、德国、意大利为代表的欧盟国家在调解巴以冲突中起着一种重要的平衡作用。2001 年后，当以色列和美国决定抛弃阿拉法特后，欧盟国家多次表示不赞同美国提出的更换阿拉法特的主张。欧盟曾多次明确表示，阿拉法特是巴勒斯坦人民民主选举产生的领导人，欧盟尊重巴人民的选择。事实上，欧盟一直支持阿拉法特领导的巴民族权力机构，为其提供了大量财政援助。巴以流血冲突升级以来，欧盟一方面反对针对以色列平民的自杀性爆炸，认为这无益于和平解决中东问题；另一方面强烈谴责以色列军队入侵巴领土，尤其是围困阿拉法特。为推动中东问题尽快和平解决，欧盟不断派出代表团到中东地区进行斡旋。欧盟的多次斡旋对促进巴以各方沟通、控制局势恶化起到了不可或缺的作用。阿拉伯国家要求欧盟发挥更大作用的呼声渐高，这为欧盟参与中东事务提供了更大的活动空间。但是，由于欧盟自身力量有限，在解决中东问题上，欧盟只能在与美国的合作中，寻求更大的自主空间。

长期以来，欧盟对巴勒斯坦较为同情，同时提供的援助也最多，因此在哈马斯赢得大选后，欧盟对哈马斯采取怀柔政策，希望能在推动中东和平进程中继续贡献力量，并扮演一定的重要角色。这也就是为何欧盟在哈马斯赢得国会选举后仍数度重申，只要哈马斯组成的新政府放弃暴力、采取和平方式寻求中东和平、并承认以色列的存在，欧盟将一如以往，协助巴勒斯坦解决面临的财政困境及其他问题。

哈马斯 2006 年 1 月选举获胜掌权后，尽管面临着内外交困的局面，但并没有像美国和以色列希望的那样很快垮台，因此，欧盟开始重新考虑与巴勒斯坦的关系。2006 年 9 月 3 日，法国《费加罗报》发表文章说，欧盟在支持美国和以色列的中东政策后，现在开始与美国拉开距离。欧盟正在考虑恢复对巴勒斯坦人的援助。欧盟 25 国外长于 2006 年 9 月 1 日在芬兰召开会议，强调必须重新推动以巴和平进程，即使这可能要求欧盟与哈马斯实现关系正常化。2006 年 10 月，欧盟外交政策高级代表索拉纳进行了为期六天的中东之行，标志着欧盟将继续寻求在巴以问题上发挥重要作用。

尽管国际社会的调解和努力是阿以走向和平的重要条件，但阿拉伯国家的团结与合作是最终实现中东和平的重要保证。对巴勒斯坦来说，巴勒斯坦各派的和解是巴勒斯坦局势走向稳定和巴以关系缓和的重要条件。巴勒斯坦内部已逐步认识到组建联合政府的重要性。巴勒斯坦解放组织（巴解组织）政治部主任、巴民族解放运动（法塔赫）中央委员会主席卡杜米在 2006 年 11 月 2 日出版的突尼斯《晨报》上发表谈话强调，建立巴勒斯坦民族团结政府是解决目前巴内阁危机的唯一途径。卡杜米指出，法塔赫运动中央委员会将为建立更加广泛的巴勒斯坦政府进行准备。他说，巴解组织将进行内部改革，扩大组织的代表面，把伊斯兰抵抗运动（哈马斯）、伊斯兰圣战组织（杰哈德）等抵抗以色列占领和致力于巴建国的各方力量接纳为巴解组织成员。[①] 人们希望巴勒斯坦能够首先实现内部团结与和解，只有这样，才能在未来的巴以和谈中处于有利的地位。

总之，一个时期以来，巴以冲突已成为阿以冲突的核心。伊拉克战争后，阿以冲突面临着新的地区和国际环境。在短期内以巴冲突仍会反复。从长期看，美国在中东战略目标的调整，对解决阿以矛盾带来了新的不确定因素。尤其是伊拉克战争后美国在伊拉克的麻烦不断，国内反对布什政府伊拉克政策的呼声高涨，使得美国在很大程度上对以巴局势难以顾及。特别是美国还在伊朗核问题上牵涉了很大的精力，因此在短期内难以在以巴问题上迈出大的步子。因此，阿以冲突问题在伊拉克战争后面临着许多

---

① 新华网，2006 年 11 月 2 日。

新的国际因素的影响。要全面、公正地解决阿以冲突问题，除了以巴双方自己的努力外，国际社会有关方面也都需要付出巨大的努力。

第四节　巴勒斯坦入联及相关国家政策分析

众所周知，巴勒斯坦于 1988 年宣布建国并得到联合国绝大多数会员国承认，但它一直不是联合国正式会员国，仅仅具有观察员地位。2011 年 6 月，巴解组织正式宣布"入联"决定。美国和以色列却一直阻挠巴勒斯坦建国和入联。9 月 23 日，巴勒斯坦民族权力机构主席阿巴斯在纽约联合国总部递交了申请，寻求成为联合国第 194 个成员国。当天晚些时候，联合国秘书长潘基文向安理会提交了巴勒斯坦的申请文件，安理会将在此后进行磋商。

一　巴勒斯坦"入联"和建国的主要障碍

美国是巴以和谈的主要斡旋者，但美国在调解巴以冲突过程中，始终偏袒以色列。美国总统奥巴马上台后，表示支持巴以"两国"方案，但反对巴单方面建国，称如巴单方宣布建国，美将重新审视美巴关系，并停止经济援助。美国国务院发言人维多利亚·纽兰于 2011 年 9 月 8 日明确表示，美国将否决巴勒斯坦在联合国安理会寻求正式会员国身份的要求。但限于联合国的体制，由于安理会常任理事国对联合国大会的表决没有否决权，美国目前也不太可能阻止可能于 2011 年 11 月下旬联合国大会举行投票，将巴勒斯坦地位由目前的无投票权观察员"实体"提升为无投票权观察员"国家"。

2011 年再次出任以色列总理的内塔尼亚胡是以色列强硬派人士，长期担任利库德集团领导人。内塔尼亚胡一贯反对"以土地换和平"，坚持"安全换土地"原则。在美国的压力下，内塔尼亚胡 2011 年大选前夕首次接受"两国"方案，但条件是巴勒斯坦不能单方面宣布建国，并且承认以色列是犹太国家，巴勒斯坦还必须实施非军事化。以色列认为，巴勒斯坦通过在联合国"入联"之后，可能在国际社会采取进一步的行动向以色列施压。以色列还担心，巴勒斯坦执意通过"入联"之举，在巴勒斯坦民众中掀起新一轮的反以浪潮。对以色列来说，任何联合国关于巴勒斯坦问题的决议，都被认为是对自己的"政治迫害"。以色列甚至认为，联合国是一个谴责、孤立和损害以色列国家的实实在在的战争机器。①

　　巴勒斯坦在 2011 年坚持提出"入联",其主要原因在于:首先,巴以和谈的长期停滞,使巴勒斯坦民族权力机构面临着极大的压力。2007年 6 月,巴勒斯坦内部爆发大规模武装冲突,哈马斯在加沙用武力赶走阿巴斯领导的民族权力机构,巴勒斯坦出现加沙和约旦河西岸"分治"的局面。巴勒斯坦的分裂逐渐带来严重后果,极大地损害了巴勒斯坦在国际社会的形象。巴勒斯坦希望通过在联合国宣布"建国"和"入联",增进巴勒斯坦各派的团结,逐步解决巴勒斯坦内部法塔赫与哈马斯的摩擦与冲突。其次,巴勒斯坦的"入联"举动也是为了表达对美国等西方国家的不满。美国总统奥巴马在 2009 年 6 月埃及开罗大学的演讲中,表示理解巴勒斯坦建立自己国家的愿望,并信誓旦旦表示要推动巴以双方实现共处。但此后美国在推动巴以和谈方面并没有太大的动作。相反,美国还默许以色列在约旦河西岸扩建犹太人定居点。巴勒斯坦希望通过"入联"之举使国际社会认识到巴勒斯坦问题的紧迫性。巴勒斯坦民族权力机构谈判代表埃雷卡特 9 月 5 日在接受新华社记者采访时说:"巴勒斯坦将不会畏惧美国威胁,坚持前往联合国,要求其承认以 1967 年战争前边界线为国界、以东耶路撒冷为首都的独立的巴勒斯坦国,给予巴勒斯坦联合国会员国身份。"

二　巴勒斯坦"入联"和建国前景

　　首先,巴勒斯坦内部矛盾依然难解。

　　由于客观上存在以强巴弱和美国的强势阻挠,巴勒斯坦"入联"和建国前景必然不会一帆风顺。在旷日持久的巴以冲突过程中,巴勒斯坦内部矛盾一直是一个不容忽视的因素。在 2006 年 1 月举行的大选中,法塔赫遭遇失败,哈马斯赢得了大选胜利,并组建了政府,法塔赫拒绝与哈马斯组建的政府合作。2007 年 6 月巴勒斯坦内部冲突后,出现了加沙和约旦河西岸"分治"的局面,并一直延续至今。法塔赫与哈马斯虽然在"入联"问题上立场相似,但双方在对以色列战略和今后权力分配等问题上仍然分歧严重。因此,即使"入联"行动取得进展,将来的治国道路仍不会平坦。

---

①　[埃及]加利:《永不言败》中文版,世界知识出版社 2001 年版,第 189 页。

其次，国际社会在巴勒斯坦宣布建国和"入联"问题上仍然存有分歧。美国在巴勒斯坦作出"入联"决定后，一直在游说相关国家阻挠巴勒斯坦方面的行动。虽然阿拉伯国家联盟已经表示支持巴勒斯坦"入联"，但欧洲一些国家，如英、法等，也有可能加入反对行列。由于美国在安理会表决中拥有否决权，巴勒斯坦可能选择避开安理会决议，转而在联合国大会寻求支持，这样巴勒斯坦的"入联"效应将大打折扣。

再次，即使巴勒斯坦单方面宣布建国和"入联"，由于巴勒斯坦与色列的谈判困难重重，双方在一系列关键问题上的谈判没有取得进展，以强巴弱的基本态势短时期内无法改变。目前巴以双方在犹太定居点、耶路撒冷地位、巴勒斯坦难民回归等关键问题上仍然存有尖锐分歧。因此，即使宣布建国和"入联"取得进展，也难以改变目前巴以对峙的基本格局，巴勒斯坦距离真正的具有独立国家主权的目标仍然遥远。

第九章　反恐战略大背景下的美国中东政策

冷战结束至"9·11"事件以前，美国中东政策的主要内容可以概括为"东遏两伊、西促和谈"。尽管在不同的时期美国中东政策的重点时有摇摆，但总体来说，推动美国中东政策变化的主要原因还在中东地区本身。美国往往根据发生在中东的事件对美国在中东地区利益的危害程度来其美国政策的选择。但"9·11"事件以后，美国则转向从自身利益考虑来制定它的中东政策。

第一节　美国发动伊拉克战争的背景

众所周知，"9·11"事件以后不久发动了阿富汗战争，其主要理由是阿富汗的塔利班政权庇护本·拉登领导的基地组织。但美国在阿富汗战争仍然陷于僵局的情况下很快对伊拉克动手，似乎很难用"反恐"的理由来辩解。美国的《国家利益》季刊2002年刊登了麻省理工学院政治学博士乔治·理博伊等人写的一篇文章强调："应该根据各国对美国利益构成威胁的可能性来确定重点关注的国家。它们对美国安全构成威胁程度各不相同，威胁并不是单单来自一个潜在的'匹敌的竞争对手'。"这实际是为美国政府制定了确定下一个进攻目标的标准，即这个目标是否具有地缘政治的战略地位和战略价值，是否具有市场价值和资源价值，执掌这个地区（国家）的政权对美国威胁程度，其他国际主要力量是否具有控制这一地区（国家）的战略意图，以及美国是否有合适的时机和条件来消除这种威胁。众所周知，地处亚、非、欧三大洲结合部的中东地区是全球地缘战略力量最集中的区域，美国在这里有着广泛而巨大的政治、经济、军事和安全利益。美国历来认为，自己在中东有着十分重要的战略利益。2002 年夏，美国国防部向布什总统和国会提交的《国防报告》中，将中东列入美国重点保护的关键地区之一。

"9·11" 事件后，美国把铲除中东的原教旨主义温床、遏制恐怖主义威胁作为自己在中东追求的又一重要战略目标。随着布什政府以维护美国 "唯一超级大国" 地位为核心的国际安全战略的确立，中东地区在美对外战略中的地位进一步上升。伊拉克是地区大国，处于中东的中心地带，石油储量居世界第二，在中东的地缘政治经济中占据重要地位。在这个极具地缘政治经济意义的区域，铲除一个强烈反美的地区性强国，对美来说具有长远的战略利益，当然不会错过机会。美国有官员曾公开声称：伊拉克是美国在中东建立军事基地的最佳位置。从 20 世纪 70 年代以后，美国基本上失去了控制世界石油市场供应的主动权。西方国家主要通过国际能源组织和节能技术消极地应对世界石油市场的波动，反制石油输出国组织（OPEC）配额生产机制。而此次 "倒萨" 战争的胜利使美国在一定程度上重新控制了世界石油市场主动权。

中东丰富的油气资源对美国和西方世界来说至关重要。在 20 世纪，中东石油曾对世界经济发展产生过重大影响。目前，全世界已探明的石油储量约 1804.72 亿吨，天然气储量约 175.1 万亿立方米。[①] 而中东地区的石油储量占全世界石油总储量的 65%，已探明的天然气储量占全世界天然气总储量的 35%。第二次世界大战后，中东石油对全球经济和国际关系曾产生过重大影响。1973 年，阿以之间的第四次中东战争爆发，阿拉伯产油国家对支持以色列的以美国为首的西方国家使用了石油武器，市场供应量每天削减 500 万桶，于是油价暴涨，涨到每桶 11.65 美元，为 1971 年价格的 5 倍，加油站排起了长队，西方经济由此进入停滞膨胀期。1979 年，产油大国伊朗发生伊斯兰革命，推翻了亲美的巴列维王朝，油价又从

---

① 见《世界石油工业杂志》2007 年第 2 期，第 58—59 页

每桶 13 美元上涨到 34 美元。① 两次石油危机使美国认识到了石油的战略价值。随着新能源的开发和高新技术的发展，石油在一些西方国家经济发展中的地位有所下降，但在相当长的时间内，中东在世界能源结构中的地位仍然难以取代，因此，美国中东战略的核心仍然离不开控制中东的油气资源，推翻萨达姆政权，进而在伊拉克扶持一个亲美的政权就成为布什政府在中东追求的主要目标之一。

伊拉克石油资源储量仅次于沙特阿拉伯，位于世界第二，是世界石油市场举足轻重的供应者。20 世纪 60 年代末（1968 年 7 月革命后）70 年代初，伊拉克对本国石油资源进行国有化，西方石油公司基本上退出了对伊拉克的石油资源的控制与开发。伊拉克在此后积极参与"制造"了阿拉伯国家"石油武器"，多次通过对石油的限产、提价和禁运企图实现政治目的。直至 2002 年还通过停止石油出口一个月声援巴勒斯坦人反对以色列的斗争。此次美国"倒萨"战争的胜利无疑使伊拉克的石油资源重新回到西方（特别是美国）的控制之下。掌握伊拉克的石油权必将对控制整个海湾地区的石油供应、甚至对 OPEC 成员国的石油政策也将产生重要抑制作用。海湾国家的石油储量占世界总储量的 2/3，出口量约占世界石油出口总量的 44.5%。而这一地区的石油生产国占了 OPEC 成员的 2/3，是 OPEC 最主要的石油输出国，OPEC 控制着世界石油出口的 80%，而沙特阿拉伯一国就占 OPEC 日产量的 1/2 左右。沙特阿拉伯在"9·11"事件后与美国的关系产生了严重的信任危机。美国担心自己与整个世界严重依赖于沙特阿拉伯的石油政策将是相当脆弱的。因此，控制了伊拉克，对于摆脱严重依赖沙特阿拉伯石油的局面和控制世界石油供应的主动权有极大的战略意义。伊拉克战争对美国从中东人手中抢过"石油武器"具有决定性的意义。有了亲美的新伊拉克政权，沙特阿拉伯、伊朗和利比亚将失去决定世界石油价格的重要能力。美国如果能进一步遏制伊朗，世界石油将重新回到 20 世纪 70 年代以前西方控制的时代，但不同的是此次美国具有单独的控制权。这对另外的世界产油大国如委内瑞拉、俄罗斯也将产生重要的经济制约，这种制约对这些国家的政治和外交走向也可能产生制衡作用。委内瑞拉的查韦斯被认为是拉美的第二个卡斯特罗，有着强烈的反美和平民主义的倾向，美国能控制世界石油市场，至少查韦斯政权的

---

① 见刘竞主编《中东手册》，宁夏人民出版社 1989 年版，第 253 页。

作用将被进一步削弱；而俄罗斯尽管在近年来与美国拉近了关系，但美国如能在石油上有效地制约俄罗斯，这将对今后迫使俄在重要国际问题上支持美国增加了筹码。最后，在经济全球化的条件下，油价对世界其他经济体仍具有重要影响，其他经济体不稳定也会波及美国经济。如果美国能控制世界原油的供应，不仅可以减少美国经济受石油影响的不确定性，而且还可以在这种控制下从世界政治经济中获得巨大的权力与租金，有助于控制未来的竞争者。

2002 年下半年，美国以伊拉克支持恐怖主义、研发大规模杀伤性武器，对美国在中东的利益构成了"潜在威胁"，宣称美国掌握了伊拉克拥有大规模杀伤性武器的确凿证据，对伊政权一再隐瞒事实、欺骗国际社会的行为已经失去了耐心，公开表示将以武力推翻萨达姆政权，鼓吹的建立自由民主的伊拉克，并随之大量陈兵海湾。2003 年 3 月 20 日，美英以伊拉克拥有大规模杀伤性武器为由开始进攻伊拉克，4 月 9 日，美军进入巴格达，萨达姆政权迅速垮台。

第二节　布什当政时期美国的中东政策的特点

在美国的对外政策和外交传统中，经常以"XX 总统＋主义"来命名某个总统当政时对外政策的特点。值得注意的是，第二次世界大战后，从"杜鲁门主义"开始，经过"艾森豪威尔主义"到"尼克松主义"，再到"卡特主义"和"里根主义"，似乎都与美国的中东政策直接相关。小布什执政时期（2001 年 1 月至 2009 年 1 月，共两任）的 8 年，是冷战结束后美国对外战略发生重大变化的 8 年。尤其是美国的中东政策，布什执政 8 年虽然没有可圈可点的惊世之作，但由于"9·11"事件的出现，以及美国随后发动的阿富汗与伊拉克两场战争，美国的中东政策引起了巨大的争论。从"先发制人"到"单边行动"，布什的中东战略给中东局势和国际形势带来了深远的影响。在小布什做完总统任期后，继任者奥巴马就迫不及待地要求改变布什的单边主义行为。因此，对布什主义在中东地区大行其道以及带来的影响进行总结，显得尤为必要。

一　决定和影响美国中东政策的主要因素

在美苏冷战对抗时期，美国中东政策考虑的重点是确保能源供应的安全和以色列等战略盟友的安全。因此，为了避免与苏联的直接对抗，在相当长的时期内，美国对出兵中东持谨慎态度。"9·11"事件后，美国提升了对恐怖主义和大规模杀伤性武器的扩散形成的威胁的认识。此后，中东成为美国全球战略的重心，而推翻萨达姆政府和对伊拉克进行民主化改造称为检验美国中东战略成败的试金石。

（一）美国中东政策的决策机制及利益集团的影响

在美国的全球战略中，地区战略及政治和军事布局是全球战略的有机组成部分。美国虽然基本上是一个西半球国家，但在美苏冷战对抗时期，全球战略的重点在很长时期内是欧洲。中东成为美国确保欧洲安全的边缘要地。但在中东成为美国和西方的主要能源产地的地位形成后，中东在美国全球战略中的地位大大提高。

美国在中东的战略经历了几个发展阶段。第一阶段是冷战时期，那时美国在中东追求三大目标：一是防止苏联扩张势力；二是维持中东地区稳定廉价的石油供应；三是维护以色列和温和阿拉伯国家的生存与安全。第二阶段是海湾战争胜利与冷战结束后，美国逐步在中东地区取得主导地位。老布什政府和克林顿政府采取了"东遏两伊、西促和谈"的政策。第三阶段是"9·11"事件后，美国认为恐怖主义成为美国国家安全的头号威胁，而中东是恐怖主义的重要滋生地，因此，美国催生了"反恐必须改造中东"的战略。①

2001年布什上台执政后，一批强硬的保守派人士（有时也称为鹰派或新保守派）逐步主导了美国政府的对外政策。主要的代表人物是两任布什政府的国防部长拉姆斯菲尔德（2006年12月下台）、副总统切尼、国家安全事务顾问赖斯（后来任国务卿）、副国务卿沃尔福威茨。其中沃尔福威茨和曾任白宫伊拉克问题特使卡利扎德早在1998年就曾发表文章，叫嚣"萨达姆必须下台"。赖斯在担任国家安全事务顾问之前就已经把伊拉克、伊朗、朝鲜三个未来的"邪恶轴心国"列为布什政府的战略打击重点。在这些强硬派的主导下，布什在中东战略上设立了两个假设：一是推翻萨达姆政府，消除该政权对美国国家利益构成的威胁；二是在阿拉伯世界进行"民主化"改造。

---

① 中国现代国际关系研究院：《反恐背景下美国全球战略》，时事出版社2004年版，第204页。

（二）利益集团和院外活动集团影响美国中东政策的制定

美国中东战略的背后有着一批利益集团的游说和鼓动。伊拉克及其周边地区石油资源是美国考虑发动战争的重要因素。自从经济全球化的趋势确立后，围绕石油资源的国际争夺愈演愈烈。在当前已知的世界石油储量中，中东产油国所占的比例是65%，在石油出口量中所占的比例是56%。虽然美国自身的经济对中东石油的依赖性很低，只有10%多一点，但美国要控制中东石油，主要并不是为了保障本国的经济需求，而是为了加强对产油国的影响力，从而控制世界的经济命脉，因为西欧国家以及日本、东亚、南亚等国家严重依赖中东的石油。早在1945年，美国国务院就已经明确指出：阿拉伯半岛的石油资源"是战略性力量的最旺盛的源泉"[①]。

美国的石油商和军火商利益集团成为推动发动伊拉克战争的重要力量。美国是当今世界最大的军火供应商，而中东地区在相当长的时期内是美国军火和武器装备的最大销售地区。从某种意义上说，美国和中东产油国就是石油换军火、能源换安全的相互依赖贸易关系，即美国得到了所需石油和对中东石油的控制权。

事实上，布什总统、其家族以及布什政府中许多要员与美国的石油利益集团有千丝万缕的联系。布什家族政治发迹地的得克萨斯州是美国重要的石油生产地，其产量占国内石油产量的40%与世界产量6%。得克萨斯州所生产的天然气约占国内产量的40%，储量则占全国30%。[②] 2004年，法国著名的《费加罗报》驻华盛顿首席记者和资深政治评论家艾里克·罗朗出版了《布什家族的战争》一书，书中披露老布什在位期间不仅直接对伊拉克出售武器，还下令给伊拉克大规模的农业贷款，而这些贷款却成了伊拉克武器装备发展的极大推动力，致使萨达姆政权武器装备水平大升，不仅拥有了化学武器，还具备了制造核武器的能力。这事实上为伊拉克成为后来所谓的"邪恶轴心国"奠定了基础。不仅如此，两伊战争期间，时任美国副总统的老布什就大力支持伊拉克对付伊朗，这不仅因为海湾有美国的利益，更有小布什的公司利益。十多年后，小布什要把父亲曾

①　见季卫东《伊拉克战争的真实目的与美国的新世界观》，http：//bbs. ynet. com/viewthread. php？tid =8630.

②　http：//baike. baidu. com/view/137015. htm.

经资助过的萨达姆政权置于死地，因为布什政府相信萨达姆政权掌握了过多的大规模杀伤性武器。此外，小布什还借口萨达姆政权为恐怖行动提供了资金支持。虽然这一说词缺乏证据，但小布什及其幕僚最终以这些借口为理由发动了战争。从这本书中我们不仅会看到美国政权中"鹰派"与"鸽派"为此进行的明争暗斗，也可以看到美国"先发制人"战略出台的前因后果。

美国的中东政策还经常受到各种各样的院外活动集团的影响。美国发动伊拉克战争推翻了萨达姆政权，以色列成为伊拉克战争最大的获利者。美国国内亲以色列的犹太人院外活动集团对推动布什政府向伊拉克开战起了重要的作用。美国犹太人通过选票、媒体、支持候选人参加选举、接近和影响决策者等方式给美国的中东政策打上了明显的亲以烙印，美国犹太人集团也因此被认为是华盛顿最有影响力的院外集团。以美国以色列公共事务委员会（AIPAC）为首的犹太利益集团，以保证以色列的生存和安全、加强美以关系为己任，凭借犹太人在美国强大的政治、经济、文化实力，运用本身强大的基层组织能力和严密的组织制度，对美国外交决策尤其是美以关系产生了很大影响。美国以色列公共关系委员会组织自成立距今已有50余年，多次通过国会使美国外交政策偏袒以色列。后冷战时代，犹太利益集团已经越来越深入地卷入美国外交决策。萨达姆政权被推翻后，以色列又认为强烈反以的伊朗是严重威胁。伊朗总统内贾德曾公开说，以色列应该从地图上被抹掉。这使以色列感到震惊。以色列驻美大使丹尼·阿亚隆甚至说伊朗是"自第二次世界大战结束以来对世界威胁最为严重的国家"。以色列在伊朗核问题上不仅顺风吹火，而且跃跃欲试，甚至想重演1981年空袭伊拉克核设施的故技，对伊朗核设施进行外科手术式的空袭。美国把保护以色列的安全视作它在中东的重大利益，尽管现在它不赞成以色列对伊朗采取空袭这样的乱局行动，但美国犹太人院外游说集团的声音不可能不对美国的中东政策产生影响。

在美国国内，促成伊拉克战争的主要势力是一小群新保守派，其中许多人也和以色列有着紧密的关系。此外，游说组织的主要领导人在主战活动中纷纷表态支持。据报道，"布什总统试图发动伊拉克战争，美国大部分的犹太组织联合起来支持他。犹太社团的领导人在一次次的声明中强调，必须消灭萨达姆·侯赛因和他的大规模杀伤性武器"。

在布什当选总统前，新保守派就已决定颠覆萨达姆政权。他们在1998年年初发表了写给克林顿总统的两封公开信，信中呼吁要推翻萨达姆，这件事引起了一定的骚动。信中许多签名者与犹太国家安全事务研究所（JINSA）或华盛顿近东政策研究所（WINEP）等支持以色列的团体有着紧密的关系，其中还包括埃利奥特·艾布拉姆斯、约翰·博尔顿（John Bolton）、道格拉斯·费斯（Doagles Feith）、威廉·克里斯托尔（William Kristol）、伯纳德·刘易斯（Bernard Lewis）、拉姆斯菲尔德、理查德·珀尔和保罗·沃尔福威茨（Paul Wolfowtz）等，他们这些人很轻易地获得克林顿政府的信任，并采纳全面推翻萨达姆政权的目标。

对新保守派来说，"9·11"事件是鼓吹发动伊拉克战争的绝佳机会。事件后第5天，在戴维营与布什总统的一次关键性会议上，在没有证据证明萨达姆参与了袭击美国且已经得知本·拉登在阿富汗的前提下，沃尔福威茨仍提议在进攻阿富汗之前先进攻伊拉克。布什否决了这个提议，并决定在进攻阿富汗之后再进攻伊拉克。但现在看来，当年发动伊拉克战争还是具有很大的可能性，况且早在2001年11月21日布什总统就要求美国军事策划专家研究具体的入侵计划。据说约翰·霍普金斯大学的学者刘易斯和阿扎米对说服切尼副总统支持战争起到了非常关键的作用。切尼的想法在很大程度上受到其幕僚机构中新保守派人士的影响，特别是艾里克·艾德尔曼、约翰·汉纳和副总统办公室主任利比，利比是政府中最有权力的人之一。2002年年初，副总统的影响力最终帮助他们说服了布什总统。在政府内部，由于赢得了布什和切尼的支持，战争已如箭在弦上。在政府外部，新保守派的专家抓紧一切时间论证入侵伊拉克是反恐战争胜利必不可少的环节。他们一方面继续向布什施加压力，另一方面力争扫除政府内部和外部反战派的一切障碍。

竭力主张对伊拉克发动战争的人在2003年年初准备了一份内容翔实的关于伊拉克威胁的简报，递交给了鲍威尔。主战派操纵情报的工作涉及"9·11"事件发生后两个新成立的机构，这两个机构负责直接向国防部副部长道格拉斯·费斯汇报工作。其中的反恐政策评估组的任务是寻找情报机构可能遗漏的基地组织和伊拉克之间的联系，寻找发动伊拉克战争的证据，他们是与沃尔福威茨有着长期关系的新保守派，所有的工作人员都是从支持以色列的智库中招募来的。不难想象，这种"御受"的情报收集报告对推动布什政府最终发动战争起了多么大的作用。

二　中东在美国反恐战略中的地位上升

首先，中东地区在美国的反恐战略中首当其冲事出有因。中东的地缘政治地位在美国的全球战略中占据重要的战略地位。中东地区位于亚、非、欧三大洲的结合部，周围环绕黑海、地中海、里海、红海和阿拉伯海等国际海域。历史上中东地区的民族矛盾、宗教矛盾、教派冲突、边界冲突等错综复杂。位于中东核心地带的波斯湾沿岸地区盛产石油，霍尔木兹海峡又是中东石油向西方国家和世界各地输出的咽喉通道。第二次世界大战后，中东成为世界政治、经济、军事方面具有十分重要的战略地区，大国在这一地区的争夺从未停止。美国总统艾森豪威尔在第二次世界大战结束后就直言不讳地指出："甚至仅仅从地理的角度讲，在整个世界战略上也没有比中东更重要的地区。"①

其次，控制中东也是为了防止伊斯兰复兴运动威胁美国的利益。中东是伊斯兰教的影响最广泛的传统区域。近现代西方列强对伊斯兰世界的殖民统治，以及美国在阿以冲突中偏袒以色列的做法，在中东各国穆斯林心灵中留下了很大创伤，尤其激活了宗教极端主义思想。而一部分穆斯林的宗教极端主义思想和行为也加深了以美国为首的西方国家对伊斯兰文明的偏见和仇视。美国政界和学界相当一部分人散布"伊斯兰威胁论"。而美国政治学教授亨廷顿则提出了"文明冲突论"，认为冷战结束后，全球的冲突主要是文明间的冲突，最主要是西方文明与伊斯兰文明和儒家文明之间的冲突。亨廷顿把伊斯兰文明视为对西方文明的最主要的威胁。在美国看来，中东伊斯兰世界是一个顽固不化的文明堡垒，攻破这个堡垒，再攻破其他堡垒就容易得多了。因此中东在美国意识形态战略中也占有重要地位。在这种意识形态的支配下，布什政府在推翻萨达姆政府后，不失时机地推出"大中东计划"，显示美国想从根本上改变中东的政治和文化结构，消除对美国和西方文明的威胁。但这样改造一种文明的尝试注定要冒极大的风险。

---

① 参见马明良《冷战后美国的中东战略与全球》，一文。见 http：//www. muslimwww. com/Article/ShowArticle. asp? ArticleID = 1051。

第三节　伊拉克战争后美国中东政策的调整①

一　伊拉克战争后美国中东战略调整的原因

2003 年美国发动的伊拉克战争使美国在中东的势力和影响在一个时期内达到了顶峰。美国的中东战略一直是与其全球战略密切相关的，并且构成全球战略的重要组织部分。历史上美国中东战略追求的一个目标是防止任何一个大国，尤其是一个反美的国家或国家联盟控制中东。不过，在"9·11"事件之前，中东只是美国关注的战略重点之一，其地位排在欧洲、东亚之后。"9·11"事件后，美国调整了全球战略，将打击恐怖主义作为第一要务，与此相应，防止大规模杀伤性武器扩散和改造伊斯兰世界也成了在美国全球战略中占据显赫位置的要务。美国战略家们深信，虽然"9·11"事件并未使用大规模杀伤性武器，但是如果恐怖分子掌握了它们并用来袭击美国，所造成的损失会成百倍地增大，因此，要想有效地反恐，必须防止大规模杀伤性武器扩散。美国战略家们还认为，中东伊斯兰国家的宗教极端势力是以反美反西方为主要特征的现代国际恐怖主义的主要源头，要想有效地反恐，还必须对伊斯兰世界进行民主改造，使它们接受西方的价值观和民主制度。可见，防扩散与民主改造伊斯兰世界是反恐的自然延伸，反恐、防扩散、改造伊斯兰世界实际上是三位一体的任务。美国实施反恐战略，并不等于放弃了原有的霸权战略，而是将二者有机结合起来，利用反恐推进霸权战略。所以，可以将"9·11"事件后的美国全球战略称为以反恐为重点的新霸权战略。从推进霸权战略的角度讲，对中东地区的伊斯兰国家进行民主改造，还有利于美国扩展地缘战略利益和实现在全世界推进民主的目标。可见，对中东地区进行民主改造符合美国的多重战略利益，因此是美国当前对外战略的核心任务，当然也是美国新中东战略的核心任务。为了实现"中东民主化战略"，美国选中了以推翻伊拉克萨达姆政权为突破口，不惜承受巨大的政治代价动用武力"倒萨"。

布什政府"倒萨"的决心之所以如此坚决，是因为他们相信"倒萨"的成功会刺激美国加快推进新中东战略，即"中东民主化"战略。美国

---

① 参见本人所著的《伊拉克战争前后的美国中东政策》一章内容，刊载于唐宝才主编的《伊拉克战争后动荡的中东》一书，当代世界出版社 2007 年版。

设想在推翻萨达姆政府并"民主化"改造伊拉克后，继续扩大中东"民主化"的战果。

　　为了保证"倒萨"战略的成功，美国也没有忘记分一定的精力推进与控制中东的另一大顽症——以巴冲突。由于以色列同周边阿拉伯国家，特别是巴勒斯坦之间存在极其深刻而复杂的矛盾，中东和平一直未能实现。尤其是布什政府上台后，其偏袒以色列强硬派的政策促使以巴之间的流血冲突事件层出不穷，中东和平问题成为世界最关注的热点之一，并且是制约美国与阿拉伯国家关系的重要因素。随着改造伊斯兰战略的推进，美国认识到，不解决中东和平问题，改造伊斯兰的任务就难以实现。在酝酿"倒萨"的过程中，布什政府制定了一份中东和平"路线图"，试图在维护以色列安全的基础上实现中东和平，同时迫使巴勒斯坦实现民主化。美国将保护以色列的安全与在中东推进民主、改造伊斯兰世界这双重任务有机地结合起来。

　　"9·11"事件后，美国把铲除中东的原教旨主义的温床、遏制恐怖主义威胁作为自己在中东追求的又一战略目标。与此同时，随着布什政府确立以维护美国"唯一超强大国"地位为核心的国家安全战略实施。中东地区在美国外交战略中的地位进一步上升。因此，石油、以色列和反恐，是中东地区牵动美国神经的三大因素，将直接决定美国今后中东政策的走向。

　　应该指出的是，布什政府的中东政策是其前任克林顿政府"东遏两伊，西促和谈"政策的继续。布什政府创造的"邪恶国家"与克林顿政府发明的"无赖国家"是一脉相承的。在美国心目中，"无赖国家"都实行专制独裁统治，无视国际法和国际秩序，随时都会威胁周边国家的安全，破坏地区局势的稳定。特别是它们都在谋求掌握拥有大规模杀伤性武器，因此对美国人的生命和财产安全带来了严重的现实威胁。"9·11"事件后，布什继承了克林顿政府的"无赖国家"概念，并且对之进行了更为明确的界定，除了克林顿时期规定的几条标准外，还着重加上了"在全球范围内资助恐怖主义"和"拒不接受基本的人权价值观念，憎恨美国及其所代表的一切东西"这两条。在美国名单上的"无赖国家"除朝鲜和古巴外，都是中东地区的伊斯兰国家，包括伊拉克、伊朗、叙利亚、利比亚和苏丹等。2002年年初，布什在国情咨文中将伊拉克、伊朗和朝鲜称作"邪恶轴心"，它们将成为美国为防止恐怖分子获得大规模杀伤性武器所要打击的目标。"邪恶轴心"在本质上与"无赖国家"没有明显差别，布什"特殊关照"这三国，主要是基于它们掌握大规模杀伤性武器的能力强于其他"无赖国家"。在 2002 年的国家安全战略报告中，美国又恢复使用"无赖国家"概念。从美国的改造伊斯兰世界战略和解决朝鲜核危机的表现来看，美国要先解决中东地区的"无赖国家"，其中地处波斯湾地区的伊拉克和伊朗，以及支持巴勒斯坦激进组织的叙利亚就很自然地成为美国主要目标。在两伊和叙利亚三个目标中，伊拉克成为美国首先动手的目标。

综上所述可知，美国决定要推翻萨达姆政权，最主要的原因是：美国希望通过推翻萨达姆政府，控制伊拉克石油，通过对伊拉克进行"民主重建"，进而全面"改造"中东。

但伊拉克战争结束后几年来，越来越多的情况已经证明，美国的情报部门并没有"误导"政府，美国直到开战之前都没有找到足以使美国五角大楼确信的萨达姆政府在继续研制和储藏大规模杀伤性武器的确凿情报。2003 年 10 月 3 日，前联合国监测、核查和视察委员会（监核会）主席布利克斯在伦敦表示，美国未能在伊拉克找到大规模杀伤性武器的证据，以证明美国有正当理由对伊拉克发动战争。2004 年 3 月 7 日，美国中央情报局局长特内在参议院情报委员会作证时特意提到，他曾"若干次"提醒美国副总统切尼，在美国准备正式公布的有关萨达姆大规模杀伤性武器的情报报告中"存在问题"。至今，有关布什政府在伊情报问题上到底是"误判"、还是"故意夸大"的特别委员会调查还没有出来。但美国前驻伊首席武器核查官戴维·凯在 2004 年 1 月就曾明确提出，萨达姆没有大规模杀伤性武器，"我们所有的人可能从一开始就错了"[①]。布什政府发动伊拉克战争是为了伊大规模杀伤性武器的出兵理由显然是自欺欺人。

至于美国"倒萨"的另一个理由——"反恐"显然难以成立。从战争开始到现在，美英联军并没有发现萨达姆与"基地"组织有联系的任何证据，美国也没有找到"9·11"事件背后存在着萨达姆因素。具有讽刺意义的是，伊拉克战争后，伊拉克反而成为恐怖主义的天堂，包括

① 见朱锋文《美国为什么要发动这场战争——伊战一周年回顾》。http：//hi. baidu. com/080908/blog/item/dfd9be118c77907eca80c4eb. html.

"基地组织"在内各种各样的恐怖主义和暴力势力都在伊拉克肆虐。因此，我们可以说，伊拉克战争后国际社会与恐怖主义之间的斗争更加尖锐化了。

总之，为了确保美国的国际霸主地位，美国的鹰派选择了战争。这种美国式的霸权利益追求，也让美国政府内外的许多人走到了一起，认同武力解决伊拉克问题、控制伊拉克石油的战略目的。例如著名的鹰派人物、国防部长拉姆斯菲尔德早在 20 世纪 90 年代初就是"军事技术革命"的倡导者，他一上台就竭力推动以"军事技术革命"为宗旨对美国军事力量进行变革，建立 21 世纪不受挑战的美国军事实力。发动像伊拉克战争这样一场五角大楼认为战争代价和烈度可以控制的有限规模战争，不仅可以检验美军作战能力，更可以争取更多的美国国内政治与舆论的赞同，增加国防拨款，采购新装备，建立军事力量新的发展方向，为美军全面走向 21 世纪注一支"强心剂"。

二 伊拉克战争后的美国中东政策的变化

2003 年 5 月 1 日，就在美国总统布什宣布伊拉克主要战事结束后不久，美国国务卿鲍威尔前往中东，先后对以色列、巴勒斯坦、埃及、约旦和沙特等国家进行访问，重点是出台"大中东民主化计划"，推动落实中东和平"路线图"计划，与中东有关国家讨论战后伊拉克重建以及对伊朗的政策等。

（一）出台"大中东民主化计划"

2003 年 5 月 9 日，布什政府在美国南卡罗来纳大学毕业典礼上发表讲话时说，随着伊拉克萨达姆政权的倒台，一个"历史性的机遇"已经降临。美国将抓住这一机遇，帮助中东地区"实现经济繁荣和永久和平"。

美国的"大中东民主化计划"是要按照自身模式，对 22 个阿拉伯国家以及伊朗、阿富汗等进行全方位立体改造。政治上，美国将扶持这些国家的改革派领导人推进政治改革，将从技术和资金上支持其推行自由选举，帮助建立独立的选举机构和独立社团，加大舆论自由和监督力度，提高民众参政议政意识，扩大妇女权利，同时采取措施增强对民众司法协助。经济上，联合西方大国共同创立"大中东金融公司"、"大中东发展银行"，向该地区国家注入发展资金并引导其金融政策，为私营企业主尤其是女性提供 5 亿美元贷款。推动大国与该地区经贸往来与合作，帮助和引导地区国家营造金融、经济和贸易自由化环境，最终使之纳入西方资本主义经济体系。社会文化上，引导地区国家进行伊斯兰教温和化、世俗化改革，淡化伊斯兰教原教旨理念和信仰，大力弘扬西方的自由、民主和人权理念，加大投入，提高公众尤其是妇女的教育水平和知识修养，争取2008年前培养10万名女教师，2010年前扫除一半文盲，还包括把西方名著译成阿拉伯文，扩展网络教育等。

中东的大部分国家从维护政权稳固、自身国情和宗教传统出发，明确反对和抵制美计划。埃及、沙特、叙利亚、黎巴嫩、约旦均已明确表示，阿拉伯国家并不拒绝改革和进步，但改革必须由其自己主导，阿拉伯国家反对未经与其磋商而强加的外来改革计划。作为阿拉伯世界领头羊的埃及极力抵制该计划。埃及总统穆巴拉克多次旗帜鲜明地表示反对，绝大部分阿国领导人支持其表态。2004年3月初召开的阿盟外长理事会和阿拉伯各国议会联盟大会也都反对该计划，阿拉伯国家在原则问题上的分歧也是导致3月底阿拉伯国家首脑会议推迟召开的重要原因。4月以后，阿拉伯国家继续对该计划持争论和抵制态度，许多阿拉伯媒体也予以批驳。

由于阿拉伯国家冷待美国的"大中东民主计划"，布什政府的"大中东民主计划"很快就遇到了麻烦。美国与阿拉伯世界的关系很快陷入紧张状态。阿拉伯国家联盟公开申明不承认美国在伊拉克扶持的傀儡政权。无论是从伊拉克的重建需要，还是维护美国在中东战略利益出发，美国都特别需要调整其中东政策，重点是缓和与阿拉伯世界的矛盾。国防部长拉姆斯菲尔德在当年7月前往中东访问时宣布，美国将从沙特阿拉伯撤出所有驻军，同时将美军在海湾地区的指挥中心从沙特迁往卡塔尔。这是美国调整与中东各国关系的一个重要迹象。美国中东政策能否成功，从某种意义上来说还是取决于美国与广大阿拉伯国家的关系。

可以说，大中东计划出台的背景，既与美国的反恐战略有关，也与伊拉克战争后美国要在中东达到的战略目标相关。大中东计划是美国"改造"中东的长远战略蓝图。但这一战略目标在阿拉伯国家引起了不同的反响。阿拉伯国家普遍认为，美国是想借大中东计划之名，在中东推行美国的价值和文化，从而全面主宰中东。与以巴以及伊朗核问题有所不同，大中东计划着眼于未来，很难设想能在布什的第二个任期内全面实现。

（二）推动解决阿以冲突问题

众所周知，美国长期偏袒以色列是导致阿拉伯世界反美情绪不断高涨的重要原因，布什政府应下力气解决巴以冲突。但美国新保守势力将巴以冲突的责任推到巴勒斯坦领导人阿拉法特和萨达姆政权身上，因此要求巴勒斯坦更换领导层。巴勒斯坦内部迫于美国的压力进行了一系列变革，特别是 2003 年 4 月 29 日组成了以阿巴斯为总理的新自治政府，满足了美国公布中东和平"路线图"计划的条件。布什在该计划公布后表示，美国将竭尽全力抓住这次"机遇"。

美国在伊拉克战争结束后不久就重新关注巴以争端的主要原因在于：首先，巴以冲突是中东地区几十年动乱的祸根，是中东错综复杂的矛盾的交汇点，美国要想维护其在中东的利益，特别是消除在中东的恐怖主义温床，无法回避这个难点。其次，巴勒斯坦问题牵动着阿拉伯世界和阿拉伯民族的情绪和感情，美国要想改善与阿拉伯国家的关系、平息阿拉伯世界对美的仇视心理和不满情绪，解决巴以争端才是最有效的手段。再次，萨达姆政权过去一直支持巴勒斯坦激进势力与美国和以色列抗争，萨达姆政权垮台使美国在推行其中东计划方面又清除了一大障碍。

事实上，中东和平"路线图"计划，并非是美国单方面的计划，它是联合国、美国、俄罗斯和欧盟中东问题四方会议经过多次磋商后共同提出的解决巴以争端的方案，因此，这项计划是有充分国际保证的。国际社会普遍对"路线图"计划寄予厚望，认为"路线图"计划将为结束巴以冲突，实现中东和平提供机遇。美国国务卿鲍威尔在此次访问中明确要求以色列缓和对巴勒斯坦人的军事行动并改善巴勒斯坦人的生活状况，他还承诺向巴民族权力机构提供 5000 万美元的援助。

但是，美国主导的"路线图"计划落实关键还是取决于以色列和巴勒斯坦双方的战略意图能否调和。由于以色列方面的阻拦，"路线图"计划的出台经历了长达一年的艰难过程。在"路线图"计划草本征求意见时，以色列曾提出 100 多处修改要求。据美方称，"路线图"计划并没有根据以色列的要求进行任何修改。沙龙右翼政府一半左右的成员曾公开表示坚决反对接受"路线图"计划。沙龙本人虽然表示同意巴勒斯坦建国，但他的要价是以色列只归还约旦河西岸 42% 的土地和加沙地带 80% 的土地，巴难民必须放弃回归权，而且巴勒斯坦的边界必须由以色列控制等。

巴勒斯坦新政府一开始对"路线图"计划表示出极大的热情，但面临来自内部的巨大挑战。巴激进组织在公开反对接受"路线图"计划的同时宣称，"在政治解决前，谁也不能解除抵抗运动的武装"。而美国刻意将阿拉法特排除在和平进程之外，更增加了问题的复杂性，也难以得到阿拉伯国家的积极配合。此外，"路线图"计划的本身也具有难以弥补的缺陷，特别是它刻意回避了耶路撒冷主权、难民回归等极为敏感的历史性难题。"路线图"计划正在对中东局势和巴以关系产生重大影响，特别是为恢复中断了两年多的巴以和谈提供了契机。但是，巴以争端的最终解决仍然是一个十分艰难的历程。

（三）力促建立中东自由贸易区

美国总统布什2003年5月9日在南卡罗来纳大学发表演讲时称，美国计划在2013年建立美国—中东自由贸易区，以给饱受恐怖主义和全球化困扰的中东地区带来社会稳定和经济繁荣；布什还说国务卿鲍威尔和贸易代表佐立克很快将在约旦与中东地区领导人讨论经济自由化问题。布什政府的官员指出，签署于克林顿政府时期、由布什政府批准执行的美国—约旦自由贸易协定非常成功，2002年约旦对美国出口增长了80%，达到4.12亿美元，该协议自2000年以来给约旦带来4万个工作机会；但布什政府的官员也承认，由23个国家组成的中东地区的贸易壁垒比世界上任何一个地区都多，许多国家实行高度管制的经济政策，建立这一横跨大西洋并涉及北非和亚洲国家的自由贸易区面临许多障碍。美国总统布什宣布将建立美国—中东自由贸易区后，多数阿拉伯国家并没有对此做出积极的反响。迄今为止，只有埃及和摩洛哥政府对此公开表示谨慎欢迎，多数阿拉伯国家则保持沉默。

大部分中东国家对美国宣布这样一个政策的真实动机表示疑虑，沙特阿拉伯的《阿拉伯新闻》于2003年5月11日发表社论指出，自由贸易将把美国企业引入中东，使中东各国的经济暴露于激烈的竞争之下，白宫的最终目的不外乎争取美国在中东的经济利益。黎巴嫩的《今日阿拉伯报道》在当年5月11日的一篇分析文章中，更是尖锐地指出："美国总统布什在入侵伊拉克，从而绘制自己在中东的政治地图之后，又企图在这个地区添加一个经济地图，这是在军事霸权的基础上，谋求经济霸权的一种行为。"

2003年6月24日，美国在约旦召开的世界经济论坛会议上提出了2013年之前建立美国与中东自由贸易区的"路线图"，并称这将为确保中东地区和平以及开发当地资源提供帮助。但世界银行和美国的一些经济专家却对布什这项计划的可行性表示怀疑。他们指出，从地缘政治角度分析，中东国家可能宁愿选择欧洲而非美国建立自由贸易协定，何况中东地区是全世界最封闭的经济圈，造成经济落后的贸易壁垒和政府对经济的高度控制都很难改变，试图将其纳入全球主流经济的努力可能是徒劳的。

三　布什任期内美国中东政策的基本特点

布什第二任期美国的对外政策基本上沿袭了第一任时期的特点，但表现更为强硬。2004 年 11 月，布什连任获胜后，被认为奉行"温和"外交政策的国务卿鲍威尔马上宣布辞职。美国媒体认为，在布什第一任四年的国务卿生涯里，鲍威尔执行比较温和的外交政策路线，被人们普遍认为是"鸽派"，因而与作为布什政府政策核心的副总统切尼、国家安全事务助理赖斯和国防部长拉姆斯菲尔德等"鹰派"人物时有冲突，鲍威尔在一些关键的外交政策方面与布什意见非常相左，而且在一些主要的决策问题上总是被排除在外。但舆论认为，在"9·11"恐怖袭击之后，鲍威尔的温和外交政策路线在建立一个国际反恐联盟的过程中功不可没。由于持强硬态度的赖斯出任国务卿，国际舆论普遍认为，鲍威尔辞职，美国可能进一步推进单边主义。鲍威尔国务卿在美国政府内，属于重视国际合作的稳健派。他同副总统切尼及国防部长拉姆斯菲尔德等强硬派不断发生对立。中东成为检验美国外交强硬政策最好的试验区。在伊拉克战争问题上，结果是强硬派占了上风，但在伊朗问题、巴勒斯坦和平问题等方面，美国之所以能同各国保持合作姿态，据认为是鲍威尔对单边主义发挥了某种"牵制"作用。

（一）中东继续成为对外战略重点

美国在中东地区的目标，一是打击当地的激进意识形态；二是保护美国在这一地区主要盟友的安全；三是保证海湾地区的石油以可接受的价格源源流向国际市场，四是防止大规模毁灭性武器的扩散。冷战后的一段时间里，美国希望实现这个地区在美国控制下的稳定，因此当时不太关注民主改革的问题。但"基于对恐怖活动的认识，美国提出大中东民主变革计划，希望通过改变当地政府和社会来加强美国的安全。美国在阿富汗和伊拉克的军事打击在一定程度上虽取得成功，但包括一些铁杆盟友在内的中东国家，防范美国的政策意愿都在加强"。"9·11"事件加剧了美国与伊斯兰世界之间矛盾的表面化和扩大化，南北矛盾和文明的冲突凸显，伊斯兰国家中普遍产生一种危机感。在巴以问题上，布什政府投入的力度在加大。但鉴于双方的妥协难度都很大，短期内巴以冲突不会很快解决。另外美国在中东立足于长远，促进当地的民主化改造和市场经济进程，业已取得一定收获。

（二）继续推行强硬的外交路线

"9·11"事件之后，美国在全球进行反恐战争的同时，借反恐的名义，趁势加快了全球地缘战略扩张的步伐，以确保美国的绝对安全和绝对优势。一方面，反恐成为布什政府的头等大事。另一方面，布什政府有意识地利用世界人民对美国的同情来占据道德优势制高点，借机推进美国的全球战略。"先发制人"原则被布什政府提高到国家安全战略的层次，而且不顾国际社会的普遍反对，在伊拉克战争问题上付诸实践。美国的全球战略重心从欧洲向亚太地区特别是西太平洋地区转移的趋向渐趋明朗。在目前的国际形势下，恐怖主义日益猖獗，美国的安全环境没有得到根本好转，因此，可以肯定，在布什的第二任期内甚至更长一段时期，反恐和确保国家安全将一直是美国全球战略的首要目标。伊拉克作为美国整个中东战略乃至全球战略的重要组成部分，美国不希望看到伊拉克战争后的局势脱离美国的战略轨道，布什刚刚获得连任，美军就发动了对费卢杰的所谓"庆典之战"，显示了美国在伊拉克问题上的决心。

布什政府起用持强硬态度的赖斯担任国务卿一职，突出显示其将展示强硬的对外政策，在中东问题上尤其如此。鲍威尔强调与欧洲联手解决伊朗核问题，并认为对以色列总理沙龙应施加更大的压力。随着鲍威尔的离任，布什在外交政策上将很难听到不同的声音。因此，有分析人士预计，美国对伊朗和朝鲜的政策可能发生急剧的转变，将会更坚决地推进制裁，而不是采取外交途径。在中东问题上，和平进程的重担也将大部分落在巴勒斯坦人的肩上。美国舆论认为，鲍威尔的离去宣布了布什政府内部"鹰派"势力的胜利，美国的外交政策将走上一条更加强硬、更为保守的道路，而美国的中东政策将首当其冲。

四　布什当政时期美国中东政策存在的问题及其原因

（一）伊拉克重建与国内和平困难重重

美国虽然在短期内推翻了萨达姆政权，伊拉克战争结束以来，伊拉克局势总的走向令人失望。

2005 年 12 月 15 日，伊拉克举行了世人瞩目的议会选举。依据新宪法举行的议会选举，标志着伊拉克战后政治重建进程的结束。大选后，伊拉克组建了一个新议会，产生了一个为期 4 年、享有完全主权、有权决定美军去留的正式政府。然而目前看来，尽管大选进行的较为顺利，但选举并没有解决伊拉克的安全问题，目前有种种迹象表明，伊拉克局势发展的前景令人担忧。

虽然伊拉克已经举行了大选，并且组成了以什叶派人士为总理的政府，但局势仍然动荡不安。美国有识之士认为："布什推翻萨达姆政府并不是解放这个国家，而是释放了伊拉克可能爆发内战的能量。伊拉克的情况和东欧是不同的，1989 年的东欧已经形成了拥护民主的多数人群。但伊拉克人并没有一种对民主的渴望。现在的战争是逊尼派和极端分子针对美国和伊拉克临时政府的战争，是占领和反占领的战争。美国应该把这场战争导向这样的方向——民主选举的政府与叛乱分子以及原教旨主义者之间的战争。如果民选政府产生，抵抗分子和民选政府作战，就不会产生和占领军作战那样的合法性。"[①]

安全问题始终是伊拉克战后政治和经济重建进程中面临的最大障碍。尽管美英联军和新组建的伊拉克安全部队反复在伊拉克各地进行清剿，但反美武装力量的活动不但没有减弱的迹象，2005 年后反而呈现上升态势。伊拉克反美武装力量不断变换手法袭击美军，结果导致美军伤亡人数持续上升。截至 2006 年年底，美军死亡人数已近 3000 人，超过了"9·11"事件中死亡人数的总和。伊拉克情报官员认为，在伊拉克境内"专业"和"业余"的反美武装人数多达 20 多万人，这还不包括反美武装的同情者。据有关报道，65% 以上的伊拉克民众支持对美进行武装袭击。面对如此众多的"恐怖分子"，美国国防部长拉姆斯菲尔德也不得不承认，不论是美军，还是多国部队都无法歼灭伊拉克反美武装力量，伊拉克严峻的安全形势将持续 8 年、10 年，甚至 12 年。[②]

2006 年年底和 2007 年年初，在美国的幕后操纵和默许下，伊拉克马利基政府处死了前总统萨达姆及其几名追随者。但此后伊拉克国内的暴力事件仍然层出不穷，显示伊拉克今后的局势并不乐观。伊拉克战争结束以

---

① New York Times, 2005 年 1 月 11 日。

② http://www.idcpc.org.cn/globalview/zjlt/40.htm.

来，伊境内局势至今未能稳定，教派冲突愈演愈烈，使美国的人员损失不断上升。据统计，美军在伊丧生人数到 2007 年已超过 4000 人，大大超过"9·11"事件中美国死难者人数。在这种形势下，美国选民对伊战以及布什政府的伊拉克政策日益反感。据美国有线电视新闻网的调查表明，53％的人认为伊战与反恐无关；皮尤研究中心的民调显示，68％的人认为伊战是导致美国国际声誉下降的最主要原因；美联社的调查结果是，60％的人认为伊战增加而不是减少了美国遭受恐怖袭击的风险；美国佐格比国际民意调查所的调查显示，53％的人认为伊拉克并不值得美国付出这么多的生命。①

面对国内舆论越来越多的质疑和反战呼声，美国不得不反思和修改自身政策。2006 年 12 月，备受瞩目的《伊拉克问题研究报告》出台。伊拉克研究报告中最令人注目的，莫过于敦促美国同伊朗和叙利亚接触、在伊拉克进行"大赦"、将伊拉克问题与巴以问题同步处理等建议。美国一旦按此行事，就意味着它将试图开始从单边主义转向依赖中东本地区力量的相互制衡、自己有限介入的政策回归。

2006 年 11 月，美国共和党因伊拉克局势等原因在中期选举中失利后，美国总统布什于 11 月 8 日宣布，国防部长拉姆斯菲尔德辞职，曾任中央情报局局长的罗伯特·盖茨接任国防部长。美国总统布什于 2007 年 1 月 23 日晚发表国情咨文，呼吁国会给他的伊拉克增兵计划一个机会，并说美国支持下的伊拉克政府目前危如累卵。布什说，在伊拉克取胜的最好机会就是遵照他的计划增派 2.15 万名美军，帮助巴格达重建秩序。布什还明确表示，即使国会议员反对，他也不会放弃自己的主张。2007 年 1 月 24 日，美国参议院对外关系委员会以 12 票赞成、9 票反对的表决结果，通过了一项由两党议员联合发起的决议案，反对美国总统布什不久前宣布的向伊拉克增兵的计划，并指出增兵不符合美国的国家利益。这份没有约束力的决议案呼吁布什政府尽快向伊拉克政府移交维护国家安定、停止教派冲突的责任，并与中东地区其他国家加强合作，共同为伊拉克制定一个得到国际社会支持的和平方案。美国国内许多有识之士指出，"布什现在向伊拉克增兵已经太晚了"②。

---

① http：//www.jfdaily.com/gb/jfxww/xinwen.
② 哈佛大学教授约瑟夫文，见香港《南华早报》2007 年 1 月 17 日。

　　布什总统于 2007 年 2 月 5 日在向国会提交 2008 年财政年度预算报告时提出总额为 7165 亿美元的军费申请,其中 2351 亿美元将用于支持今明两年美国在伊拉克和阿富汗的军事行动。去年 9 月美国国会已批准拨款 700 亿美元用于支持本财政年度美军在伊、阿的军事行动,如果国会批准布什上述军费申请计划,本财政年度美国用于伊、阿的战争费用将高达 1634 亿美元,成为伊、阿战争费用最高的一年。①

　　2007 年 4 月,由民主党控制的国会通过了一项该年美国在伊拉克和阿富汗的军事行动增拨经费的法案,但同时要求布什在当年 10 月前开始从伊拉克撤军。参、众两院 5 月 24 日相继通过这一法案后,布什总统第二天便予以签署,表明战争拨款对于布什政府处理伊拉克问题是多么紧迫。根据这项法案,国会将在 2007 年 9 月底结束的本财政年度为美国在伊拉克和阿富汗的军事行动提供约 950 亿美元的经费。这笔款项可以把美国在伊拉克和阿富汗的军事行动维持到 9 月底。至此,美国自 2001 年以来为这两场战争花费了至少 5650 亿美元。此间分析人士认为,布什如愿以偿地拿到了战争拨款,看来是国会民主党人士向布什政府作出了重大妥协。但是美国政坛就伊拉克问题所进行的较量远未结束。

　　(二)美国在调解以巴冲问题上的陷于困境

　　2004 年 11 月,美国总统布什在竞选连任获胜后不久就表示,在他下一个任期内,一个独立巴勒斯坦国有望在未来 4 年内诞生。布什这一表态,是向全世界表明,美国仍然重视巴以问题,决心继续推动中东和平进程。众所周知,"9·11"事件后,美国的对外战略发生重大调整,突出表现在大力提升反恐国际战略,防止大规模杀伤性武器扩散,阻止敌对国家开发和拥有大规模杀伤性武器。在重大国际问题上,反恐和防扩散处于优先地位。在这一战略指导下,美国在中东地区接连发动阿富汗和伊拉克两场战争,而中东的核心问题——持续多年的巴以冲突和阿以矛盾相对被美国所冷遇。因此,近几年来,以巴暴力冲突时起时伏。以色列凭借美国这个铁杆盟友的支持,放肆打击巴武装力量,"定点"清除哈马斯领导人亚辛及继承人兰提斯,并长期软禁阿拉法特于官邸,造成阿拉法特身心憔悴,突然去世,应该说美国难逃责任。为了平息巴勒斯坦和阿拉伯人的不满,美国总统布什在他连任后不久就择机表态支持巴勒斯坦建国,可谓用心良苦。

---

　　① http://news.xinhuanet.com/world/2007-02/06/content_5701167.htm.

可以说，布什第一任时期在以巴问题上缺少建树。美国联合俄罗斯、欧盟、联合国一起出台的"路线图"计划并没有使以巴双方走向谈判桌。众所周知，美国是以巴和谈的主要调解者，但一直袒以抑巴。在美国的庇护下，以色列抛弃了阿拉法特。沙龙政府中止了与巴勒斯坦自治政府的谈判，使以巴冲突陷于以暴易暴的恶性循环。以色列在以巴冲突中占据主动权，但以巴和谈下一步如何走，以色列仍看美国的眼色行事。由美国倡导的以巴和谈"路线图"一再受阻，使美国脸面无光。此前，美国虽然默许以色列推出"单边行动计划"，但不愿承认"路线图"已经失效。"路线图"是得到国际广泛认可的和平计划。任何一方都不愿承担"路线图"受挫的责任。但问题是，"路线图"规定的时间早已过半，完成原先预订的巴建国等目标难度很大。美国虽然是以色列的铁杆盟友，但在事关以色列的安全等问题上，美国也深知不能越俎代庖。美国过去领教过过度卷入以巴会谈的教训。因此，美国目前并没有出台新的中东和平计划的打算。目前阶段美国主要希望以巴双方尽快"磨合"对方，在残存的"路线图"轨道上行进。在没有美国压力的情况下，在和谈问题上占据主动性的以色列，宁可小步慢走，以免急中生乱。

美国国务卿赖斯 2007 年 1 月进行了引人注目的中东之行。此行除了与有关国家讨论伊拉克和伊朗问题之外，引人注目的是再次提出了巴勒斯坦建国问题，引起了各方的猜测和关注。赖斯此时抛出巴勒斯坦建国论颇有玄机。不久前，布什总统宣布调整伊拉克政策。为了取得中东国家的支持，赖斯随即前往游说。美国并非不知巴勒斯坦建国是个棘手的难题，但赖斯出人意料地把它与伊拉克问题甚至伊朗核问题相"捆绑"，显现美国的中东政策正处于无序和无奈当中。美国在发动伊拉克战争前，为了谋求有关国家的配合，曾许诺战后着手解决以巴冲突问题，不曾想到深陷伊拉克泥潭无暇他顾。萨达姆及其亲信被处死，本应是美国脱身伊拉克的契机。但布什总统不退反进，宣布继续增兵伊拉克，使得中东国家对美国的伊拉克政策颇有微词。赖斯此次中东之行重点应是向伊拉克周边国家解释美国的增兵理由，但她却特地增加巴勒斯坦之行，向一度被美国冷落的阿巴斯许诺美国将再次关注巴勒斯坦问题。赖斯此举无非是向外界表明：美国并没有忘记巴勒斯坦问题，但是，美国希望埃及、沙特、约旦等中东温和派势力，可以在调解以巴冲突等方面起到作用。

2007 年 11 月 27 日，在美国东海岸的小城安纳波利斯，由美国总统布什亲自导演的中东问题国际会议在全球期待中揭开了帷幕，这是布什总统任期内试图在巴以和谈问题上取得突破的又一次重大努力。来自40多个国家、地区和国际组织的高官出席会议，这是1991年马德里中东和会后16年来举办的最大规模和最高级别的中东和会。更重要的是，安纳波利斯会议重新启动了已中断7年之久的中东和平进程。根据此前巴以达成的联合声明，双方承诺要在会后立即启动谈判，并在2008年年底前达成一个广泛的和平协议，最终实现巴勒斯坦建国。这似乎可以让布什在离任前终于有了一个值得开心的中东"遗产"。此外，阿拉伯国家集体亮相也是会议的一个亮点。这不仅显示了对布什的支持，也更体现了阿拉伯国家对巴以谈判以及阿以两大民族实现和解的意愿和决心。鉴于2000年戴维营和谈失败一个很重要的原因就是缺少阿拉伯国家的支持，因此，这次阿拉伯国家的集体亮相具有特别的意义。值得一提的是，与美关系不和的叙利亚在最初拒绝后，最后一刻又决定派副外长参会，表明叙利亚这个与伊朗关系密切的阿拉伯国家不愿在国际调解中东和平进程中被看作为另类。

但是，美国在调解以巴冲突问题上有一个顽疾难以改变，那就是亲以抑巴，这在很大的程度上削弱了美国调解的成效。在相当长的时期内，美国把以色列看作为美国在中东的一个"战略资产"，自20世纪60年代以来，美国历届总统都承诺对以色列的生存与安全承担责任。美国虽然也重视发展与阿拉伯国家的关系，但总的来说是重以轻阿。其原因当然是多方面的，但与美国国内犹太院外活动集团势力远远大于阿拉伯院外活动集团势力有很大的关系，这种力量对比在短期内很难改变。

美国对以色列的政策在很大程度上受国内犹太院外活动集团的影响。犹太人是美最成功的移民群，在美政治、经济、科技、法律、新闻和文化艺术等领域有着广泛影响。犹太人属于美最富有阶层，全美百万富翁中约20%是犹太人，犹太人掌控着美毛皮业的90%、粮食加工业的60%、电影业的40%和钢铁业的25%。犹太人在金融界的实力首屈一指，在美一直有"犹太人控制华尔街"、"美国人的钱在犹太人的口袋里"等说法。美国联邦储备委员会前任主席艾伦·格林斯潘和现任主席本·伯南克都是犹太人。在美国1750家主要报纸中，犹太人经营的占50%以上。《纽约时报》、《新闻周刊》、《华盛顿邮报》、《华尔街日报》和《大西洋月刊》等世界著名报刊都为犹太人所有。美三大广播公司哥伦比亚广播公司

（CBS）、全国广播公司（NBC）和美国广播公司（ABC）均为犹太人创建。在政界，犹太人也有无数知名人物，并有着强大的犹太游说集团。他们数量众多，其中主要的犹太游说集团——美以公共关系委员会，号称"国会山之王"。它的主要活动就是游说国会议员，被美国《财富》杂志称为华盛顿"外交政策第一大院外活动集团"①。大量的犹太游说集团影响着总统和国会的选举，游说国会，培植国会亲以势力。他们为候选人慷慨解囊，支持亲以候选人当选，是美国选举的主要捐资者，并且在国会中安插亲信，支持犹太人参选国会议员。他们甚至操纵舆论和媒体，影响公众和政府对以色列以及中东的认知，树立以色列在媒体中的正面形象，这使得美国政府处于极为尴尬和难受的境地：如果不支持以色列，对伊拉克核问题采取强硬态度，将遭到来自国内的巨大压力，尤其是在大选时刻，里根总统就总是满足犹太人要求；但如果支持了以色列，以制裁强迫伊拉克接受核查，那就得罪了阿拉伯国家，使之倒向苏联，并使得欧洲盟国心中不满，所以美国的中东政策经常处于两难状态。相对于犹太院外活动集团在美国的活动能量和影响，阿拉伯人的院外活动集团和影响要小得多。因此，美国今后在斡旋阿以冲突时，亲以抑阿的现象仍会存在。

　　总之，伊拉克战争之后的美国中东政策仍然处在不断调整当中。在相当长的时期内，调整的核心是围绕着伊拉克局势。对美国来说，伊拉克局势仍然是今后美国外交的核心问题之一。美国国内围绕伊拉克问题的争论也会在一定的程度上影响着政府的对伊拉克政策。比如，在有关美国从伊拉克撤军问题上，许多军事分析人士都对伊拉克军警是否有能力填补美军撤走后留下的安全空间深表怀疑。美国著名智库兰德公司称，至少需要3—5年才有可能让伊拉克有一支"还算靠得住"的军队。由于中东存在着诸多挑战，美国一些智囊人士建议美国应建立"中东北约"②。该建议认为，为了应付伊斯兰极端分子带来的全球性威胁，美国应"组建一个类似北约（NATO）的联盟，它或许可以叫MATO，即中东反恐组织"，该组织应是西方与其在中东地区的温和派盟友之间组建的一个共同防御联盟，其范围包括军事、治安、情报和安全各个领域。从过去的历史看，美

---

① http：//www.86zw.com/Html/Book/0/223/44004.shtml.

② 美国《时代》周刊，2007年2月5日。

国一些重大的外交理论和实践都发源于中东，如"艾森豪威尔主义"、"穿梭外交"、"先发制人"等，因此，伊拉克战争之后美国的中东政策很可能成为美国全球战略的一个风向标。

应该指出的是，从"9·11"事件开始，美国逐步选择了单边战略，战略重点放在了从西亚、北高加索到中东这样一个小的弧形地区上。布什连任后，这一战略调整的倾向将会继续下去。其内容包括：把伊拉克问题放在美国全球战略重中之重的位置，不会轻易从伊拉克撤军；继续坚持先发制人原则，但在解决伊朗和朝核问题时会更加谨慎；推动大中东计划，推广美国民主价值观。在军控与防扩散方面，从过去的防扩散到现在的反扩散；从过去大国间军控转向防止向小国扩散。总的来说，美国谋求绝对安全的战略目标不会变；继续坚持反恐的战略重点不会变；实施新军事革命、调整全球军事部署的步伐不会变；但会更加注重软硬兼施、单边和多边结合、平衡近期与远期目标。具体在中东地区，美国将继续凭自己的实力和意志"经营"伊拉克，力争把伊拉克打造成在中东地区的民主"样板"。在以巴问题上，布什将对第一任期时适度"超脱"的立场适当加以调整，加大调解力度。在伊朗问题上，美国将始终把军事威胁作为迫使伊朗就范的手段。

美国中东政策可能出现的调整是国际形势发生深刻变化的必然反映。今后几年国际总体力量对比不会发生根本变化，美国同其他大国的关系相对会比较稳定。今后美国处理大国关系的一个重要变化，是要向地区性和洲际性方向发展，不再排斥其他国家建立地区联盟，但是美国必须参与。美欧关系曾因伊拉克战争裂痕有所扩大，但战后法国、德国等从现实出发修正了对美政策，双方的分歧有所缩小。布什连任后，美欧关系既不会更加巩固，也不会濒于瓦解，但显然难以恢复到"9·11"事件以前的状态。相对于政治关系，双方在军事和安全领域的合作会更加松散。在中东问题上，欧洲将继续处于配角和从属的地位，但欧洲会试图发挥更大的作用。在美俄关系方面，双方会继续加强合作，但存在的矛盾不会消失，尤其在涉及切身利益的问题上都不会轻易妥协。在伊拉克和以巴冲突问题上，俄罗斯已无法与美国竞争，但在伊朗问题上，美国将不会像在伊拉克问题上那样置俄罗斯的立场于不顾。基于地缘政治因素，在伊朗问题上，美国不会忽视俄罗斯的作用。

第四节　奥巴马当政后的美国中东政策

一　奥巴马就任后美巴与美阿关系有所改善

2009 年 1 月，民主党人奥巴马就任美国新总统。美国新总统奥巴马就任后，打给国外领导人的第一个电话是巴勒斯坦民族权力机构领导人阿巴斯，这出乎许多人的意料之外。尽管奥巴马这么做的理由肯定被认为与巴以在加沙的冲突有关，但如果进一步考虑到奥巴马就任前对当时延续 20 多天的巴以新的冲突一言不发，以及挑选曾积极推动中东和平的前总统克林顿的夫人希拉里担任国务卿之举，或许暗含奥巴马的外交将会选择中东作为突破口，以显示奥巴马外交的与众不同。2009 年 5 月 5 日，美国副总统约瑟夫·拜登和参议院外交关系委员会主席约翰·克里也呼吁阿拉伯国家结束对以色列的孤立，同时呼吁以色列政府支持在约旦河西岸和加沙地带建立独立的巴勒斯坦国。拜登当天在美国亲以院外集团"美国以色列公共关系委员会"年度政策会议上发表讲话时表示，中东和平进程离不开阿拉伯国家的参与，奥巴马政府希望阿拉伯国家在加大对巴勒斯坦民族权力机构物质援助和资金支持的同时，改善同以色列的关系，向以色列方面显示阿拉伯国家于 2002 年做出结束孤立以色列的承诺是"真实和诚恳"的。拜登表示，美国将继续向以色列提供满足其防卫需求的必要援助，但是以色列政府需要支持"两国方案"，停止在约旦河西岸继续建设犹太人定居点，拆除现有非法定居点，给予巴勒斯坦人行动自由。

从奥巴马总统对巴勒斯坦的态度和副总统拜登对美国犹太院外集团的讲话中，似乎可以看出美国政府中东政策变化的苗头，那就是更关注和迎合巴勒斯坦方面的处境，照顾阿拉伯国家在阿以问题上的立场，同时希望美国犹太人理解新总统的中东政策倾向。

事实上，中东在奥巴马外交时间表上的优先地位已经初露端倪。2009 年 1 月 21 日，奥巴马就任的第二天，美国《纽约时报》发表了专栏文章《中东：奥巴马的艰难选择》。文章指出，奥巴马外交的当务之急是处理战火中的巴勒斯坦局势，而奥巴马迫切需要做出的选择是：是继续执行孤立哈马斯的政策，还是支持像埃及等其他国家主张的那样建立（包含哈马斯）在内的巴勒斯坦联合政府。22 日，奥巴马宣布任命前参议员乔治·米切尔为中东特使。米切尔的母亲是黎巴嫩人，曾经参与调停北爱和平事务，被认为是擅长调解危机的专家。他在任命后发表讲话，强调奥巴马政府重视巴勒斯坦与以色列实现和平的重要性，呼吁人们为实现巴以和平做出最大的努力。米切尔随后马不停蹄地访问了埃及、以色列、巴勒斯坦等国家和地区。据称，米切尔在同中东地区几位领导人及几个欧洲国家领导人会晤后将撰写相关报告，并向奥巴马和国务卿希拉里·克林顿汇报，从而形成美国今后一个时期中东政策的梗概。1 月 27 日，在入主白宫后第一次正式接受电视媒体采访时，奥巴马表示将在任期内致力于修复美国同伊斯兰世界的关系，并称美国不与伊斯兰世界为敌。

　　奥巴马希望在中东问题上率先取得突破出于以下考虑：首先，中东是前任总统布什的"外交短板"。布什的第二任在外交上可以说是被中东拖下了水。无论是伊拉克战争还是伊朗的核问题，布什的政策都被认为是失败的。还在竞选时期，奥巴马就宣称，如果他当选，就坚定推动从伊拉克撤军。在伊朗核问题上，奥巴马主张通过与伊朗接触解决伊朗的核问题。在如愿当选总统后，奥巴马选择在布什外交失败了的中东地区率先出击，如果能取得积极进展，最能有力回击旁人指责他在外交上是"弱手"。其次，巴以冲突的紧迫性迫使奥巴马在这个棘手的问题上有所作为。在奥巴马当选胜利至就任的两个月时间里，巴以在加沙的冲突愈演愈烈，外界希望奥巴马这位候任总统表明立场，但奥巴马坚持不在其位不谋其政。就任后，奥巴马立刻在不同场合表明自己在中东有关问题上的立场。特别是在巴以冲突问题上，奥巴马将会在布什政府的"不作为"和偏袒以色列的政策取向上做出"纠正"，以博得阿拉伯世界的好感。再次，奥巴马在竞选期间以及在就职演说中多次强调美国打击基地组织和国际恐怖主义的决心，而中东仍然是打击恐怖主义的重心。奥巴马就职后在关闭关塔那摩基地问题上的强硬立场引起了国内许多不同看法，人们希望看到奥巴马在对待哈马斯这样的激进伊斯兰组织问题上的态度。因此，中东许多急迫和敏感问题是奥巴马外交回避不了的。

　　当然，奥巴马并非不知中东问题的错综复杂。就拿巴以冲突问题来说。克林顿时期积极的"介入"态度最终仍然使巴以和谈功亏一篑。巴以冲突与阿以全面和平并非美国单方面的积极斡旋就能解决得了的。美国的中东政策以及美国与以色列的关系还要受到美国国内犹太势力的掣肘，美国和以色列的特殊关系也不会轻易改变。从土耳其和以色列在达沃斯世界经济论坛上的外交风波看，阿以矛盾随时会触动中东社会的神经。美国与伊斯兰国家关系的改善以及奥巴马的中东外交能否取得突破仍然值得观察。

　　为了改善美国在中东的形象，奥巴马正在打造有别于"布什主义"的新中东政策。上任伊始，他便派其中东特使米切尔赶赴中东聆听各方意见。2009 年 3 月，国务卿希拉里出访中东，宣示推动巴以和平的决心，承诺向巴方提供 9 亿美元的经援，表示美国将积极推动巴勒斯坦建国。访问期间，希拉里会见了巴民族权力机构主席阿巴斯。希拉里着意渲染双方的共同点并罕见地批评了以色列在与阿巴斯会见后举行的新闻发布会上的讲话，希拉里继续强调中东和平"路线图"计划和"两国"方案，还高调重申了美国政府对于阿巴斯以及巴民族权力机构所领导的巴过渡政府的支持，称后者是巴"唯一合法政府"。她说，实现"两国"方案的唯一途径就是和谈。以色列拆除东耶路撒冷巴勒斯坦人住宅的计划违反了中东和平"路线图"计划所确立的相关义务；而对巴内部另一主流政治派别巴勒斯坦伊斯兰抵抗运动（哈马斯），希拉里则在此次中东之行中称其为"恐怖组织"。这显示出美国新政府在对待巴内部两派争斗问题上依旧采取"打一派"、"压一派"的策略。希拉里此行正值巴内部和解取得一定进展、巴各派别准备建立新联合政府以结束分裂状态之时。巴勒斯坦政治分析人士哈雷斯表示，巴和解进程取得一定成果，但背后的主要原因是国际社会对加沙重建所承诺的 50 亿美元巨额援助，以及哈马斯方面不想失去参与分配援助的机会。美国方面对哈马斯的政策不变，则意味着哈马斯必须接受国际社会对其提出的放弃使用暴力、承认以色列、承认此前的巴以和平协议的要求，而哈马斯近期已经重申立场不会改变。因此，巴内部和解能否最终实现以及能否组成一个得到国际社会承认的联合政府仍然是一个巨大悬念。在美以关系上，鉴于两国在巴以和谈、伊朗核问题上的"貌合神离"，分析人士认为，如果利库德集团能够成功组阁上台可能难以与奥巴马政府保持一致步调，美以关系可能出现龃龉。因此，尽管希拉里此次中东之行力图体现出新意，但奥巴马政府要想推动中东和平进程也并非易事。

二　美国赞同"两国方案"

　　美国新总统奥巴马上台后，在巴以问题上比较明显地表现出了赞同"两国论"基调，在国际社会引起关注。

众所周知，美国是巴以冲突的主要调节者。无论是过去的马德里中东和会还是四方会谈机制提出的中东和平"路线图"计划，美国都是积极的参与者。奥巴马总统的前任布什总统以及更早的克林顿总统都曾试图在巴以和谈问题上取得突破，但最终无法打破巴以和谈僵局。究其原因，除了巴以矛盾错综复杂和巴以双方内部势力不和的牵制外，美国调解的一个先天缺陷是过于偏袒以色列，而这又是由美国在中东的战略利益和美国国内犹太势力强大的本质特征决定的。因此，美国无论哪一届总统上台，在中东问题上免不了信誓旦旦，发誓要推进中东和平进程，但最后都成为任期内无法完成的遗憾。

奥巴马就任后，美国外交智囊人士积极为奥巴马的外交指点迷津。美国外交关系委员会（the Council on Foreign Relation）主席理查德·哈斯（Richard N. Haass）在美国《外交》杂志发文指出："在以色列和巴勒斯坦问题上，迫切需要（美国政府）去做出努力，推动可行的两国方案。"①

奥巴马总统和国务卿希拉里·克林顿在短短几个月时间内多次就美国支持"两国论"吹风。2009 年 3 月 3 日，希拉里·克林顿在就任国务卿后首次出访以色列举行的新闻发布会上说，美国政府将积极推动建立一个巴勒斯坦国，旨在实现巴以和平的两国方案是"不可避免"的。奥巴马总统在 2009 年 3 月 24 日就巴以局势发表讲话时说，巴勒斯坦和以色列之间的现状不可持续，实现巴勒斯坦建国并与以色列和平共处至关重要。2009 年 4 月 21 日，奥巴马在接待来访的以色列总理内塔尼亚胡时告诫后者接受巴勒斯坦建国目标。

为了向巴以双方和国际社会进一步阐述美国支持"两国论"的解决方案，2009 年 6 月 14 日，奥巴马总统特意安排了就任后首次出访埃及并在开罗大学发表演讲。奥巴马讲道，"许多穆斯林都认识到以色列不会消失。同样，许多以色列人也认识到需要有一个巴勒斯坦国的存在"。奥巴马还希望："阿拉伯国家必须认识到'阿拉伯和平倡议'是一个重要的开端，而不是结束它们的责任；阿拉伯和以色列间的冲突不应该再成为阿拉伯人民关注的焦点；相反，它必定会引发一场行动帮助巴勒斯坦人民建立

---

① Richard N. Haass and Martin Indyk: Beyond Iraq, A New U. S. Strategy for the Middle East. Foreign Affairs, January/February 2009, P. 42.

起维护他们国家的体制，这个行动也将使以色列得到合法承认。"①

奥巴马总统就任之初就如此高调宣扬"两国论"具有以下背景：

首先，阿拉伯国家通过积极推动"阿拉伯和平倡议"，在解决巴以问题上已经达成了"两国论"的共识，美国不得不重视阿拉伯国家的立场。"阿拉伯和平倡议"最初提出是在 2002 年 3 月召开的第 14 次阿盟贝鲁特首脑会议上。会上沙特提出一项旨在最终结束阿以争端的中东和平新建议。经过磋商，会议一致通过了以沙特新建议为基础的"阿拉伯和平倡议"，并将其确定为与以色列谈判解决阿以争端的基本原则。倡议要求以色列遵守联合国有关决议，全面撤出 1967 年以来占领的所有阿拉伯领土，接受建立以东耶路撒冷为首都的、拥有主权的、独立的巴勒斯坦国，并根据联合国第 194 号决议公正解决巴勒斯坦难民问题。在此基础上，阿拉伯国家将同以色列签署和平协议，并在实现全面和平的前提下逐步与以色列建立正常关系。这一倡议通过后得到国际社会的积极支持，但遭到以色列当时执政的沙龙政府的拒绝，致使该倡议一直未能实施。2005 年 3 月底，在阿尔及利亚举行的第 17 次阿盟首脑会议上，阿拉伯领导人一致同意重新启动"阿拉伯和平倡议"。此后，阿拉伯国家多次重申支持这项和平倡议。尽管以色列曾表示会认真对待"阿拉伯和平倡议"，但对倡议中的有关难民和边界问题提出修改意见。对此，巴勒斯坦方面和包括埃及、叙利亚、约旦等在内的许多阿拉伯国家则明确表示，以色列这一要求是"不可接受的"。

其次，反映了奥巴马本人的政治创新才能和外交处事风格。作为美国首个非洲裔当选总统，奥巴马清新的政治风格和演讲天才赢得了国内各族群的广泛接受。他在重大内政和外交问题上摒弃了模棱两可的模糊政治语言，如他在竞选总统期间就明确提出如当选就限期从伊拉克撤军，关闭关塔那摩囚犯监狱。在中东问题上，他不仅明确提出美军撤出伊拉克的时间表，而且明确主张与伊朗接触，通过对话解决伊朗核问题。在巴以和平问题上，虽然他不会不知道建立巴勒斯坦国的艰难，但他在看清了不建立巴勒斯坦国就难以从根本上实现和平的方向后，就依然冒着得罪以色列强硬领导人的风险，把"两国论"直接向巴以双方和中东其他国家传达。

再次，奥巴马宣扬"两国论"实际上也是借此表达美国希望与阿拉

---

① http://www.douban.com/group/topic/6868995/.

伯国家改善关系。"9·11"事件后，美国和阿拉伯国家的关系因恐怖主义问题而滋生新的摩擦。美国借口反对恐怖主义和消除大规模杀伤性武器发动了阿富汗和伊拉克战争，继而在中东推行以民主改革为核心的"大中东计划"。虽然在巴以冲突问题上，美国主导提出了"路线图"计划，但巴以双方并不配合，阿拉伯国家也不积极参与。奥巴马总统不像其前任几届总统那样动不动就提出"美国特色"的中东和平方案，而是力挺由沙特提出的"阿拉伯和平倡议"，为"两国论"背书，显示美国支持阿拉伯国家在地区和平问题上发挥更大的作用。美国这样做，既可以借此改善美阿关系，又显示美国尊重阿拉伯国家，的确为明智之举。

值得注意的是，围绕巴以"两国"方案，美国和以色列出现了分歧。美国国务卿希拉里·克林顿2009年3月3日在耶路撒冷出席联合记者招待会上表示，美国政府将积极推动建立一个巴勒斯坦国，旨在实现巴以和平的两国方案是"不可避免"的。她表示美国政府将努力推动和谈，积极推动建立一个巴勒斯坦国。然而，2009年3月31日，以利库德集团主席内塔尼亚胡为首的以色列新一届政府宣誓就职。在当年2月举行的以色列议会大选中，利库德集团虽然得票数少于利夫尼领衔的前进党，但由于前进党及其联盟无法在议会中形成多数，在经过协商后，以色列总统佩雷斯指定内塔尼亚胡组阁。最终利库德集团与本届议会选举第三大党——极右翼党派"以色列是我们的家园党"和第四大党——工党达成联合组阁协议。新政府中，内塔尼亚胡任总理，同时兼任财政和战略事务部长。工党主席巴拉克任国防部长，"以色列是我们的家园"主席利伯曼出任外交部长。

内塔尼亚胡是以色列政坛上著名的右翼强硬派人物，曾经在1996—1998年出任过以色列总理。当时内塔尼亚胡是在拉宾遭暗杀后以色列国内和平势力受挫的背景下上台的。他担任总理的两年，巴以和平进程总体陷于停滞。内塔尼亚胡的重新崛起，标志着以色列国内政治中右翼势力增强，使国际社会积极推动的"两国论"前景蒙上了一层阴影。

内塔尼亚胡在以前的公开谈话中，从未表示过赞成巴勒斯坦建立独立国家。2009年4月16日，内塔尼亚胡在会见美国中东问题特使米切尔时表示，以方不急于与巴勒斯坦进行和谈。内塔尼亚胡要求巴勒斯坦必须在今后的谈判中承认以色列的犹太国家地位，但到目前为止巴勒斯坦方面一直拒绝这一要求。新当选的以色列外长利伯曼更是一个极右翼代表人物。

他在 2009 年 4 月 21 日的一次讲话中甚至说，"阿拉伯和平倡议"是"毁灭以色列的处方"。

2009 年 6 月 14 日，内塔尼亚胡在以色列巴尔依兰大学"贝京—萨达特研究中心"就新政府的对外政策发表演讲。他呼吁巴勒斯坦人承认以色列的生存权。他说："如果巴方保证满足以色列提出的非军事化等条件，并且承认以色列是犹太民族的国家，我们将准备达成真正的和平协议，以找到一个解决办法，建立一个与犹太国家并存的非军事化的巴勒斯坦国。"但内塔尼亚胡拒绝冻结约旦河西岸的所有犹太人定居点的建设，他主张应该允许现有的定居点随其人口"自然"增长。此外，内塔尼亚胡在难民问题上继续强调了强硬立场，他认为，如果数百万巴勒斯坦难民涌入，以色列将被"摧毁"。

从以色列的官方表态看，在美国已明确表态支持"两国论"的情况下，内塔尼亚胡虽然没有公开提出反对巴勒斯坦建国，但他为巴勒斯坦建国提出了苛刻的条件。在现代国际政治条件下，领土、军队和必要的武装以及安全控制权是主权国家的基本特征。而按照内塔尼亚胡的条件，巴勒斯坦国不仅没有统一的领土，而且不能拥有军队和安全控制权，流亡国外的巴勒斯坦难民也没有回归权，实际上还是否认一个拥有主权的巴勒斯坦国家与以色列并存。不出所料，巴勒斯坦方面很快对内塔尼亚胡讲话进行了反驳和谴责。巴立法委员穆斯塔法·巴尔古提博士从三大核心问题对内塔尼亚胡就巴勒斯坦建国所提出的要求进行了逐一反驳。他说："在定居点问题上，内塔尼亚胡没有按照美国总统奥巴马、国际社会的共同要求和国际法的有关规定，承诺冻结定居点建设活动；在巴勒斯坦建国问题上，他谈的是建立一个'非军事化的'国家，一个没有完全主权的国家，没有能力掌控自己的边境、领空、进出口、自然资源，他谈的不是巴勒斯坦国，而是以色列的属地。"

三　伊朗核僵局考验奥巴马政府

奥巴马政府在伊朗核问题上透露出的信息的确有别于"布什主义"。首先，奥巴马主动释放善意、愿同伊朗"直接对话"，就是不小的变化。对于美国伸出的"橄榄枝"，伊朗方面也有所回应。总统艾哈迈迪·内贾德说，伊朗已准备好与美国对话。"对话"如果真能落实，自然会有利于伊核问题的解决。因为伊核问题的实质，就是美伊关系问题。不过，奥巴马虽然更多强调通过外交手段解决伊核问题，但在谈判的先决条件和不排除"任何选择"等关键问题上，与"布什主义"似乎并无多大差别。而伊朗多次强调，奥巴马政府必须作出"战略调整"，否则一切免谈。伊朗最近仍在重申，伊朗不会放弃铀浓缩。因此，在这些问题上奥巴马能否更加灵活务实，是双方进行"直接对话"的关键，也是能否打破伊核僵局的不确定因素的重点在伊核问题上美以的政策重点也有所不同。希拉里表示，美国致力于维护以色列的安全，将采取一切措施防止伊朗拥有核武器，但美国有意与伊朗展开对话，说服伊朗放弃核计划。以方近期降低了反对美国与伊朗进行对话的调门，对美国通过对话说服伊朗放弃核计划给予一定程度的支持。但包括内塔尼亚胡在内的以方领导人强调，美国应为其就伊朗核问题进行的外交努力设定最后期限，如果这些努力不能奏效，以方不排除对伊朗核设施实施军事打击的可能性。

以色列袭击伊朗核设施的可能性完全不能排除，其理由并不难理解。首先，伊朗是当今世界唯一宣称要"将以色列从地球上抹去"的国家，这种恐吓使这个有亡国劫难的犹太国国民倍感芒刺在身。其次，伊朗正在不断宣布核技术获得"突破"。一旦伊朗迈入核武门槛，以色列将首当其冲。基于这种判断，以色列必欲置伊朗的核设施于死地而后快，除此之外，以色列没有更好的选择。

然而，问题的逻辑起点是，伊朗究竟是否要，或者正在发展核武器？当然，伊朗多次公开宣布不会发展核武器。但以色列和西方国家怀疑伊朗在刻意隐瞒事实。值得注意的是，美国官方在这个问题上表态趋于谨慎。2007 年美国国家情报评估结果的结论是：伊朗早在 2003 年就停止了研发核武器项目。2010 年的美国国家情报评估报告再次确认了这一结论。美国国家情报总监克拉珀和中央情报局局长彼得雷乌斯2010 年 1 月 31 日在参议院听证会上也表示，目前没有证据表明伊朗已决定制造核武器。然而总部设在维也纳的国际原子能机构 2010 年 2 月24 日发表伊朗核问题最新报告称，伊朗自 2009 年 11 月以来加快进行铀浓缩活动，该机构继续对伊朗的核计划可能存在"军事"目的表示严重关切。2010 年 2 月下旬，美国参谋长联席会议主席登普西将军认为，由于还不确定伊朗是否把其核能力用于制造核子弹，因此要对伊朗展开军事攻击还为时尚早。但美国反对或阻止伊朗拥有核武器的立场没有动摇过。美国总统奥巴马 2010 年 3 月 2 日重申，伊朗拥有核武器是"不可接受的"。他强调，美国有可能对伊朗核设施进行军事打击的警告"不是虚张声势"。

四　美国从伊拉克和阿富汗撤军，中东战略收缩

2010 年 5 月 27 日，奥巴马上台 16 个月后，首次发布了美国"国家安全战略报告"。这份报告有 52 页，其中一个重要变化是改变布什时期的单边主义做法，强调与外界合作对话。媒体分析称，尽管阿富汗和伊拉克战争还在继续，但该报告使奥巴马强调多边外交重于军事力量的想法正式化。

奥巴马在报告序言中说："长远国家安全并非借在他人心中建立恐惧，而是通过与对方对话获得。"方案提出利用外交、经济革新、发展援助、军事力量以及教育，达到提升美国影响力的目的。与布什政府的"先发制人"战略相比，奥巴马强调未来处理国际事务时将以多边外交优先，并与国际组织合作，军事将是外交努力无效情况下的最后手段。根据这份报告，奥巴马放弃了布什政府"反恐战争"的说法。在报告中，奥巴马呼吁将美国的合作对象从传统盟友扩展到中国、印度等正在崛起的新兴大国。该报告说，美国将和中国在共同关切的问题上进行合作。不过报告指出，将确保美国在地区和全球的利益及盟友不会受到负面影响。此外，报告对朝鲜和伊朗对美国带来的威胁提出了警告，但还是表示进行接触。报告还坚持反对恐怖主义，但强调这并非针对个别手段或信仰的战争，而是针对"基地"恐怖组织及其党羽的作战。

美国从伊拉克和阿富汗撤军持续了一个较长的过程。从 2008 年年初美国与以色列谈判从伊拉克撤军，到 2011 年年底完成从伊拉克撤出全部军队，经历了近 4 年的时间。而美国从阿富汗撤军过程更漫长，从伊拉克撤军后，一度又向阿富汗增兵。一直到 2009 年 12 月，奥巴马还宣布向阿富汗增兵 3 万人，随后又追加增兵 3000 人。2011 年 5 月，美国击毙本·拉登后，加快了从阿富汗撤军过程。2011 年 6 月，奥巴马发表白宫电视讲话，宣布美国将在 2011 年年底之前从阿富汗撤离 1 万名美军士兵，2012 年夏季结束前总共撤离 3.3 万人，在 2014 年年底前将阿富汗安全职责完全移交给阿安全部队。

第十章　美国在伊朗核问题上的立场和政策

第一节　美国和伊朗的关系：从盟友到死敌

美国与伊朗的关系发展跌宕起伏。第二次世界大战期间，美国逐渐认识到伊朗在与苏联合作及对付希特勒法西斯战线上的重要地位。在第二次世界结束后的一段时间内，当伊朗与英苏发生冲突时，美国大都小心谨慎地站在伊朗一边，或者至少不是很明显的与伊朗作对，这使得伊朗人对美国的好感与日俱增。1953 年伊朗政变的成功和随后伊朗石油国有化危机以有利于美国的方式获得解决，标志着美国在伊朗优势地位的最终确立与美伊依附关系的最终形成。在美国的帮助下重新执掌大权的巴列维国王选择了亲美外交路线，他寄希望于在美国的帮助下获得国家的主权独立和领土完整。在冷战的氛围中，美国也看到了伊朗在遏制苏联方面的重要作用。1979 年伊朗伊斯兰革命前，美国与伊朗巴列维王朝关系密切，伊朗成为中东最亲美的国家之一。

1979 年发生的伊朗伊斯兰革命是中东地区发生的一件惊天动地的大事。巴列维王朝执政的伊朗，与美国的关系非常亲密，是美国在中东的桥头堡。伊朗本是一个拥有众多虔诚信徒的伊斯兰国家，可是 20 世纪 60 年代以后，巴列维国王在伊朗进行大胆激进的西方式社会改革，引起了伊斯兰势力的强烈不满。从 1977 年开始，伊朗各地出现反政府运动，1978 年下半年反政府运动达到高潮。1979 年 1 月，巴列维国王被迫出国，因反对国王而流亡国外的伊斯兰精神领袖霍梅尼返回伊朗。1979 年 4 月霍梅尼宣布成立伊朗伊斯兰共和国，宪法规定伊斯兰教义为立国准则，建立起一个政教合一的伊斯兰国家。1979 年伊朗爆发伊斯兰革命后，美国和伊朗关系迅速恶化。由于发生伊朗扣押美驻伊使馆人员引发的人质事件，1980 年 4 月 7 日，美伊断交。断交后，美对伊实施遏制和孤立政策，伊朗视美国为敌人。两国关系从此处于严重敌对状态。两伊战争期间，美国支持伊拉克。1988 年 8 月两伊战争停火后，美曾表示愿同伊官方权威人士接触以缓和关系，但遭到伊朗的拒绝。克林顿担任美国总统后，美国仍以伊朗"支持国际恐怖活动"为由，对伊采取政治孤立、经济制裁和军事施压的政策。

伊朗伊斯兰革命大大改变了中东，尤其是海湾地区的战略格局。在巴列维国王时代，伊朗是美国在中东的最可靠盟国之一，伊朗也是以色列的友好国家，在阿以战争中站在以色列一方。而伊朗革命后，伊朗成为最强硬的反美国家之一，美国在中东的战略实力受到相当影响。同时伊朗也与以色列断绝了外交关系，成为以色列的敌对国家。伊朗新政权使美、以感到不安，但也使不少阿拉伯国家感到不安，因为伊朗要输出革命，这使中东许多王制国家不免产生危机感。1981 年 5 月海湾六国成立"海湾阿拉伯合作委员会"，简称"海合会"。海合会成立的初衷是共同防卫伊朗的威胁。在 1980—1988 年的两伊战争中，海合会国家站在伊拉克一边，并且得到美国的支持。

持续八年的两伊战争对改变海湾地区国际关系起了重要的催化作用。除了叙利亚和利比亚支持伊朗外，多数阿拉伯王制国家害怕伊朗的革命输出，希望伊拉克成为伊斯兰革命的防波堤，所以支持萨达姆统治下的伊拉克，向伊拉克提供经济援助。美国因为与伊朗交恶，也支持萨达姆，向伊拉克提供军事援助。伊拉克在两伊战争中有较多的国际支持。1988 年 8 月，两伊战争在较有利于伊拉克的情况下停战。此后伊拉克以"伊斯兰革命防波堤"的名义，接受欧美国家的援助，逐渐成为中东新兴的军事大国，并为两年后的海湾危机和海湾战争埋下了伏笔。

海湾战争结束后，美国在海湾地区的政策重心是遏制伊拉克的崛起，与伊朗的关系也基本处于僵持状态。1998 年伊朗具有改革思想的哈塔米上台执政，美国一度认为改善两国关系的最佳时机已经来临。[①] 2000 年 4 月，伊朗议长卡鲁比参加联合国各国议长大会期间，会见了美国一些官员和议员。美国布什政府上台初期，也一度对伊朗政策进行研究和检讨。但"9·11"事件后，美对伊朗政策日趋强硬。美不仅称伊是"邪恶轴心国"之一，还将伊列为支持恐怖活动"最积极"的国家，继续对伊实行制裁。2003 年年初，伊朗核问题凸显，美国多次指责伊朗秘密研制核武器，并向伊朗施压，以期遏制伊朗的核技术开发。2005 年 6 月，艾哈迈迪·内贾德当选伊朗总统之后，伊朗在核问题立场上的态度以及采取的一系列措施引起美国的严重不安。在美国的推动下，联合国安理会先后通过多个对伊实施制裁的决议。另外，伊拉克战争后，美国称伊朗允许武装人员经伊

---

① 刘强：《伊朗国际战略地位论》，世界知识出版社 2007 年版，第 232 页。

朗进入伊拉克同美国领导的驻伊联军作战，但伊朗对此予以否认。随着伊拉克国内安全局势不断恶化和驻伊美军决定撤离伊拉克，布什政府意识到，要解决伊拉克安全问题，需要包括伊朗在内的伊拉克邻国的参与。因此，在 2008 年年初以来，美国在对伊朗核问题采取强硬立场的同时，加大了与伊朗的接触力度。伊朗则一方面表示愿意与美国合作，另一方面也强调其和平利用核能的权利。在相当长的时间内，美国对伊朗核问题上的态度，集中反映了两国关系的现状和对抗本质。

第二节　伊朗核问题和美国对伊朗的政策选择

一　伊朗核问题的由来

伊朗的核计划始于 20 世纪 50 年代。当时巴列维王朝与美国及西方国家关系密切，核技术大部分从这些国家引进。美、西德等先后为伊建造核反应堆。1958 年，伊朗加入国际原子能机构（IAEA），1970 年 2 月 2 日加入《不扩散核武器条约》（NPT），1974 年 5 月 14 日，伊朗与国际原子能机构签订 NPT 全面保障监督协定并生效。此后，由于伊朗爆发伊斯兰革命及两伊战争，伊朗的核计划一直处于暂停状态。

1995 年，伊与俄罗斯签订协议建造布什尔核电站。2002 年 12 月，伊与俄签署和平利用核能议定书，俄政府决定 10 年内帮伊朗建造 5 个新核电机组。但该计划一开始就遭到美国的反对，担心伊朗获得核技术。

2003 年 2 月 9 日，伊朗前总统哈塔米发表电视讲话时宣布，伊朗已在雅兹德地区发现铀矿并已成功提炼出铀，伊朗将开采铀矿并将建设铀转换和铀浓缩设施，以便建立一个完整的核燃料循环系统。伊朗的核能开发计划遭到美国的"严重质疑"。由于铀是制造核武器的必须材料，根据《不扩散核武器条约》（NPT）铀浓缩技术是国际社会严禁扩散的敏感技术。因此美国认为，伊朗拥有巨大的能源资源，发展核项目的主要目的就是要制造核武器。美国政府一方面继续向俄罗斯施压，劝其停止与伊朗的核电站项目合作，一方面警告伊朗停止与铀浓缩相关的活动，并威胁要将伊朗核问题提交联合国安理会审议，以对伊朗进行制裁。

国际原子能机构（IAEA）也通过多项相关决议，要求伊朗与其合作，签署《不扩散核武器条约》附加议定书，允许国际原子能机构对其进行更为严格的突击检查，终止提炼浓缩铀试验。在国际社会，特别是在代表欧盟的法国、德国、英国积极斡旋下，伊朗为解决核问题采取了一系列积极举措。2003 年 12 月 18 日，伊朗正式签署了《不扩散核武器条约》附加议定书。2004 年 4 月，伊朗宣布暂停浓缩铀离心机的组装。

但是，2004 年 6 月底，伊朗在未能说服国际原子能机构结束对其核设施核查的情况下，宣布在暂停提炼浓缩铀活动的同时，恢复浓缩铀离心机的组装。尽管国际原子能机构理事会 9 月 18 日通过决议，要求伊朗在 11 月 25 日之前暂停与铀浓缩有关的一切活动。但伊朗明确表态不会终止铀浓缩活动。

为了说服伊朗彻底终止铀浓缩活动，德、法、英与伊朗举行了多轮会谈，但没有取得实质性进展。2005 年 1 月 17 日美国总统布什称，如果对伊朗的核查没有取得进展，美国不会排除对伊朗动武的可能。

2005 年 9 月 17 日，伊朗总统艾哈迈迪·内贾德在参加第 60 届联合国大会发言时，重申了坚持和平利用核能的一贯立场，并就解决伊朗核问题提出了一系列建议，其中包括邀请外国公司参加该国的铀浓缩计划，以最大限度确保该计划的透明性。德、法、英三国立即作出反应，对伊朗的立场表示失望，并决定将伊朗核问题提交联合国安理会。伊朗核问题也骤然升温。

从 2006 年 1 月 16 日起，伊核问题六国就伊朗核问题举行了多次会议，由于各方观点存在差异，磋商进行得并不顺利。但在通过外交途径解决伊朗问题上基本取得一致。5 月 24 日，六国代表在伦敦就伊朗核问题举行会谈并取得进展。欧盟方面准备提出一个包括向伊朗提供一座轻水反应堆和安全保证等的一揽子计划，以便促使伊朗中止其核计划。但伊朗方面没有做出积极反应。

2006 年 3 月 29 日，联合国安理会 15 个成员国一致通过主席声明，呼吁伊朗履行国际原子能机构理事会 2006 年 2 月通过的决议，30 天内停止所有与铀浓缩有关的活动。

2006 年 6 月 6 日，欧盟负责外交与安全政策的高级代表索拉纳向伊朗递交了六国关于解决伊朗核问题的新方案。该方案包括旨在要求伊朗暂停铀浓缩活动的一揽子鼓励性和惩罚性措施。西方国家要求伊朗在 7 月 15 日 8 国集团（G8）首脑会议召开前对这一方案做出答复，但伊朗方面称需要更多时间研究该方案。伊朗采取拖延时间的战术最终导致联合国安理会制裁的决议通过。

二　美国推动联合国安理会通过制裁伊朗的决议

伊朗对核问题的态度一直比较明确而坚定。伊朗总统内贾德多次表示，伊朗愿意在公平的基础上与有关各方就本国核问题展开谈判，但不会就其"不可剥夺的权利"讨价还价，伊朗不可能牺牲自己的利益来减轻西方国家的担心。

2006 年 7 月 12 日，六国外长在巴黎举行的外长级会议决定，将伊朗核问题重新提交联合国安理会。7 月 28 日，六国外长向联合国安理会散发了一个有关伊朗核问题的决议草案，要求伊朗于 8 月 31 日前停止一切铀浓缩活动。否则就可能面临国际社会的制裁。决议草案敦促伊朗执行国际原子能机构理事会通过的决议，中止包括研究和开发活动在内的所有与铀浓缩和再加工有关的活动。草案说，如果伊朗不在 8 月 31 日之前执行有关决议，安理会将会考虑根据《联合国宪章》第七章第 41 条的规定，对伊朗采取经济和外交制裁措施。安理会的 15 个成员国代表将把决议草案交由各自国家的政府批准，如果没有国家在 29 日下午之前对草案提出异议，安理会将于 31 日对草案进行表决。

直到 2006 年 8 月 22 日伊朗自己承诺的答复时间，伊朗正式向六国外长提交了一份"认真"和"真诚"但内容被称之为"灰色"的书面答复，同时表示十分愿与六国谈判的愿望。伊朗方面称其答复是"积极和理性的"态度。但是，美国尽管承认伊朗的答复态度是认真的，但依然对这个答复表示不满，并声称伊朗如果不在 8 月 31 日前按联合国要求停止一切浓缩铀活动，就要推动联合国对伊朗进行制裁。

2006 年 12 月 23 日，联合国安理会最终通过了对伊朗实施制裁的 1737 号决议，但仍然给予伊朗 60 天期限停止提炼浓缩铀的工作。2007 年 2 月 22 日，国际原子能机构向安理会提交报告，认定伊朗未在规定的 60 天期限内停止铀浓缩活动，美英等国随即提出包含更严厉制裁内容的伊核问题新决议草案要点。国际社会对事态的发展表示忧虑。美英等国表示，希望寻求对伊朗实施进一步制裁。

伊朗对联合国安理会准备推动新的制裁伊朗的决议反应强烈。内贾德总统于 2007 年 2 月 25 日在宗教领袖会议中说："伊朗已拥有核燃料的生产技术，而伊朗在此道路上前进就如同一列行驶在单一方向铁路上的火车，没有停止、转向或刹车的空间。"但内贾德的这一言论总体上在伊朗本国引来一片批评声。伊朗改革派和保守派都表示，内贾德的言论只会激怒西方，让他们对伊朗实施进一步制裁的计划得逞。

2007 年 3 月 15 日，美国、俄罗斯、中国、英国、法国和德国就联合国安理会有关伊朗核问题新决议草案达成一致。2007 年 3 月 24 日，联合国安理会以一致赞成的表决结果，通过了有关伊朗核问题的新决议草案。新决议加大了对伊朗核和导弹计划相关领域的制裁，同时强调继续寻求通过谈判解决伊核问题。安理会当天通过的第 1747 号决议有 9 个方面的主要内容：（1）重申国际原子能机构的有关决议，确定解决伊朗核问题有助于全球防止核扩散的努力和实现中东无大规模杀伤性武器的目标。（2）强调寻求通过谈判解决伊朗核问题，指出美国、俄罗斯、中国、英国、法国和德国等此前提出的包含激励措施的六国"一揽子方案"依然有效。（3）再次要求伊朗立即执行安理会第 1737 号决议以及国际原子能机构的有关决议，暂停所有铀浓缩相关活动和后处理活动，以及所有与重水相关的项目，由国际原子能机构加以核实，并请国际原子能机构总干事在 60 天内向安理会提交报告，说明伊朗是否遵守了有关决议。（4）呼吁所有国家继续对与伊朗敏感核活动以及弹道导弹研发有关人员出入境保持警惕和克制，并向安理会下属制裁委员会报告，但没有对上述人员实施强制性旅行禁令；（5）继续对与伊朗敏感核活动以及弹道导弹研发有关的人员或实体实施资产冻结，同时新增 28 个制裁对象，其中包括伊朗国有的赛帕银行以及伊朗伊斯兰革命卫队控制的 3 家实体。（6）禁止伊朗对外出口武器，并呼吁所有国家对向伊朗出口重型武器保持警惕和克制。（7）呼吁所有国家和国际金融机构除人道主义和发展用途外，不再承诺向伊朗政府提供赠款、金融援助和优惠贷款。（8）支持并加强国际原子能机构的权威和作用，鼓励伊朗与国际社会和国际原子能机构重新接触，并强调在国际原子能机构框架内解决伊朗核问题。（9）在伊朗暂停所有铀浓缩相关和后处理活动后，安理会将暂停执行各项制裁措施，反之将根据《联合国宪章》第七章第 41 条采取除军事行动以外的进一步措施。

从 2006 年年底到 2007 年 3 月，联合国安理会在三个月左右的时间两次通过制裁伊朗的决议，凸显了当今世界对伊朗核问题的关注。虽然新的决议通过的制裁内容比 1737 号决议的制裁内容要严厉和广泛，但同时强调继续寻求通过谈判解决伊核问题。决议再次提请国际原子能机构在 60 天内就伊朗执行相关决议情况提交报告，重申致力于通过政治和外交谈判解决问题，并确认在伊朗履行相关决议的前提下可以终止有关制裁。另外，在南非、印度尼西亚和卡塔尔等国的坚持下，决议表示支持并加强国际原子能机构的权威和作用，确认解决伊核问题有助于全球防扩散努力和实现中东无大规模杀伤性武器的目标。英国常驻联合国代表帕里代表美国、俄罗斯、中国、英国、法国和德国六国外长就安理会通过该决议宣读了共同声明。声明说，安理会一致通过第 1747 号决议反映了国际社会对伊朗核计划的深度关切，六国对伊朗未能执行安理会和国际原子能机构此前的决议感到痛惜，并敦促伊朗立即全面执行国际社会的要求。声明表示，六国支持国际原子能机构总干事巴拉迪提出的"双暂停"建议，支持六国此前解决伊核问题的"一揽子方案"，承诺寻求谈判方式，在相互尊重的基础上与伊朗达成全面解决方案。安理会 1747 号决议的通过，反映了国际社会在解决伊朗核问题上的立场趋于一致。从决议内容看，军事行动被排除在外，使伊朗核问题避免了短时期内走向极端和失控的可能。有关各方围绕着制裁是否落实将会有一场漫长的、艰苦的辩论阶段。

2007 年 5 月 24 日，在联合国安理会 1747 号决议规定 2 个月的期限到期后，国际原子能机构总干事巴拉迪在最新报告中指出，过去数周里，伊朗非但没有执行安理会决议，反而扩大了有争议的铀浓缩活动的规模。伊朗在纳坦兹核基地建造的铀浓缩离心机数量几乎增加了一倍。而且伊朗政府对国际原子能机构的核查缺乏合作诚意。巴拉迪当天在卢森堡举行的防止核扩散会议中表示，伊朗可能在 3—8 年内制造出核武器。他同时也警告西方，不要以军事行动阻止其他国家拥有核武。报告结论认为，伊朗没有遵守联合国安理会有关决议规定的在 60 天内暂停其铀浓缩活动。但巴拉迪在该报告公布前夕在接受《纽约时报》采访时曾经表示，在伊朗铀浓缩生产取得进展的情况下，国际社会应把重点放在阻止伊朗进行浓缩铀工业化生产方面，而不是指望伊朗全面停止铀浓缩活动。美国等西方国家对巴拉迪的这一讲话表示不满，认为这一讲话削弱了国际社会制止伊朗铀浓缩活动的努力。

三　美国对伊朗核问题的态度及政策选择

众所周知，在很长的时期内，美国和伊朗对峙的焦点是伊朗的核问题。但实际上，核问题只是美国整治伊朗的借口，美伊两国围绕核问题逐渐走向新的对抗，更主要的是因为双方存在战略利益的冲突。

从地缘政治上看，伊朗是美国地缘战略扩张中志在必得的一环。伊朗横亘在中东—南亚—中亚—外高加索之间的"地缘中心"。在美国军事力量相继进入阿富汗、中亚和伊拉克后，伊朗成为美国打通中亚—中东—南亚的最后障碍。伊朗问题的解决可以使美国的影响向北辐射到外高加索和里海地区，与北约东扩呼应，改变在这一地区与俄罗斯的力量均势；往东可以连接南亚，与美亚太战略相呼应。如果伊朗与美国作对，美国不但无法全面、有效地控制中东和中亚的能源资源和能源通道，还可能动摇美国的盟友同美国的合作基础。

从地区战略上看，美国视伊朗为推进大中东战略的主要障碍。

"9·11"事件后，美国将中东作为反恐的主战场，提出了"大中东民主计划"。但美国推翻塔利班及萨达姆政权，反而为伊朗铲除了两个主要地区安全隐患。随着伊拉克什叶派的崛起，中东隐隐地出现了一个伊朗—伊拉克—叙利亚—黎巴嫩的"什叶派新月地带"，为伊朗崛起提供了潜在盟友和广阔的缓冲地带。伊朗正迅速填补因缺乏阿拉伯民族主义和地区核心国家留下的空白，并与叙利亚等结成联盟，直接威胁美国在中东的霸权利益。

此外，伊朗拒不承认以色列国的存在。内贾德总统更是语出惊人地说要将"以色列从地球上抹去"。凡此种种表明，伊朗已成为美国在中东实施霸权图谋的主要障碍。美国在 2006 年《国家安全战略报告》中将伊朗列为对美"构成最大挑战的单一国家"。

从能源安全上看，伊朗的能源地位举足轻重。伊朗已探明的石油储量达到 186.67 亿吨，约占世界总储量的 10.4%，居世界第 2 位；天然气储量为 27.58 万亿立方米，约占世界已探明储量的 16%，仅次于俄罗斯。①目前，伊朗是世界第四大石油生产国，石油输出国组织中的第二大石油出口国，日产原油 420 万桶，出口份额为 14%。此外，伊朗还控制着海湾石油运输通道——霍尔木兹海峡。

在防止核扩散问题上，美国指责伊朗以和平利用核能做幌子秘密发展核武器，并企图通过谈判拖延时间。美担心伊朗一旦拥有核武器将对以色列构成严重威胁，打破中东地区战略平衡与稳定。与此同时，美认为伊朗拥有核武器会产生连锁反应，刺激核军备竞赛。美更担心伊朗的核材料落

---

① 根据《世界石油工业杂志》2007 年第 2 期第 58—59 页有关数据测算。

入恐怖分子手中，带来难以预测的严重后果。

不难看出，美国借伊朗核问题打压和遏制伊朗的战略目标已很清楚。美国对伊朗政策的根本目标是要转变伊朗政权的反美性质，从而为控制整个波斯湾地区拿下决定性的一环。它是美国战略成败的决定性因素之一。在今后相当长的时期内，美伊控制与反控制、制裁与反制裁、颠覆与反颠覆的斗争仍将存在。

四　美国和伊朗在伊朗核问题上形成进一步对峙局面

伊朗核问题的实质是如何看待伊朗的核能计划。关于伊朗核计划的目的，美国一直指责伊朗秘密发展核武器，违反了在《不扩散核武器条约》中承担的义务，并竭力主张将伊朗核问题提交联合国安理会。伊朗则坚持，自己有和平利用核能的权利并与国际原子能机构进行着积极合作，拒绝美国的指责。

伊朗核问题的激化与美国的中东战略演变密不可分。伊拉克战争结束以后，美国出于维持自身世界独霸的地位，竭力想将整个中东和中东的石油资源置于自身的控制之下，自然不会放弃对伊朗的控制，尤其在占领伊拉克之后更是迫不及待。但是，美国要想插手和完全制服伊朗，难度相当大。一是伊朗的实力远非 2003 年的伊拉克可比。目前伊朗武装力量的总兵力约 60 万人，其中包括 35 万人现役部队和 25 万人动员部队。伊朗陆军装备有坦克 2000 辆、装甲车 1200 辆和火炮 2300 门。伊朗空军拥有 300 余架作战飞机。海军装备有各型舰艇 70 艘，其中包括 3 艘"基洛"级潜艇。伊朗的海陆空三军还装备有数百架不同型号的直升机。革命卫队是伊朗武装力量的精锐，人数在 12 万左右。对美军构成严重威胁的还有伊朗的数百枚"飞毛腿"导弹。此外，伊朗研制的"流星 3 型"导弹射程可达 1500 公里，可以打击以色列和驻扎在伊朗周边国家的美军目标。2005 年 9 月，德法英 3 国从欧盟自身利益出发就解决伊朗核问题提出了决议草案，主要内容包括：伊朗应满足原子能机构的所有要求，该机构对伊朗核计划作出全面评估，并由理事会根据这一评估考虑采取进一步措施。最终结果是，美国放弃了决议中应明确包括为伊朗设定最后期限的要求。

2006 年 12 月 23 日，联合国安理会一致通过 1737 号决议，决定对伊朗实行一系列与其核计划和弹道导弹项目有关的禁运、冻结资产和监督相关人员出国旅行等制裁措施。决议要求伊朗立即停止所有与铀浓缩、重水反应堆有关的活动，要求世界各国对进出伊朗的与铀浓缩、重水反应堆和弹道导弹相关的物资、技术和设备实行禁运。决议还要求各国冻结与伊朗核计划和弹道导弹项目有关的人员和公司的资产，防止向伊朗提供相关的技术和资金支持，在有关人员出入境时进行严密监督并向安理会下属的制裁委员会进行报告。

伊朗对联合国安理会通过的决议表示强烈抗议。伊朗总统艾哈迈迪·内贾德随即表示，联合国安理会就伊朗核问题通过的决议不过是"被撕碎的废纸一张"。伊朗的核问题首席谈判代表拉里贾尼当年 12 月 24 日在德黑兰表示，该国将从当天开始在纳坦兹浓缩铀设施中安装 3000 台离心分离机，以此来抗议联合国安理会通过的制裁伊朗决议。此前 10 多天，外电报道称美国海军的"艾森豪威尔"号核动力航空母舰战斗群已经进入海湾，下一支将派往中东的舰队是"约翰·斯滕尼斯"号航空母舰战斗群。至此，美国和西方国家同伊朗在核问题上的对抗进入新的阶段。

美国之所以迟迟没有在伊朗的核问题上采取武力高压政策，主要在于这一问题牵涉到国际原子能机构以及更多国家的切身利益。首先，国际原子能机构还没有发现伊朗发展核武器的证据。伊朗是否有开发核武器的计划，这不应由美国说了算，而是应由国际原子能机构做出结论。一年多来，国际原子能机构已对伊朗的核设施进行了多次核查，一直没有找到相关证据，在没有明确证据的情况下，安理会仅凭伊朗从事铀浓缩活动而认定其核计划违规，理由当然也不够充分。其次，国际社会不愿看到伊朗核问题扩大化。国际原子能机构总干事巴拉迪的报告已经表明，该机构对伊朗核计划的核查工作已经取得积极进展。如果伊朗核问题扩大化，那就意味着迄今国际社会为和平解决伊朗核问题所作的努力前功尽弃。从近几次理事会会议的进展情况看，除美国等极少数国家外，包括欧盟国家在内的理事会多数成员国都支持伊朗继续与国际原子能机构全面合作，希望伊朗切实履行承担的义务，澄清遗留问题，早日批准《不扩散核武器条约》附加议定书，从而使伊朗核问题能够在国际原子能机构的框架内得到解决。

但是，美国国内鹰派势力早就建议布什政府在伊朗核问题尽早确立"最后解决方案"，只是顾及多方国际利益，再加上伊拉克问题的羁绊，布什政府没有最终下定决心。2004 年 11 月大选前夕，包括《纽约时报》、《洛杉矶时报》、《国家评论》和《泰晤士报》等多家媒体报道认为，布什在成功赢得第二次总统大选之后，将很可能采用武力来解决伊朗核问题，也正是出于这一预期，所以在布什赢得大选之后，军事工业的股票和石油期货价格飞涨，布什成功连任，使得他有 4 年时间应对伊朗问题。美国总统布什在他的就职讲话中，谈及对外政策时表达了两个担心：一是大规模杀伤性武器的开发、核扩散以及对恐怖活动的支持；二是不少国家对人权的压制。美国国内不少人认为，布什所指的头号目标是伊朗。而美国副总统切尼同一天在接受新闻媒体采访时也称："环顾全球潜在的麻烦地区，伊朗位于名单之首。"①

特别应该指出的是，美国是否选择用军事手段解决伊朗的核问题，在一定程度上要受美国在中东的盟友以色列的影响。早在 2003 年 7 月，以色列的情报机构摩萨德在一份报告中就认为，伊朗的核计划已进入了十分先进的阶段，已经能够生产浓缩铀，如果国际原子能机构核查人员无法阻止其核武器研发步伐的话，那么伊朗一定会在两年内拥有核武器。去年 8 月，以色列一名少将公然表示："如果伊朗的核武器研发计划不能被阻止的话，那么明年夏季将是一个转折点。一旦闯关成功的话，伊朗两年内将拥有核武器。"2003 年 10 月 11 日，德国著名杂志《明镜》周刊刊出了一篇爆炸性的报道：为了阻止伊朗研发核武器，以色列军方和摩萨德间谍机构已经制订了一系列对伊朗核设施实施"先发制人"打击的绝密行动计划，这些绝密计划目前已经制定完毕，交给了行动的实施方。可见，以色列这个战略盟友将可能在美国解决伊朗核问题上发挥重要作用。

尽管美国多次表示，在阻止伊朗核计划问题上不能完全排除动武的可能，但美国仍然希望首先由联合国安理会通过更为严厉的制裁措施。2007年 5 月 23 日，国际原子能机构总干事巴拉迪在 1747 号决议通过的两个月期限结束后，向联合国安理会提交了伊朗核问题报告，认定伊朗未暂停其有争议的铀浓缩活动。伊朗核问题发展至今，要德黑兰完全弃核的可能性已不大，这点恐怕美欧等国家也已看清。所以，早在第 1747 号决议到期之前，联合国安理会五个常任理事国和德国已经开会讨论了下一步该如何走的问题。巴拉迪报告出台后，美国表示将提出更为严厉的制裁方案。如果安理会最终出台新决议，那么制裁的主要内容很可能向经贸及能源方面延伸。

---

① Washington Post, 2005 年 1 月 21 日。

如果美国和国际社会的各种制裁失效，并且仍然不能阻止伊朗的核计划，那么美国面临着谈还是不谈，打还是不打的艰难选择。一方面，它绝对不能容忍伊朗发展核武器，因为这将直接打破整个中东地区的战略平衡；而另一方面，美国深知与伊朗的谈判不会取得突破，可以说，美国在伊朗核问题上选择余地并不大。2007年5月末，就在联合国1747号决议5月23日到期后几天，伊朗和美国分别举行了军事演习，美军更是罕有地派遣舰队在大白天穿越霍尔木兹海峡，向波斯湾集结。但值得注意的是，5月26日，美国宣布，要与伊朗在5月28日举行大使级正式对话。5月28日，美国与伊朗就伊拉克安全局势问题举行了大使级会晤，这是1980年双方断交以来最为公开的较高级别双边会谈。尽管此次美伊会谈的主要内容是伊拉克问题，但在伊朗核问题上试探对方的态度无疑是双方同意会谈的重要因素。美国和伊朗都很清楚，伊朗不可能轻易放弃核计划。美伊和谈背后的较量进一步升级。5月23日，美军在波斯湾举行自2003年以来最大规模的军事集结，伊朗也在日前进行大规模军演；5月22日，布什刚刚批准中央情报局一项颠覆伊朗政府的秘密行动，伊朗政府旋即在5月26日宣布破获美国等西方国家的间谍案。国际原子能机构预测伊朗制造核武需要3—8年时间，这就预示着美伊博弈将经历一个漫长过程，美国和伊朗在包括核问题上的较量远没有结束。

第十一章　欧盟和中东地区大国在伊朗核问题上的政策

自从伊拉克战争结束后，伊朗核问题的重要性在中东浮出水面。伊朗核问题不仅牵涉到美国、俄罗斯与伊朗的关系发展，而且对全球核不扩散体系及国际安全格局有着重大的潜在影响。欧盟在伊朗核问题的国际谈判中显示了独特的作用。伊朗核问题还将对整个中东长远的稳定与安全格局带来深远的影响。在分析美国、俄罗斯、欧盟在伊朗核问题上的立场的同时，还有必要分析中东地区大国在核问题上的立场和态度，只有这样，才能更全面了解伊朗核问题牵一发而动全身的重要性和复杂性。

第一节　法、英、德等欧盟国家在伊朗核问题上的立场分析

在中东核问题上的国际斡旋中，以法国、英国、德国为代表的欧盟国

家成为国际调解的一支重要力量。尤其是在美国和伊朗不能实行直接谈判的背景下，欧盟的立场显得尤为重要。冷战结束以后，原先局限于西欧一隅的欧共体逐渐发展成为今天世界上一个重要的政治经济实体。随着自身实力的不断增强、内部关系的渐趋整合以及来自原苏联的外部威胁的消失，欧盟在世界上的主体意识日益明显，从美国政策阴影下摆脱出来的意愿也愈来愈强。这不仅表现为伊拉克战争上欧盟的主要成员——法国、德国和美国公开唱对台戏，也反映在今天伊朗核问题的积极斡旋上。这些举动，正是冷战结束后欧盟中东战略的真实表现。

一　后冷战时代的欧盟中东战略

冷战期间，为了对抗苏联的强大威胁，西欧各国在实力相对有限的情况下，被迫求助于美国的核保护伞，尽管其间也曾有过戴高乐的独立外交，但是就总体上而言，西欧各国（也包括欧共体——欧盟的前身）在外交上基本上都是听从于美国的。冷战结束以后，苏联的军事威胁不复存在，东南欧各国大量加入欧盟，欧盟的安全水准和经济实力均得到了提高，欧盟的主体意识开始前所未有地迸发，其中一个很重要的表现便是确定符合自身经济政治利益的全球战略和中东战略。

从地缘上讲，欧洲与中东紧紧相邻，尤其欧洲南部的西班牙、法国、意大利、希腊等国与中东沿地中海的地区更是紧密相连。从经济上讲，欧洲与中东经济相互依存度很高。中东是欧盟战略资源的重要供应地。欧盟约1/3的天然气和1/4的石油依靠从中东进口。欧洲对中东石油的依赖超过美国，并且依赖程度可能继续增长。除能源外，摩洛哥居世界首位的磷酸盐资源，毛里塔尼亚巨大的铁矿资源，以及埃及、叙利亚、土耳其等国的棉花，都对欧洲农业和工业的发展具有重要意义。但是，自第二次世界大战以来，欧洲的中东政策一直处于矛盾状态，一边是欧洲大陆同中东在地理上的邻近、历史上的相互熟悉以及得天独厚的贸易联系，另一边是欧洲同美国在意识形态和战略上所结成的联盟，结果导致在90年代前的多数时间里，西欧尚未在中东扮演危机调解人或和平缔造者等重要角色。

冷战结束后，欧盟与中东的经济联系与人员往来有增无减，1995年，欧盟对中东的出口额达770.5亿美元，占对发展中国家全部出口的18%，进口总额达580亿美元，占从发展中国家全部进口的15%。同期相比，美国对中东的出口为218亿美元，占对发展中国家全部出口的8.8%，进口达 201 亿美元，占从发展中国家全部进口的 6.4%。

正是这种具有战略安全意义的重要政治、经济利益，加上传统历史的文化联系，决定了冷战后的欧洲必须在中东发挥应有的作用。正像法国总统希拉克反复强调的一样，"我们是一个地中海国家。阿拉伯世界就在我们的门户边。它的稳定对我们来说有着至关重要的利害关系……人们必须对我们在阿拉伯世界的重新出现习惯起来，我们有自己的利益，有自己的想法，决心让人们看到我们的身影，听到我们的声音"，"法国和欧洲应当突出自己在维护和深化和平中的作用，不能满足于目前为止所扮演的旁观者的角色；……应当制定出与自己在世界上的经济势力相称的外交政策"。通过长时间的酝酿，2001 年 12 月，在比利时拉肯召开的欧盟首脑会议上，欧盟明确了自身今后的全球战略目标，即"进一步在世界上明确地显示自身的存在，成为国际事务中独立的一极"，"在全球发挥稳定作用，……为众多国家和人民指出前进方向"。从这一全球战略出发，欧盟确立了自身今后一段时间的中东战略，即政治解决中东地区冲突；控制军备，实现地区安全与稳定；利用优越的地理位置，加强欧洲同中东地区的经济合作。

1996 年 5 月 21 日，欧盟派出以意大利外长带队的代表团，两次出访埃及、约旦、黎巴嫩等国，一再重申欧盟支持在联合国第 242 号、338 号和 425 号决议的基础上全面解决阿以争端的立场。1998 年 3 月 16 日，欧盟轮值主席国、英国外交大臣库克率欧盟代表团，先后访问埃及、巴勒斯坦自治区、约旦、以色列、叙利亚和黎巴嫩，提出与美国明显不同的方案。

二 欧盟在伊朗核问题国际谈判中确立自己地位和作用

20 世纪 50 年代后期，伊朗即开始着手自己的核计划，而其核技术主要从当时与其关系密切的美国及西方国家引进。1979 年伊朗伊斯兰革命后，其核能计划陷于停滞状态。1992 年，伊朗与俄罗斯签署《和平利用核能协定》，标志着伊朗核计划进入新的阶段。根据西方情报部门的资料显示，经过几十年的努力，伊朗已在核项目上取得了突破性进展，初步建成了完整的核燃料循环体系。与此同时，伊朗还大力发展自己的导弹系统。1998 年伊朗成功地进行了"谢哈布—3 型"弹道导弹的试验性发射，射程 1300 公里，可达以色列，表明了伊朗自身的武器研制和生产能力，加强了伊朗在海湾乃至中东地区的战略威慑力。

伊朗军事力量的发展、尤其是核问题引起了美国的严重不安。美国一直认为伊朗是世界上最支持恐怖主义的国家，其对阿以和平进程的反对，对地区和国际恐怖主义的支援及其寻求制造核武器的努力使其不仅成为邻国的威胁，而且成为整个地区和世界的威胁。早在 20 世纪 80 年代，美国就十分关注伊朗的核设施，也指责伊朗寻求发展核武器。尤其是 1995 年伊朗同俄罗斯签署了共建布什尔核电站合作协定后，美如坐针毡，担心伊有朝一日发展核武器，多次敦促俄中止与伊的核合作，但无结果。

伊拉克战争结束后，美国不仅强化了自身在中东的军事存在，而且还试图通过输出美国的政治经济制度和扶植当地的亲美势力（即美国所谓的中东"民主化"改造战略），来实现对这一地区的长期控制，进而从战略上制约欧盟、中国、俄罗斯等大国势力的进一步扩展，以维护和延续独霸全球的地位。打击和控制伊朗则是美国这一长期战略目标的重要一环，而伊朗核问题只不过是其挑起争端的堂皇借口而已。

面对美国的如意算盘，作为一个拥有辉煌过去和正在重新崛起的地区势力——欧盟自然不甘心束手就缚。伊拉克战争的结束，在增强美国维护强权自信心的同时，也震撼了欧盟原本脆弱的中东外交战略。震惊之余，欧盟诸国（尤其是法德英三大国之间）在伊朗核问题上加强了协商，其立场也更趋一致，明显表现出与美国不同的政策倾向，即既不希望伊朗拥有核武器，害怕因此导致中东力量的失衡和地区的动荡，影响自身在这一地区的经济利益和政治利益，也不希望美国对伊朗动用武力和控制伊朗，避免美国在中东势力的进一步扩大，以保证自身的能源安全和防务安全。在这样的政策指引下，欧盟改变了过去跟在美国后面的被动姿态，转而开始主动出击，积极斡旋，劝说伊朗放弃发展核武器计划，建议以和平的手段消弭伊朗核问题带来的地区危机，建议通过联合国和欧盟与伊朗的对话来解决问题，公开反对美国使用武力相威胁。

从 2003 年 2 月开始，围绕伊朗核问题的和平解决，欧盟与伊朗进行了长期的谈判。2003 年 10 月 20 日，在国际原子能机构给伊朗订立的最后期限即将到来的关键时刻，英、法、德三国外长史无前例地同时出访德黑兰。2003 年 11 月 26 日，国际原子能机构理事会一致通过了德、法、英三国起草的有关伊朗核问题的决议草案，而这份草案被美国人认为是"欧洲又一次蓄意冒犯美国"。2004 年 11 月 6 日，经过三轮紧张的谈判，欧盟英、法、德三国与伊朗就核问题达成初步协定。2005 年 3 月 3 日，在欧盟的不懈努力下，国际原子能机构理事会就伊朗核问题发表了一份温和的主席结论，该结论除了要求伊朗增加透明度和与国际原子能机构进行更多合作，没有更多的要求，从而避免了伊朗核问题在短时间内的进一步升温。

三　伊朗核问题"6＋1"国际谈判格局形成

2003 年年初，伊朗宣布发现并提炼出能为其核电站提供燃料的铀后，美国对伊朗核能开发计划提出"严重质疑"，并多次警告伊朗停止与铀浓缩相关的活动，甚至威胁将伊朗核问题提交联合国安理会。国际原子能机构也通过多项相关决议，要求伊朗与其合作，签署《不扩散核武器条约》附加议定书，终止铀浓缩活动。在国际社会，特别是在代表欧盟的法国、德国、英国积极斡旋下，伊朗采取了一系列积极举措。2003 年 12 月 18日，伊朗正式签署了《不扩散核武器条约》附加议定书。2004 年 4 月，伊朗宣布暂停浓缩铀离心机的组装。为说服伊朗彻底终止铀浓缩活动，德、法英 3 国还与伊朗举行了多轮会谈，并于 2004 年 11 月初在巴黎初步达成协议。由于双方在关键问题上的分歧，巴黎协议未能得到落实。为了打破伊朗核问题的僵局，去年 12 月，俄罗斯向伊朗递交了两国在俄境内建立铀浓缩联合企业的提议，以确保伊朗的核技术不会用于军事目的。但伊朗表示其铀浓缩活动必须在本国境内进行。2006 年 1 月 3 日，伊朗宣布已恢复中止两年多的核燃料研究工作，并于 10 日在国际原子能机构的监督下揭掉了核燃料研究设施上的封条，正式恢复核燃料研究活动。此举引起国际社会的强烈反应。3 月 28 日，安理会通过要求伊朗在 30 天内中止一切核活动的主席声明。2006 年 6 月 1 日，俄罗斯、美国、中国、英国、法国和德国举行外长级会议，提出一项旨在解决伊朗核问题的新方案，并要求伊朗尽快对这一方案作出答复。这是伊朗核问题形成后首次出现在五个联合国安理会常任理事国的外长之外加上德国共同发表的有关伊朗核问题处理方向的"六方声明"。之后，国家社会把以上六国与伊朗的会谈称之为"6＋1"会谈。但伊朗认为，六国方案虽包含"积极措施"，但也有"模糊不清之处"，有待进一步探讨，并多次表示将在 8 月 22 日前对六国方案做出答复。由于伊朗的消极反应，六国外长 2006 年 7 月 12日在巴黎发表声明，决定将伊朗核问题重新提交联合国安理会。尽管声明隐含制裁的威胁，伊朗依然重申，伊朗尊重国际法和国际准则，但决不放弃获得核技术的权利。7 月 31 日，联合国安理会通过了关于伊朗核问题的第 1696 号决议，要求伊朗在 8 月 31 日之前暂停所有与铀浓缩相关的活动，并呼吁伊朗与国际原子能机构开展合作。但伊朗表示，伊朗的铀浓缩活动只会继续和扩大，不会中止。

在美国与伊朗直接会谈局面无法畅通的情况下，欧盟国家的介入在沟通美伊立场，传递双方信息方面起了不可缺少的作用。对伊朗来说，与欧盟国家打交道，显示要比与美国打交道容易些。2005 年 1 月 19 日，英国外交大臣杰克·斯特劳在接受伦敦《金融时报》采访时表示，在劝服伊朗放弃拥有可用于制造核武器的核技术问题上，欧洲国家的原则是利用外交途径来解决，此外没有其他选择。2005 年 1 月 25 日，德国总理施罗德在德国执政党社民党议会党团举行的新年招待会上说，伊朗核问题绝不允许走到军事干预这一步。

自联合国安理会 2006 年 12 月通过 1696 号决议后，欧盟在有关伊朗核问题的国际谈判中的作用一直引人注目。2008 年 6 月，欧盟负责外交和安全政策的高级代表索拉纳向伊朗递交了美、英、中、俄、法、德六国提出的伊朗核问题复谈方案，建议伊朗暂停铀浓缩活动，以换取西方不再追加新的制裁。六国希望伊朗 8 月 2 日前就复谈方案做出积极答复，但伊朗一直拖延对此方案做出明确答复。一些西方国家认为，如果伊朗不做出积极答复，将推动联合国扩大对伊朗的制裁。在此背景下，2008 年 8 月 11 日，伊朗首席核谈判代表、最高国家安全委员会秘书贾利利与欧盟负责外交和安全政策的高级代表索拉纳通电话，双方同意继续就伊朗核问题进行建设性会谈。2010 年 2 月 12 日，联合国安理会再次通过制裁伊朗 1803 号决议，其中欧盟的立场也起了重要的作用。

在对伊朗进行制裁问题上，欧盟的立场可以说是紧跟美国。2010 年 7 月 26 日，欧盟外长理事会通过一揽子制裁伊朗的新措施。重点针对伊朗石油与天然气领域。这是迄今欧盟采取的最严厉的对伊制裁措施，旨在迫使伊朗重启有关核问题的谈判。26 日当天，伊朗政府正式向国际原子能机构（IAEA）递交信函，表示愿意就核燃料交换问题"无条件"与 IAEA 重启谈判。此前，欧盟根据联合国在 2006—2008 年期间通过的三个决议，已经对伊朗采取了一系列制裁措施，如限制核军工技术贸易、限制与核项目有关人员的签证、冻结一些银行与个人财产等。鉴于伊朗对前三次制裁无动于衷，欧盟决定实行比联合国措施更为严厉的制裁，加大对伊朗的施压力度。欧盟新制裁措施主要集中在能源、贸易、金融与运输领域，禁止与油气有关的一切投资、技术援助与转让、提供设备与服务，尤其是炼油与天然气液化等。尽管伊朗是石油输出国组织的第二大原油出口国，但由于其缺乏足够的炼油能力，40%的汽油仍然依赖进口，这一制裁无疑击向伊朗的"软肋"。从制裁内容来看，与美国和欧盟关系密切的跨国公司在与伊朗开展进出口贸易或进行投资时，将面临更多的制约和困难。欧盟的制裁措施对欧盟国家来说影响较大，但对与美国和欧盟关系并不密切的、亚洲或中东规模相对较小的公司仍将保持在伊朗开展业务的积极性。欧盟作为伊朗最大的贸易往来对象，其商品和技术出口对伊朗而言非常重要，而新制裁措施将对伊朗经济增长产生不利影响。同时，新制裁措施中有关投资禁止与技术限制的内容，也将影响到伊朗的中长期经济发展。

2012 年 10 月 15 日，欧盟官员同意对伊朗的银行业、船运业与工业实施进一步制裁，加大金融施压以促使伊朗配合针对其核计划的严肃协商。欧洲新制裁措施中包括一项全面的金融业制裁禁令，涉及人道主义援助的情况除外，且针对合法贸易另有条款。这项禁令要求欧洲贸易商先获得政府授权，才能为许可产品的交易融资，之前欧盟一般都会批准，除非产品已被确切禁止。欧盟各国外长的这一决定反映出对伊朗核意图的担忧加剧，以色列此前威胁称将对伊朗核设施发动袭击。欧盟外交事务主管阿什顿表示，希望加大施压能促使伊朗让步，协商能很快重启同伊朗的谈判。这些新制裁将是欧盟迄今对伊朗采取的最强硬行动之一，也标志着欧盟政策的一个重大转变。此前欧盟主要是侧重对特定的公司与个人实施经济制裁。在实施全行业的禁令上，欧盟的行动要落后于美国，欧盟称要注意不在惩罚伊朗政府的同时伤害到普通伊朗民众。关于新制裁能否促使伊朗妥协，德国外交部长韦斯特威勒的看法不及阿什顿乐观，他表示，"伊朗还在拖延，没有就核计划进行实质性谈判的强烈意愿"。日益扩大的制裁机制已严重打击伊朗经济，尤其是欧盟 2012 年年初施加的石油禁令，以及美国采取的新金融制裁，已经给伊朗国内造成很大压力。2012 年 10 月，伊朗首都德黑兰爆发骚乱，抗议伊朗货币里亚尔的急剧贬值，里亚尔兑美元在过去 15 个月暴跌约 2/3，通胀率上升到接近 25%。但欧盟的新制裁并没有使伊朗的立场发生大的改变。伊朗外交部 2012 年 10 月 16 日表示，欧盟针对该国的严厉新制裁不会迫使伊朗就伊核项目与世界大国重回谈判桌。

第二节　中东地区大国在伊朗核问题上的立场分析

伊朗是中东地区具有重要影响力的国家。随着伊朗核问题的升级，不仅世界大国对伊朗核问题有可能带来的地缘政治危机深表忧虑，中东地区有关国家也密切关注伊朗核问题的动向。以沙特为代表的海湾阿拉伯国家一方面对伊朗大力发展核能深表担忧，另一方面也担心伊朗核问题引发军事冲突危及自身。近年来，海湾阿拉伯国家与伊朗的关系也获得了新的发展机会。以埃及为代表的阿拉伯国家借口伊朗发展核能加紧恢复和开发自己的核能计划，致使中东的核竞赛暗流涌动。土耳其在伊朗核问题上一直持中立的立场，也是伊朗维护与西方关系的重要桥梁。以色列对伊朗发展核能保持高度警觉，指控伊朗蓄谋发展核武器，并多次威胁打击伊朗的核设施。

伊朗地处中东地区的中心地带，历史上与这一地区有着千丝万缕的联系。伊朗作为地区大国，对于地区的安全与稳定起着举足轻重的作用。伊朗"伊斯兰革命"后，由于"输出革命"问题的影响，伊朗与中东特别是海湾国家中的大部分关系紧张。随着国际形势的发展变化，伊朗逐渐调整了其对外政策。冷战结束后，优先改善和发展与地区国家关系，成为伊朗外交的一个重要指导思想。中东和海湾国家也注意到伊朗外交政策的变化，意识到改善与伊朗关系的重要性，这为伊朗改善与这一地区国家关系提供了前提。

哈塔米执政期间，将发展与直接关系到伊朗和平稳定与发展的中东国家关系，特别是发展与海湾地区国家的外交关系排在其外交日程的首位。而中东国家出于自身的战略利益考虑，也不断改善和加强与伊朗的关系。

中东国家，特别是海湾地区国家，与伊朗主要是改善和发展政治关系，以实现地区的安全与稳定。在海湾地区8国中，只有伊朗不是阿拉伯国家，在多年的交往中，积怨不少。这些积怨包括民族的、宗教的、意识形态的、领土的以及边界问题等。特别是伊朗的地区称霸意识和"输出革命"举动曾引起其他海湾7国的警觉和反对，防范意识自不待言。因此，两伊战争期间海湾国家一致支持伊拉克，希望借伊拉克之手削弱伊朗的实力，以减少来自伊朗的威胁，伊朗与海湾国家关系紧张。

但是自哈塔米总统推行"缓和与对话"外交政策后，经过不断努力，海湾国家与伊朗的关系有了很大的改善。在与中东国家的关系上，以反对以色列作为维系和发展国家关系的主线，并因此有了发展和加强。

从 2000 年以来，伊朗高层官员频频出访临近国家，地区关系得到了有效的改善和提高。在此基础上，2001 年度，伊朗加大了巩固发展与地区国家关系的力度，友好互访不断。同时，伊朗还加强了与海湾合作委员会（GCC）国家的关系。海湾阿拉伯国家也出于"以伊（朗）制伊（拉克）"的目的，对伊朗的友好姿态也不断做出积极反应。

伊朗总统内贾德上台后，反对以色列以及寻求阿拉伯世界支持成为伊朗外交政策的重要组成部分。为了改善与周边阿拉伯国家的关系，内贾德先后前往沙特阿拉伯和阿联酋等国进行访问。2007 年 12 月初，伊朗总统内贾德首次应邀出席了在卡塔尔首都多哈举行的海湾合作委员会（海合会）首脑会议。他在会上强调，海湾地区形势相互关联，并呼吁实现"没有外来干预的地区和平与安全"。内贾德还建议伊朗同海合会国家建立安全合作机构，并签署相关的安全合作协议。伊朗国防部长纳贾尔会后不久在首都德黑兰会见来访的阿曼军事代表团时表示，伊朗愿意与海湾沿岸国家组建一支联合部队，以应对地区安全等诸多问题。2008 年 1 月 23 日，伊朗宣布，应伊拉克政府的邀请，内贾德总统将对伊拉克进行正式访问。这将是两伊战争以来第一位伊朗总统访问伊拉克，反映了伊朗继续寻求在阿拉伯世界扩大影响。

伊朗在核能技术开发上的强硬立场在一定程度上刺激了阿拉伯国家在核能问题上也跃跃欲试。2006 年以来，拥有雄厚财力的海湾合作委员会多次表示，它们开发核能的资金雄厚，不会居于他人之后。随着 2006 年 9 月埃及宣布重新启动核能研究技术，阿联酋等国已先后宣布，其核电站建设已经正式立项，将很快与西方核能公司付诸实施。目前看来，伊朗核问题在中东引起的一个直接反应是，越来越多的中东国家出于自己利益的考虑正在着手发展核能技术，这一趋势为国际防核扩散体系带来了新的挑战。

第一，沙特阿拉伯是海湾阿拉伯国家的代表，在伊朗核危机形成和发展过程中沙特也重视改善与伊朗的关系，但面临着来自美国较大的压力。

在海湾阿拉伯国家中，沙特阿拉伯与伊朗的关系的变化最具典型。

1978 年伊斯兰革命在伊朗取得胜利，伊沙两国关系出现了摩擦。在两伊战争期间，沙特成为萨达姆的最大经济和武器支持者，沙特和伊朗的关系陷于僵局。1991 年，随着伊拉克萨达姆政权军事占领科威特，伊沙两国关系从此进入了新纪元。自 1997 年伊朗担任伊斯兰会议组织轮值主席国之后，伊沙两国在安全和经济合作方面迈出了谨慎的步伐。

伊朗核问题爆发后，以沙特阿拉伯为代表的海湾国家的态度引人注目。在伊朗"核问题"上，海湾国家领导人心态复杂，既不希望伊朗真的发展核武器，也不满意美国在"核问题"上的双重标准，即对以色列发展核武器的不闻不问做法表示不满。同时，也不赞同美国等运用军事手段解决伊朗"核问题"，担心这会危及地区的稳定。

众所周知，虽然海湾阿拉伯国家与伊朗有不少恩恩怨怨，但近年来双方的关系总的来说是一直在改善。2007 年 12 月初，伊朗总统艾哈迈迪·内贾德还应邀出席了海湾合作委员会多哈首脑会议并发表讲话，沙特国王阿卜杜拉和艾哈迈迪·内贾德手牵手走进会场的那一刻肯定会让美国人感到不舒服。海湾国家对美国的态度是矛盾的：他们既需要借助美国来遏制伊朗在本地区潜在的野心，又担心本地区爆发战争殃及池鱼。他们既需要美国的军援和经援，又不满美国独霸本地区事务。2008 年 1 月，美国总统布什访问了中东 7 国，包括海湾的沙特、科威特、巴林、阿联酋四个海湾国家。美国和沙特在布什访问期间签署了一系列合作协议，其中包括一项数额高达 6.4 亿美元的军售合同。美国不惜得罪自己在中东的战略盟友以色列而与阿拉伯国家签订军售协议，主要还是为了拉拢阿拉伯国家对付伊朗，但海湾国家在伊朗核问题上和美国的立场并不一致。

对海湾国家来说，夹在美国和伊朗之间的确处境不妙。虽然美国的情报机构发表了伊朗已放弃核武计划的报告，但布什本人仍然偏执地认为伊朗会随时恢复核武计划。布什似乎要让海湾国家相信，只有他的判断才是对的。但海湾国家对伊朗还是有自己的考虑。尽管海湾诸国与伊朗存在许多矛盾和纠纷，但伊朗毕竟是近邻，与之保持良好关系符合自身的利益。伊朗还控制着海湾石油通道——霍尔木兹海峡，一旦伊朗封锁海峡或燃起战火，海湾国家将首当其冲。因此，海湾国家一般不愿主动挑起矛盾与伊朗对抗。海湾国家真正担心的是，如果伊朗一意孤行地往核武器方向发展引来美国的武力干涉，那么海湾国家难免不受影响，但海湾国家并不想引火烧身。

2007 年 11 月，沙特以海湾合作委员会的名义，向伊朗提出了在中东地区以外的中立国建立浓缩铀提炼联合企业的建议。沙特的建议意在向伊朗明确表示阿拉伯国家对伊朗核问题的关切和不安，同时也反映了海湾国家意欲在整个地区未来核能发展方向上发挥积极的作用。

第二，埃及是中东地区大国，并且是"中东无核区"的积极提倡者，在伊朗核问题上想代表中东国家发挥作用，但也想乘机发展自己的核能技术，但自身力量明显受到限制。

埃及是中东地区具有重要战略意义的国家，埃及对伊朗核问题的立场在中东国家中也具有代表性。伊朗于 1979 年爆发伊斯兰革命，第二年和埃及断绝外交关系。20 世纪 90 年代以来，两国关系开始逐步改善，目前两国互设有代表处，但至今尚未实现关系正常化。

埃及在伊朗核问题上的立场是和埃及对整个中东地区核问题的立场密切相关的。埃及从 20 世纪 50 年代开始寻求民用核能技术的研究，并且在 1974 年就签署了《核不扩散条约》。从 90 年代开始，埃及积极提倡和推动在中东地区建立"核不扩散区"的计划，但埃及认为以色列对《核不扩散条约》的蔑视成为了中东地区核不扩散计划的一个绊脚石。在 2005 年举行的《核不扩散条约》会议上，埃及指出，在以色列没有停止其核武器项目之前，中东地区的核不扩散进程将无法向前发展。同年 8 月，埃及外交部长重申了以色列的核能力并声明，在以色列签署《核不扩散条约》之前，埃及政府将不会签署《全面禁止核试验协定》。2006 年 2 月，埃及提出一个旨在建立中东无大规模杀伤性武器区的建议。在埃及政府的坚持之下，国际能源机构于 2006 年 4 月向联合国安理会提出的伊朗核问题决议中涉及中东地区的无大规模杀伤性武器区。但埃及的提议受到了美国的阻挠。由于美国和以色列的特殊关系，美国不会支持任何取消或削弱以色列国防能力的建议。

随着伊朗核问题的升温，埃及的立场出现了引人注目的变化。埃及从积极推动建立中东核不扩散区转变为开始寻求自己在核能上的利益。2006 年 9 月 19 日，伽玛·穆巴拉克——即时任埃及总统侯赛因·穆巴拉克总统的儿子和国家民主党的助理秘书长，在其党会上提到埃及应该寻求核能，从而为其增长的能源需求提供支持。2006 年 9 月 2 日，侯赛因·穆巴拉克总统重申了此提议。在此提议之后，埃及最高能源委员会就召开了会议，制订一个计划再次进行埃及的原子能项目（此项目在 1981 年切尔若贝利核事故后被冻结）。埃及的电力和能源部长哈森·尤利斯宣布埃及将在 Al—Dabah 建立一个 1000 兆瓦的核电站的意图，并且可能同期建造三座 600 兆瓦的核电站。据估计，首座核反应堆将会在 10 年内完工，而最后一座将会在 2020 年左右完成。引人注目的是，美国政府宣布支持埃及发展核计。但迄今为止，埃及还没有制订获得铀浓缩技术的计划。埃及官员多次否认埃及并没有从事发展核武器的核计划，埃及的所有核活动是为了和平目的。

埃及在伊朗核问题上的立场是比较明确的。埃及认为伊朗有权发展核能，但不希望看到伊朗拥有核武器，埃及也反对用武力解决伊朗的核问题。埃及外交部长阿布·盖特在 2006 年 9 月发表谈话说，埃及反对使用武力解决伊朗核问题。他强调，埃及完全反对针对伊朗采取任何军事行动，支持通过谈判和平解决伊朗核问题，使伊朗在《核不扩散条约》框架下和平利用核能。随着在核能问题上的明确，埃及与伊朗的关系也在明显改善。伊朗总统内贾德 2007 年 5 月 15 日表示，伊朗准备恢复同埃及的外交关系。2007 年 9 月，就在美伊关系因核问题紧张之际，伊朗副外长阿巴斯·阿拉格希 18 日到访埃及，与埃及外交部官员举行会谈，双方同意就恢复外交关系继续对话，对话级别将逐步从高官级提升到外长级。埃及与伊朗关系升温表明，伊朗希望通过埃及的桥梁作用，消除阿拉伯国家对伊朗核问题的担忧，并支持和平解决伊朗核问题。埃及作为具有影响力的地区大国，其特殊地位为有关各方所看重。

第三，土耳其是伊朗的邻国，也是美国和北约在中东最主要空军基地所在地，土伊关系对维系伊朗与西方的关系起着重要的作用，在伊朗核问题上，土耳其强调应通过外交途径解决，并且希望在解决伊朗核问题上发挥重要作用。

伊朗和土耳其在历史上曾长期对立。伊朗萨法维王朝确立以什叶派为国教，与"逊尼派帝国"的奥斯曼土耳其分庭抗礼。奥斯曼帝国与伊朗之间的军事、宗教和政治纷争不仅长达数世纪之久，也基本奠定了今天中东地区逊尼派与什叶派的对立局面。现代土耳其建立之后，两国走上了不同的现代化路线，特别是伊朗的伊斯兰革命和土耳其的世俗西化形成鲜明的对比。

1979 年伊朗伊斯兰革命后，伊朗和土耳其的关系一度趋紧，但随着伊朗领导层内务实路线的出现，近年来，伊朗和土耳其的关系有了很多的改善。两国在库尔德族问题上的立场接近，在许多地区问题上开展对话。2003 年伊拉克战争以前，伊朗与土耳其都反对美国发动推翻萨达姆政府的战争，希望和平解决伊拉克危机。战后伊朗与土耳其在库尔德人问题上持有相近的立场。但在伊拉克问题上双方也存在分歧，伊朗要求抵制外国军队进驻伊拉克北部，而土耳其则要求土耳其军队进驻伊拉克北部。在阿以冲突与中东和平问题上，土耳其与伊朗的立场有很大的不同。土耳其早就与以色列建立了正常的国家关系，双方在政治、经济和军事领域联系密切。而伊朗至今不承认以色列国家，伊朗强硬领导人多次说过以色列将会在"地图上消失"。

虽然土耳其和伊朗在中东地区问题上存有较大分歧，但双边关系，尤其是经贸联系却进展顺利。从 20 世纪 90 年代中期开始，土耳其和伊朗加强两国的能源合作。2007 年 7 月 13 日，两国签署了有关能源合作协议。根据协议，土耳其将可以不经过投标直接参与在伊朗南帕尔斯天然气田项目的开发，并将开发出来的天然气出售给伊朗。此外，同时，双方达成协议，伊朗天然气将途经土耳其供应欧洲市场。从 2008 年开始，伊朗和土库曼斯坦每年经土耳其将向欧洲出口天然气 300 亿立方米。

在美国不断推进对伊朗进行制裁的背景下，土伊两国不断深化能源合作显然是出于多方面的考虑。

首先是经济需要。伊朗是世界能源大国，其石油和天然气储量都居世界前列。但土耳其能源极为匮乏，石油和天然气等主要能源 90% 以上依靠进口。土耳其虽然与能源富庶的伊拉克毗邻而居，但由于伊拉克国内安全局势日益恶化，土耳其和伊拉克在目前情况下进行大规模能源方面的合作可能性不大。因此，对土耳其来说与相对稳定的伊朗开展能源合作更具有现实意义。而对伊朗来说，与土耳其开展能源合作也可以在一定程度上挽回国际社会对其经济制裁所造成的损失。正是因为双方在经济上互有需要，近年来，土耳其与伊朗的双边贸易额已达到 70 亿美元，今年年底可望达到 100 亿美元。在能源领域的合作对迅速提升两国双边贸易额无疑将起到重要的作用。

其次是两国出于政治考虑。对伊朗来说，拉近与土耳其这样一个在西方有影响，特别是与美国有传统盟友关系的国家的距离，在一定程度上可以减轻目前在国际上受到的压力。

对土耳其来说，与伊朗开展能源合作可收到"一箭三雕"的效果：

第一，有利于土耳其实现"国际能源走廊"的战略目标，加强土国内能源安全保障，进一步提高在本地区和世界的政治地位。第二，有利于增加与美国在打击库尔德工人党问题上讨价还价的政治筹码。第三，有利于借助伊朗进一步提升土耳其与中亚各国的政治关系。

尽管目前土耳其和伊朗在能源领域"打得火热"，但这一合作仍存在一些不确定因素。制约这一合作的最主要因素来自美国。美国一直坚决反对土耳其和伊朗在能源领域开展合作。因为这种合作无疑将搅乱美方在伊核问题上的政治布局。美国驻土耳其大使罗斯·威尔逊指出，如果土耳其最终放弃与伊朗签署天然气合作协议，美国政府将全力支持土耳其开发伊拉克和中亚能源。对于这一建议，土耳其方面持谨慎态度。

尽管土耳其与伊朗在经济领域的合作取得不少进展，但伊朗核问题的升温成为两国关系进一步发展的最大障碍。2006年4月20日，土耳其外交部长居尔与到访的巴基斯坦外交部长卡苏里会谈，双方呼吁通过外交途径解决日趋紧张的伊朗核问题。在双方会谈后举行的联合记者会上，居尔表示，伊朗有责任与国际原子能机构进行"百分之百的合作"，土方将尽最大努力，使伊朗核问题能够通过和平方式解决。伊朗最高国家安全委员会秘书、首席核谈代表拉里贾尼2006年5月8日到访土耳其，同土耳其总理、外长、国家安全委员会领导人等政府高级官员进行会晤。2006年5月31日，土耳其外长居尔与来访的俄罗斯外长拉夫罗夫会谈时一致表示，希望即将在奥地利首都维也纳举行的六国外长会议能为和平解决伊朗核问题创造机会。居尔在会谈后联合举行的记者招待会上对六国外长会议的前景表示乐观。他说："这是一个通过外交途径解决伊朗核问题的新机会，希望它不会被错过。"他还说，美国方面并没有要求土耳其在可能对伊朗实施的军事行动中开放其领土。他重申，作为伊朗的邻国，土耳其强调应通过外交途径解决伊朗核问题。拉夫罗夫说，有关各方应采取克制态度，避免出现不利于和平解决伊朗核问题的事态出现。

总的来说，土耳其在对待伊朗核问题上一直采取区别于美国等西方国家的折中政策，在多个场合表示理解伊朗和平发展利用核能的愿望，但同时敦促伊政府同国际社会合作，进行透明的核活动。

但伊朗核问题的久拖未决，尤其是伊朗坚持发展核能的强硬立场，也对土耳其转变在本国发展核能问题上的态度起了很大的作用。美国指责土耳其的邻国伊朗的核项目包含了发展核武器的目标，这在很大的程度上刺激了土耳其核计划的复兴。不管是在人口规模与经济发展，伊朗与土耳其都惊人相似，两国都将对方看作是本地区势均力敌的对手。土耳其国内一些政治派别就认为，伊朗毫不掩饰发展核能的做法使土耳其没有理由拒绝发展本国的核能计划。

事实上，土耳其过去 30 年曾进行过两次核电站招标，但最后都废标了，现在土耳其还没有核电站。如今，邻国伊朗的核计划（美国及其他一些国家认为它实际是要发展核武）也刺激土耳其政府开始重新考虑这一问题。土耳其驻美国前大使奥兹登·桑贝克不无担忧地表示，"伊朗发展核计划这将导致地区关系的失衡"。桑贝克还争辩说，除了在遵守《不扩散核武器条约》的前提下发展自己的核计划，土耳其别无选择。"如果想让我们的下一代保持独立自主，我们就不应该浪费时间。"

随着经济的快速发展，加上国内人口已经超过 7000 万人，土耳其的能源短缺问题日益显现，发展核能也就成为理所当然的事情。土耳其能源部长希利米在 2006 年 2 月宣称，"石油价格的飙升、能源供应来源的多样化等潜在需求，都迫使我们将发展核能列为优先考虑的手段"。政府未来计划建立 5 个核电站，首座发电量达 450 亿瓦的核电站位于黑海附近的锡诺普（Sinop），将在 2012 年建成，核电站建成后有望缓解土耳其国内对原油的严重依赖。目前，土耳其有 90% 的原油来自俄罗斯和伊朗。希利米是在参观美国弗吉尼亚一座核电站时宣布以上计划的，他表示，新核反应堆建成后，可望在未来 20 年内满足全国 10% 的能源需求。

2008 年 3 月，美国副总统切尼访问土耳其。切尼这次访问的关键议题之一是希望土耳其出面帮助制止伊朗的"核野心"。美国希望伊朗的邻国土耳其在帮助建立支援制裁伊朗的国际联盟中起关键作用。由于土耳其与伊朗已经形成了紧密的贸易关系，尤其是土耳其依赖伊朗进口大量的石油及天然气，因此土耳其不会轻易同意对伊朗进行全面和更强硬的贸易制裁。但土耳其毕竟和西方国家有着广泛的经济联系，因此不排除在赢得某种补偿的情况下也可能站到西方国家一边的可能性。无论是从经济利益还是从地缘政治的角度考虑，土耳其在伊朗核问题上的地位和态度是比较敏感的，这增加了土耳其在伊核问题上的选择难度。但对美国来说，无论是强化对伊朗的经济制裁，还是将来有可能对伊朗发动军事行动，土耳其的态度和立场都是至关重要的。

第四，以色列极力鼓动美国武力消除伊朗的核能力，由以色列出面对伊朗的核设施进行打击，也是美国可接受的一种选择。

以色列虽然与伊朗不是邻国，但由于伊朗现政权奉行强烈的反以立场，以及以色列被国际社会公认为中东唯一的拥有核武器的国家，因此，以色列在伊朗核危机中的角色为世人注目。

萨达姆政权被推翻后，以色列认为，持强烈反以立场的伊朗已成为对自己最严重的威胁。伊朗总统内贾德曾公开说，以色列应该被从地图上抹掉。这使以色列感到震惊。以色列驻美大使丹尼·阿亚隆甚至说伊朗是"自第二次世界大战结束以来对世界威胁最为严重的国家"。以色列在伊朗核问题上不仅顺风吹火，而且跃跃欲试，甚至想重演1981年空袭伊拉克核设施的故技，对伊朗核设施进行外科手术式的空袭。

美国把保护以色列的安全视作它在中东的重大利益，把以色列看作为在中东的"战略资产"。由于现在美国在中东陷于困境，因此现在美国不赞成以色列对伊朗进行空袭这样的乱局行动，但并不表明美国放弃由以色列出面消除伊朗核设施的政策选择。早在2003年7月，以色列的情报机构摩萨德在一份报告中认为，伊朗的核计划已进入了十分先进的阶段，已经能够生产浓缩铀，如果国际原子能机构核查人员无法阻止其核武器研发步伐的话，那么伊朗一定会在短期内拥有核武器。2003年10月11日，德国著名杂志《明镜》周刊刊出了一篇爆炸性的报道：为了阻止伊朗研发核武器，以色列军方和摩萨德间谍机构已经制订了一系列对伊朗核设施实施先发制人打击的绝密行动计划，这些绝密计划目前已经制订完毕，交给了行动的实施方。美国和以色列之间有着密切的情报交换和分析合作，因此，以色列这个美国在中东的战略盟友完全有可能在美国解决伊朗核问题上发挥重要作用。

随着伊朗核危机的发展，西方媒体不时地披露，以色列有可能对伊朗的核设施进行打击，以色列政要也经常在国际场合强调所谓伊朗的威胁。2007年12月，美国发表了有关伊朗已经停止研制核武器的报告，这使以色列感到意外。但随后以色列通过各种渠道展开公共活动，意图让美国认识到伊朗并没有停止核武器研制活动。2008年1月，美国总统布什到以色列进行他就任总统以来的首次访问。虽然在以色列访问的核心问题是推动巴以和平，但布什在与以色列领导人会见后仍然多次提及伊朗在中东地区的"野心和威胁"。

据以色列媒体报道，在2008年1月13日召开的小型安全内阁会议上，以色列总理奥尔默特说："任何原因都不能使以色列政府改变对伊朗核企图的看法，根据我们掌握的情报，伊朗有能力在 2010 前制造出核武器，为此，以色列将展开积极的外交活动，以使国际社会对伊朗实施更严厉的制裁。"奥尔默特表示要与国际原子能机构进行积极磋商，阐述以色列的看法：尽管伊朗受到制裁，但它仍千方百计要获得核武器。在以色列看来，说明伊朗有核野心的证据有两个，一是伊朗在积极研制洲际导弹；二是伊朗还在进行浓缩铀活动。报道指出，以色列副总理拉蒙也在安全内阁会议上表示，"伊朗仍是最危险的国家，必须阻止它获得核武器"。以色列副总理莫法兹 2008 年 6 月 6 日公开表示，制裁伊朗不能阻止研发核武器，以色列攻击伊朗核设施似乎"不可避免"。对此，伊朗驻联合国代表哈扎伊写信给秘书长潘基文，要求安理会就这种"攻击性"言论采取行动。受以色列与伊朗关系紧张的影响，当日国际油价再次出现了大幅上扬，纽约商品交易所 7 月份交货的轻质原油期货价格上扬了 10.75 美元，创下了单日最大涨幅纪录，收盘时创下了每桶 138.54 美元的历史新高。2008 年 6 月 19 日开始，以色列海军和空军在地中海东部海域进行大规模军事演习。据一名不愿公开姓名的美国五角大楼官员说，从演习内容和过程分析，以空军为空袭伊朗核设施与远程导弹基地已做好了准备。

　　以色列政府之所以千方百计要阻止伊朗的核研制计划，除了的确担心伊朗要消灭以色列以外，还有一个原因是担心伊朗的核研制活动会在中东形成连锁反应，导致阿拉伯国家跨过核门框，从而打破以色列对阿拉伯国家的核优势，这对以色列的国家安全战略是极为不利的。因此，当 2006 年埃及宣布重新启动核能研制技术后，尽管美国表示支持，但以色列却对埃及的核计划反应谨慎。据以色列《耶路撒冷邮报》2006 年 9 月 25 日报道，总理奥尔默特对该报表示，他个人不认为埃及的核计划是个军事威胁，但以色列《亚特新闻网》就以"穆巴拉克王朝的核武器竞赛"为题进行了分析。该文认为："最值得以色列担心的，不是伊朗朝以色列扔导弹，而是所有中东国家加入核技术竞赛中，埃及的核计划将是这场竞赛的第一幕，即使埃及打着'和平发展核技术的旗号'，这对以色列将来的安全构成了威胁。"

　　以色列是否对伊朗的核设施进行先发制人的打击取决于以下两个因素。首先，以色列对伊朗核设施和伊朗下一步核浓缩铀活动性质的判断。如果以色列根据自己的情报来源认定伊朗的核设施除了民用的浓缩铀活动外还有转化为武器级的浓缩铀活动，并且判断伊朗下一步仍然有制造核武器的企图以及实质性的进展，以色列就有可能进行军事冒险。最近，以色列发射了新型的"杰里科－3型"导弹，射程超过1000公里，因此以色列在技术上具备了不动用空军对伊朗进行军事打击的能力。其次，美国是否认可以色列对伊朗的核设施进行打击。应该说，在目前的情况下，特别是在美国关于伊朗已停止核武器研制活动的报告发表不久的时候，美国不会马上同意以色列进行军事打击。如果今后伊朗的核浓缩铀活动出现了军事化的倾向，而国际社会的制裁活动已不能制止伊朗进一步的核活动，美国仍有可能默许以色列对伊朗进行可控制的摧毁核设施的打击。据称，以色列去年11月就秘密进行了一次军事行动摧毁了叙利亚境内的一处所谓的"核设施"。从过去的经历看，以色列在维护国家长远安全利益方面，往往会不择手段。因为有美国在背后撑腰，以色列并不担心国际社会的反应。因此，作为美国在中东的"战略资产"和盟友，以色列在未来伊朗核问题继续发展中的动向仍然值得关注。

2011年11月8日，国际原子能机构8日晚在维也纳发表报告说，"可靠"迹象证明，至少在2010年以前，伊朗拥有发展核爆炸装置计划并进行了尝试。

天野之弥在报告中称，"一些信息表明，伊朗曾经进行过研制核弹头的工作"，机构有证据证明，伊朗曾从事过"有关核武器的专项"活动，包括试制可能与核武器有关的构件及进行相关试验等。这些活动有的现在很有可能仍在进行。这是迄今国际原子能机构就伊朗核计划是否具有军事用途问题进行的最为明确的表态。但总体来说，这份报告仍未就伊朗现在是否试图拥有核武器的问题得出明确结论。对于国际原子能机构的这一报告，伊朗方面表示完全否认，坚称自己并无秘密的核武器计划，并指责这个报告"居心不良、缺乏专业性而且带有政治动机"。以色列在国际原子能机构最新公布的调查报告后，再次表现出对伊朗企图发展军事用途核技术的担心。之前，以色列方面曾表示，国际社会应当采取行动，对伊朗进行"严厉"的足以"瘫痪"其核计划的制裁。伊朗方面则警告以色列和美国，如果对伊朗发动攻击必将导致严重后果。

以色列袭击伊朗核设施的可能性完全不能排除，其理由并不难理解。首先，伊朗是当今世界唯一宣称要"将以色列从地球上抹去"的国家，这种恐吓使这个有亡国劫难的犹太国国民倍感芒刺在身。其次，伊朗正在不断宣布核技术获得"突破"。一旦伊朗迈入核武门槛，以色列将首当其冲。基于这种判断，以色列必欲置伊朗的核设施于死地而后快，除此之外，以色列没有更好的选择。

然而，问题的逻辑起点是，伊朗究竟是否要，或者正在发展核武器？当然，伊朗多次公开宣布不会发展核武器。但以色列和西方国家怀疑伊朗在刻意隐瞒事实。值得注意的是，美国官方在这个问题上表态趋于谨慎。2007年美国国家情报评估结果的结论是：伊朗早在2003年就停止了研发核武器项目。2010年的美国国家情报评估报告再次确认了这一结论。美国国家情报总监克拉珀和中央情报局局长彼得雷乌斯今年1月31日在参议院听证会上也表示，目前没有证据表明伊朗已决定制造核武器。

总部设在维也纳的国际原子能机构2012年2月24日发表伊朗核问题最新报告称，伊朗自去年11月以来加快进行铀浓缩活动，该机构继续对伊朗的核计划可能存在"军事"目的表示严重关切。2月下旬，美国参谋长联席会议主席登普西将军认为，由于还不确定伊朗是否把其核能力用于制造核子弹，因此要对伊朗展开军事攻击还为时尚早。但美国反对或阻止伊朗拥有核武器的立场没有动摇过。美国总统奥巴马3月2日重申，伊朗拥有核武器是"不可接受的"。他强调，美国有可能对伊朗核设施进行军事打击的警告"不是虚张声势"。

以色列虽然不时扬言对伊朗动武，但实施则非儿戏。在中东的地缘政治版图中，伊朗的地位非阿富汗、伊拉克、利比亚，或者叙利亚可比。美国担心对伊朗动武后果严重。因此。美国对自己，或者由自己的铁杆盟友以色列对伊朗的核设施发动袭击斟酌再三。然而，以色列似乎正在失去耐心。由于和伊朗的敌对关系，以色列目前身处伊朗核问题的旋涡中，它对国家生存和战略安全的考虑，远远超过对动武风险的关注。铤而走险或许并非空穴来风。2012年以来，美以高官频繁互访互动，明显有所针对性。

随之而来的问题是，如果一意孤行，以色列能不能达到摧毁伊朗核设施的目标？

以色列曾在1981年和2007年对伊拉克和叙利亚的核设施发动过空袭，但伊朗的核目标更远，核设施规模更大、更复杂，空袭的后果难测。从以色列的军事实力看，尤其是空军远途奔袭的能力看，以色列有这个能力，但并不是十分有把握，并且有着极大的军事和政治风险。如果以色列要基本摧毁伊朗的地上和地下核设施，那么其战斗机群就得穿越多个国家的空域飞行 1000 英里以上。为保证空袭效果，以色列至少需要出动战斗机 100 架以上，这几乎要让以色列空军倾囊而出。而以色列目前所用的美制 F-15I 和 F-16I 战斗机仍然不可能来回飞行至少 2000 英里航程。因此，为保证战机空袭后安全回归，就需要空中加油。但目前以色列仅有 8 架美制 KC-707 加油机，很难保证行动所需。不过，美国和以色列是战略盟友，一旦以色列军事行动付诸实施，美国完全可能提供空中预警支持和后勤支援。

尽管以色列对伊朗动武的战术风险尚可弥补，但美以政治分歧依在。目前，美国与以色列分歧最大的是，该不该在目前就动用军事手段解决伊朗核问题。以色列根据自己的情报来源认为伊朗研发核武器已不可逆转，而且军事打击的窗口正在关闭。而美国认为对伊朗制裁效果正在显现，政治和外交手段没有用尽。据报道，美国总统奥巴马在与来访的以色列总理内塔尼亚胡会谈时，将劝说以色列在未来几个月内不要打击伊朗核设施，耐心等待对伊朗制裁所发挥的效果，并意识到军事打击的危险性。

综上所述，伊朗核问题的解决还未到彻底摊牌的时候，但以色列军事打击伊朗核设施的可能性不容置疑。美国眼下不希望动武，但并不是排除动武。制裁或许能达到目的，但时间只对伊朗有利，对以色列等于煎熬。因而，以色列完全可能不按常理出牌，使中东局势乱上加乱。因为在中东，预测往往比想象更难。

以色列和伊朗在核问题上的尖锐对抗还可以从伊朗拒绝参加中东无核武国际论坛态度上看出。2011 年 11 月 21 日至 22 日，国际原子能机构在维也纳总部举行中东无核武国际论坛。会议主要讨论非洲、南美等已经建成无核武地区的经验和中东地区如何学习这些经验。90 多个国家派代表出席，包括叙利亚等阿拉伯国家和以色列，这一论坛被视作为阿以就核武器问题的分歧坐下讨论创造契机。但伊朗先前已宣布抵制论坛，没有派代表出席。伊朗外交部发言人拉明·迈赫曼帕拉斯特 11 月 22 日在伊朗首都德黑兰告诉记者，只要以色列"拥有大规模杀伤性武器、核武器，没有成为《不扩散核武器条约》缔约国，不接受国际原子能机构核查，西方国家不理智地支持它，这种会议将只能流于表面，是浪费时间"①。当然，对以色列来说，伊朗在核问题上的任何动静和态度，它都不会是一个安分的看客。

---

① 《人民日报》海外版 2011 年 11 月 24 日。

第三篇　中东大变局与大国中东战略的调整

　　始于 2010 年的中东北非国家政局动荡浪潮，在经历了数个国家的政权更替后，仍然处在发酵和蔓延过程中。在政局动荡中，利比亚卡扎菲政权的垮台极具标志意义。迄今为止，在发生动荡的国家中，利比亚是唯一由联合国安理会通过对其制裁决议，进而由西方和北约直接发动军事干预而导致政权更替的国家。以法国为代表的西方国家不仅赤裸裸地逼迫卡扎菲下台，而且动用空中力量配合利比亚反政府武装与卡扎菲政府军作战，并且多方干预利比亚政权交替和政治安排。利比亚的动乱和政权交替，打破了该地区旧的国际秩序，不仅直接影响本地区的安全和稳定，而且使美国、法国等西方国家与该地区的关系进入新阶段。2011 年中东北非大变局对该地区地缘政治的影响将是深远的。对大国的中东政策来说，各国在利比亚战争中的态度和立场，既是各自在这一地区利益的现实反映，也是对这一地区未来发展方向的一个预判。两年多来，这场源于突尼斯街头骚乱的政局动荡蔓延到整个中东地区。最初，这场政治风暴被称为"茉莉花革命"，在政局演变波及多个国家之后，又被西方冠之为"阿拉伯之春"。虽然强权领导人垮台的"多米诺骨牌"暂时止于叙利亚大马士革城门，但中东局势仍然险象丛生。与此同时，中东地区的国际关系进入新一轮的分化组合。不仅大国在这一地区的争夺出现了新的态势，一些中东地区强国更是图谋在未来中东版图占有一席之地。不管是为了腾挪外交空间，还是为了主导地区之局，中东国际关系的变化，也对我国的外交格局和中东战略产生重要影响。

第十二章　"阿拉伯之春"后的美国中东战略

第一节　美国在利比亚政局演变中的态度和效应

　　从布什总统执政的 8 年和 2009 年奥巴马上台后在中东选择战略退缩

的过程看，美国在阿富汗和伊拉克两次战争中的确伤了元气。中东动荡和利比亚危机爆发后，美国政府公开支持经历动荡的中东国家发生变化。奥巴马政府虽然在政治上下定决心扳倒卡扎菲，但却对参加利比亚军事行动犹豫不决。但是当联合国安理会通过对利比亚设立"禁飞区"决议后，美国最终选择与北约联军和少数阿拉伯国家一起参加军事行动。奥巴马曾在今年3月辩解道："作为总统，我不想在采取行动之前就看到那些大屠杀和大片墓地的照片。"

一　卡扎菲倒台，美国"有限军事干预"战略的一次胜利

在长达5个多月的军事行动中，虽然美国的军事设施在北约对利比亚军事行动中是不可缺少的，但利比亚的军事行动在战争开始后不久就交给了法国，因此，美国对自己的"幕后作用"颇感满意。美国副总统拜登战后表示："在这种情况下，美国总共花费了20亿美元，但是却没有一位美国士兵死亡。"[①] 利比亚前领导人卡扎菲2011年10月20日在苏尔特附近被捕伤重身亡后，英国广播公司对此发表评论称，这是美国新型外交政策的重大胜利。在这次利比亚军事行动中，奥巴马外交政策中的理想主义与现实主义均得以发挥，选择让美国退居幕后，让欧洲国家打前锋；但美国也发挥了关键作用，如果没有美国的参与，利比亚局势不可能发展到目前的局面。评论称，卡扎菲之死对美国总统奥巴马及其政府来说都是一大安慰。一位美国匿名官员的话说，这是奥巴马政府"在幕后指挥"政策的胜利。绝大部分美国人对卡扎菲没有好感，对卡扎菲之死感到高兴。

奥巴马外交政策经常在理想主义与现实主义之间交织。尤其是在阿拉伯国家，美国趋向于选择退居幕后，而不是像以往那样咄咄逼人，并经常威胁动用武力。这种政策给外界的信息是，美国能够组织起一个联盟，而不需要告诉每个朋友都要跟从。奥巴马的外交政策同样有务实主义的一面，有所为，有所不为，即每个人不可能做所有事情，也不可能照顾到方方面面，必须选择做那些最具有决定性的事情。在北约军事行动中，奥巴马选择退居幕后，他强调美国不会派出地面部队，英法将领导空袭。美国国家安全顾问多次劝告奥巴马，利比亚不是一个对美国家利益生死攸关的国家，但对欧洲很重要，因此选择让欧洲人作主力。50多年来，西方国

---

① 　http://news.qq.com/a/20111023/000266.htm.

家习惯于让美国打头阵，这次利比亚行动让欧洲人感到意外。但即便如此，美国军方在利比亚的军事行动仍然花费不浅。据统计，美国在利比亚的总花费也超过 10 亿美元。美国战机出动 7725 次，其中包括 145 次"捕食者"无人机空袭。如果美国不做出这些贡献，利比亚局势不可能那么快见分晓。

从利比亚爆发国内危机到卡扎菲命丧沙漠，短短半年多的时间，中东地区一个长期与美国及西方不和的政权垮台，这不能不说是美国"外交上的巨大胜利"。英国《金融时报》更指出，打死卡扎菲"将有助于奥巴马的威望"，并令他的共和党对手们更难对奥巴马政府的安全政策发起攻击。"卡扎菲是继 2011 年 5 月击毙恐怖组织头目本·拉登之后又一个被消灭的"大人物"。美国原中东问题情报专员怀特便指出："这给奥巴马加了很大一个分。他因在利比亚的行动遭到其对手的批评，但现在看却是廉价的胜利。对于民意支持率跌入谷底的奥巴马而言，卡扎菲之死来得太及时了。"美国媒体第一次用"胜利"一词来形容奥巴马，认为这是总统"有限介入"战略的胜利，是"新战争模式"的胜利。奥巴马本人在当天就此发表讲话时也不忘邀功，不仅夸耀美国"在没有向地面派出一兵一卒的情况下达到了目标"，而且还顺带牵扯出美国在铲除"基地"组织首脑本·拉登等人的功绩。但美国卡内基国际和平研究院研究副总裁托马斯·卡罗瑟斯说："美国民众主要关注政府为自己的人民做了什么，而不是为其他国家做了什么。"① 美国卡托研究所国防和外交政策高级研究员泰德·卡彭特也认为，大多数美国人并不关注利比亚发生的事情，他们更关心美国如何捉拿本·拉登。2011 年 5 月击毙拉登之后，奥巴马的支持率一度上升至 56%，达到奥巴马两年多来舆情的高值。

二　美国与利比亚关系仍面临考验

在推翻卡扎菲和建立利比亚新政府的过程中，美国无疑发挥了重要作用。利比亚危机爆发后，美国国务院于 2011 年 3 月驱逐了忠于卡扎菲的利比亚外交官。7 月 15 日，美国政府宣布认可反对派"全国过渡委员会"为利比亚合法政府。美国国务院官员和利比亚反对派大使奥贾利于 8 月 11 日宣布，反对派当天以"全国过渡委员会"的名义，在华盛顿设立大

① http：//www. pctowap. com/dir/chinanews. cn/？mp = html&do = view&id = 673411&classid = 4.

使馆。担任反对派大使的，就是前卡扎菲政府驻美大使奥贾利。美国与利比亚"全国过渡委员会"关系密切，并且在以后帮助利比亚人建立新政府的问题上发挥重要作用。2011 年 10 月 31 日，利比亚新选出了"全国过渡委员会"执行委员会主席阿卜杜勒·凯卜。西方媒体把执委会主席称作利比亚过渡时期"总理"。凯卜 1950 年在的黎波里出生，家族颇有声望。他先前在的黎波里大学、美国加利福尼亚南部大学和北卡罗来纳州立大学学习，是电机工程专家，在多所高等院校执教。据报道，凯卜有美国和利比亚的双重国籍。这不由得使人们猜想利比亚新领导层与美国的密切联系。2011 年 12 月 17 日，美国国防部长利昂·帕内塔抵达利比亚首都的黎波里展开访问。帕内塔也是首位访问利比亚的美国国防部部长。当然，美国与后卡扎菲时代的利比亚的关系发展仍然要受诸多因素的影响，比如法国等欧洲盟国并不愿意看到美国主导新利比亚的政治和经济重建。利比亚国内伊斯兰势力的壮大以及未来对西方和美国的态度等，都会影响到美国对新利比亚的政策。

三　美国难以在中东复制利比亚模式

对美国来说，利比亚政局的演变对其中东战略的影响，不仅仅表现在利比亚一个国家。利比亚政局的改变在中东引起的示范效应在不断扩大。也门和叙利亚是继利比亚之后中东地区另两个陷于严重政局动荡的国家。在也门问题上，虽然萨利赫总统是美国在中东的反恐盟友，但在也门动乱开始后，美国在经过短暂的犹豫后，决定向萨利赫总统施压，最终迫使其交权。在叙利亚问题上，虽然在伊拉克战争后，美国与叙利亚的关系一度有所改善，但随着叙利亚国内危机的扩大，美国公开呼吁巴沙尔总统下台。但叙利亚在中东的地位是也门不能比的。叙利亚不仅牵涉到俄罗斯、伊朗等重要国家的利益，而且还是中东"地缘政治中敏感的神经"。叙利亚与黎巴嫩、巴勒斯坦、真主党、哈马斯等的联系错综复杂，各方的利益交织其间。而且，叙利亚国内的政治结构与统治模式与利比亚和也门等截然不同，美国与叙利亚过去的联系也不断变化，因此，美国并没有形成完善的对后巴沙尔时代叙利亚的战略设想。另一方面，中东经过"阿拉伯之春"后改朝换代的国家出现的政治变化新趋势，也是美国始料不及的。在推翻卡扎菲政权之后，利比亚过渡委员会宣布将以宗教教义为法律依据。在埃及，穆斯林兄弟会可能主导埃及新政权。突尼斯的伊斯兰政党复兴党在刚刚结束的选举中胜出。因此,"阿拉伯之春"后,美国有可能在中东面临伊斯兰复兴势力兴起的挑战,美国政策的选择将更加艰难。美国有舆论就指出:"尽管席卷中东的阿拉伯之春给美国外交带来新的机会,但是这些骚动也给美国带来难题——并且是最坏的脚本——很可能超过人们的想象。"① 在与突尼斯、埃及、利比亚等政权改变国家打交道的时候,美国的政策趋向于更加小心谨慎。

第二节 美国对伊朗的制裁进一步升级

美国对席卷中东北非地区政局动荡自然密切关注,如果说美国是乘机和乘势把老对手卡扎菲赶下台,迫不得已看着穆巴拉克交出权力,不断向巴沙尔施加压力,那么,美国在中东最关注的还是伊朗问题。随着中东混乱局势的不断发展,美国对伊朗的施压和制裁也层层加码。

美国对伊朗的制裁实际上由来已久。1979 年伊朗爆发伊斯兰革命后,伊朗民众反美情绪激烈,部分学生占领美国驻伊使馆并把美外交官扣为人质。美国因此于 1980 年与伊朗断绝外交关系,并开始对伊实施制裁。为强化打击力度,美国前总统克林顿于 1996 年 8 月正式批准实施《达马托法》,对那些不顾美国制裁禁令而向伊朗和利比亚油气等能源项目进行投资的外国公司进行惩罚。由于包括欧盟国家在内的许多国家对此持反对和抵制态度,《达马托法》对外国公司的影响实际收效甚微。《达马托法》最初的实施期为 5 年,但此后美国对这项法案的实施期限不断延长。从实际结果来看,《达马托法》自问世以来就遭到了与伊朗能源合作关系密切的欧洲国家的强烈反对,以至于从未真正得到执行,法国报纸为此曾讥讽它为"稻草人"。1997 年,法国道达尔石油公司就联合俄罗斯、马来西亚公司同伊朗签署了一项价值 20 亿美元的合同,公然向《达马托法》挑战。法国前总理若斯潘曾公开批评美国说:"美国的法律只能在美国执行,不能拿到法国来执行",欧盟也公开支持道达尔公司。但近年来,美国不断加码或限制与美国有商业往来的外国公司在伊朗从事业务,许多在伊朗有业务关系的外国公司在收购或兼并美国公司时受到美国假借《达马托法》而横加阻拦。如 2005 年中国海洋石油公司(CNOOC)收购美国

① Washington Post, September, 18, 2011.

优尼克石油公司（Unocal）就是因为美国国会假借《达马托法》的阻拦而失败。

自 2006 年伊朗核问题升级引起国际制裁以来，美国和伊朗的关系持续紧张。虽然从 2006 年 12 月起，联合国安理会先后通过了四个明确含有对伊朗进行的制裁决议，① 但伊朗核问题仍然僵局未解，美国与伊朗的关系也处于紧张状态，双方你来我往，时而隔空喊话，时而暗中过招。2010 年年底以来，中东北非爆发政局大动荡，美国和伊朗都想把中东乱局的"祸水"引向对方。2011 年 10 月，美国和伊朗之间爆发了所谓沙特驻美国大使疑遭伊朗暗杀未遂事件，为此，美国总统奥巴马 2011 年 10 月 13 日表示，伊朗将为卷入图谋刺杀沙特阿拉伯驻美大使遭到最严厉制裁。美财政部称，正考虑加大对伊朗制裁，目标是伊朗中央银行。按照美国的说法，美国可能把与伊朗央行有生意往来的其他国家机构和企业纳入制裁范围。美国依照现行制裁，美国禁止本国金融机构与伊朗央行往来，即把与伊朗央行有生意往来的其他国家机构和企业纳入制裁范围。美国财政部反恐和金融情报事务办公室前顾问乔里什说："一旦采取这类措施，世界各地金融机构和企业必须做出选择，要么与美国做生意，要么与伊朗做生意。"显示美国正在不断升级对伊朗的制裁。

伴随着美国和西方国家逐步扩大对伊朗的政治和经济制裁，美伊关系持续紧张。2011 年 10 月 11 日，美国司法部突然向外界宣布，挫败一起企图暗杀沙特阿拉伯驻美国大使阿德尔·朱拜尔的恐怖图谋，引起国际社会一片哗然。大约两个月后，伊朗又突然宣布，俘获一架入侵伊朗领空的美国无人侦察机，从而引发美国和伊朗关系再度紧张。无人机事件证实了美国一直在伊朗实施某种秘密军事行动。这些看似巧合的事件让人联想到，在通过外交途径和经济压力来迫使伊朗就范外，军事选项实际上已经在准备实施。在伊朗国内，2011 年以来也发生了一系列引人注目的事件。2011 年 11 月，控制着核计划的伊朗革命卫队一处设施发生爆炸，造成 16 人死亡，其中包括哈桑·穆加达姆将军，他被认为是伊朗谋求核武器的主要推动者之一。12 月，伊斯法罕的一家铀转化工厂发生爆炸，但当局并没有透露事件造成的后果。这两次爆炸的特点，特别是穆加达姆将军的死让人感

---

① 即 2006 年 12 月的第 1737 号决议、2007 年 3 月的第 1747 号决议、2008 年 3 月的 1803 号制裁决议和 2010 年 6 月的 1929 号决议。

到，这些并非意外事故，而是蓄意破坏。据英国《卫报》网站 2011 年 12 月 8 日报道，数月来，越来越多证据表明，在英国和法国的支持下，美国和以色列已经悄悄地展开对伊朗的战争，并且已经发展成为一场暗杀伊朗科学家、网络战争、袭击军事和导弹设施以及杀害伊朗将军的运动。[①]

美国对伊朗的制裁一直建立在伊朗企图秘密发展核武器技术，以及伊朗违反联合国安理会决议的基础上。事实上，到目前为止，没有任何确切证据表明伊朗正在研制核武器。就连美国国家情报总监詹姆斯·克拉珀都承认，证据表明伊朗 2003 年就中止了一切核武器计划，并且到现在都没有再恢复。美国《外交政策》网站 2011 年 12 月 7 日发表文章称："看来美国已经从仅仅谈论军事行动转向实际进行军事行动，虽然程度较低。除了通过'震网'病毒发动网络战以外，美国和以色列似乎正在采取秘密行动要毁掉伊朗的核设施，谋杀伊朗核科学家。但是，基于几个理由，美国和以色列的这种方式还是值得质疑的。"首先，国际社会普遍认为，以色列和美国大大夸张了伊朗的核能力，伊朗的军事实力还不足以构成对美国利益的实际威胁。伊朗目前只是一个二流军事强国，不具备有效的扩张能力。其次，伊朗哪怕发动一场秘密的低级别战争也并非没有风险，包括战争升级的风险。最后，加大军事压力只能巩固伊朗对美国根深蒂固的怀疑并延长美伊之间的敌意。简而言之，针对伊朗的"暗中行动"并非没有风险和代价，"美国不是只有无声战争和全面战争这两种选择。第三种选择是采取持久、耐心的行动，和伊朗重新接触，让伊朗领导人明白，不走核武道路对他们有利"[②]。

第三节　美国完成从伊拉克撤军及对中东的影响

一　美国从伊拉克撤军

从伊拉克撤军是奥巴马早在总统竞选期间就拟定的议程。2008 年 11 月，奥巴马在竞选演说中说道："我们也深知明天面临的将是我们这辈子最为艰巨的挑战：两场战争、濒临危险的地球和百年一遇的金融危机；即

---

① http：//news. 21cn. com/junshi/gj/2011/12/10/10095703. shtml.

②　"Time to attack Iran"，website of Magazine of Foreign Affairs，http：//www. foreignaffairs. com/articles/136917/matthew - kroenig/time - to - attack - iran.

使今晚我们安然站在此处，我们也深知那些深陷伊拉克沙漠和阿富汗山区的英勇美国战士，是为了我们而冒着生命危险。"① 而奥巴马的国防安全顾问丹齐格早在 2008 年 6 月 30 日就说，如果奥巴马当选美国总统，他将在上任 16 个月内从伊拉克撤军，并向阿富汗增派部队。

美国和伊拉克从 2008 年 3 月开始就两国长期关系问题进行谈判，并计划在当年 7 月底之前就包括驻军在内的一系列问题达成协议，以便联合国的授权年底到期后给予驻伊美军一个合法地位。但两国在美军是否能在伊拉克自由开展军事行动等问题上产生了分歧。伊拉克国内要求政府维护国家主权和利益的呼声高涨，双方是否能按期达成协议成为疑问。美国总统布什 2008 年 12 月 14 日在离任前突访伊拉克，终于赶在联合国授权的多国部队驻伊期限即将到期之际与伊拉克签订了驻伊美军地位协议。

伊拉克希望在美国驻军期限到期后不再延长联合国授权下的多国部队在本国的驻扎期限。在失去联合国授权后，美国需要与伊拉克签订一项双边协议，才能使美国在伊拉克的军事存在合法化。双方自 2008 年 3 月开始正式谈判，但此后谈判进展一波三折。尽管伊拉克方面在很多场合一再表示两国在协议内容上立场接近一致，但从 2008 年 6 月开始，伊方就陆续有高官透露双方在谈判中出现严重分歧。协议不仅未能遵循最初的时间表出台，而且一拖再拖，直到 2008 年 11 月底伊拉克议会才在激烈的争论声中通过了美方妥协后的最终版本。伊拉克方面在涉及主权等国家利益的条款上坚持要美方让步。与美国政府对协议内容守口如瓶的做法相反，包括总理马利基在内的伊拉克官员和知情人士不断透露双方的分歧点，利用国内舆论造势，要求美国做出妥协。马利基一度表示如果僵局持续下去而无法在年底前达成协议，美军可能在来年面临非法驻军而必须撤离的尴尬局面。最终，美国在一些重要问题上不得不做出让步。美国同意在 2011 年年底之前撤军，并首先在 2009 年年中之前从伊拉克城镇撤军。而此前，布什一直反对制定具体的撤军时间表。协议还要求美军不能擅自进行军事行动和逮捕伊拉克人，同时像美国黑水公司保安在巴格达街头以自卫名义打死 17 名伊拉克平民之类的情况，也将受到伊拉克法律的制裁。在争议最严重的美军豁免权问题上，虽然美国设置了苛刻的条件，但伊拉克方面至少在文字上争得了部分对驻伊美军的司法管辖权。

---

① 《广州日报》2008 年 11 月 6 日。

根据两国在美国和伊拉克 2008 年签署的驻军地位协定，美军定于 2011 年年底前完成从伊拉克撤军。按照 2008 年年底美国和伊拉克政府签署的"新安全协议"，2009 年 6 月 30 日，美军战斗部队从伊拉克城镇撤离，至 2010 年 8 月 31 日，美国从伊拉克撤离战斗部队。2010 年 8 月 31 日，美国总统奥巴马在白宫发表讲话，正式宣布美国在伊拉克的作战任务结束，从当天起，美国将把安保任务交给伊拉克安全部队接管，自此，驻伊美军人数降至 5 万人以下。按照奥巴马当选总统时的承诺，美国将于 2011 年年底前完成全部撤军。在最后一支驻伊美军车队离开该国进入科威特境内之后，美国国防部长帕内塔 2011 年 12 月 18 日签署官方文件，正式结束伊拉克战争。

伊拉克战争于 2003 年爆发，驻伊美军人数最多时达 17 万人，在伊全境设有 505 个军事基地。这场战争造成大约 4500 名美国士兵死亡，超过 10 万名伊拉克人丧生，受伤者更是难以计数。[①] 这场历时 8 年多的战争虽然结束，但伊国内教派矛盾激化，部族冲突不断，伊安全形势依然严峻。

二　美国从伊拉克撤军对美国中东战略的影响

从 2003 年 3 月伊拉克战争打响，到 2011 年年底美国从伊拉克战争撤军，美军在伊拉克大规模驻军存在长达 8 年之久。8 年时间对深陷伊拉克战争泥潭的美国军队来说是长了点，但对美国的中东战略来说，8 年时间完成一个中东从战略地位上升到战略地位下降的过程，似乎时间又短了点。伊拉克战争被视为美国冷战后奉行单边主义的"巅峰"。8 年前，美国以伊拉克藏匿大规模杀伤性武器和萨达姆政权支持恐怖分子为由，绕过联合国安理会，发动伊拉克战争。但 8 年来，前一项指控始终没有找到物证，后一项指控始终查无实据。美国国际形象严重受损，单边主义元气大伤。但事实上，美国决定从伊拉克撤军，正是建立在对中东形势和中东战略的判断基础上的。

首先，美国认为现在伊拉克不再是美国的主要威胁，而经济、军事力量不断壮大的中国和军事实力不可小视的俄罗斯将给美国的全球霸权带来威胁。事实上美国从伊拉克撤军的过程，伴随的是加强阿富汗和亚太地区

---

① "新华网盘点 2011 年阿拉伯世界十大新闻事件"，http：//news. sina. com. cn/w/2011 - 12 - 31/150723731759. shtml。

的兵力部署，从战略上包抄中国和俄罗斯。

其次，美国从伊拉克撤军的过程，也是美国陷入金融危机和债务危机困扰的过程。美国政府的国防和军费开支不堪重负，不得不选择从伊拉克撤军。此外，驻伊美军在伊拉克民族分子连续自杀式袭击中厌战情绪高涨，美国选民要求撤军的呼声越来越大。

再次，奥巴马要赢得连任，需兑现第一任总统竞选时的承诺。奥巴马总统在 2009 年主要因为承诺从伊拉克撤军而获得诺贝尔和平奖。对注意政治形象的奥巴马总统来说，完成从伊拉克撤军是应尽要务。

当然，美国从伊拉克撤军并不意味着伊拉克的麻烦事减少了，也不表明中东对美国不重要。伊战已经过去 8 年多，伊拉克的安全形势依然糟糕。路边炸弹、汽车炸弹等每天都在夺走无辜者的生命。连伊拉克总理马利基都说，美军的离去，至少让恐怖组织发动袭击减少一项重要的道义支撑。伊拉克丰饶的石油资源，紧靠伊朗、叙利亚的重要战略地位，无不让美国人依依难舍。安全因素曾是美国试图在伊拉克保留军事存在的借口。2011 年早些时候，美国多方施压，希望伊拉克主动挽留 5000 至 1.5 万名美军。但是，美方要求驻军法律豁免权，伊方坚决抵制，终于导致协商的破裂，美国不得不按期在 2011 年年底离去。

美国对中东政策的选择，建立在中东事务对美国利益影响的大小的基础上。"9·11"事件发生后，美国断定，本·拉登领导的"基地"组织已经成为威胁美国安全最大的因素，因此，美国追根刨底，首先发动阿富汗战争，向基地组织公开的支持者和庇护者塔利班算账。阿富汗战争大局已定后，美国又觉得萨达姆掌权的伊拉克是美国中东利益的最大威胁，在没有确凿证据的情况下，仍然发动了伊拉克战争。在打了阿富汗和伊拉克两场战争后，美国逐渐感受到深陷中东，不仅不利于美国国内问题解决，而且其他国际力量正利用美国的困境乘势崛起。

美国作出中东对美国战略地位下降的判断，主要有以下几方面的原因。

第一，美国对中东利益的依赖相对下降了，其中一个重要的方面就是美国对中东的石油依赖在下降。据美国能源信息署（U. S. Energy Information Adminstration）的数据，2009 年，美国进口石油依存度为 51%。同年，在美国的石油进口来源地区和国家中，西半球国家占 51%，非洲占

22%，波斯湾地区占17%，其他地区占10%。① 显然，美国未来能源战略的重心将会放在西半球，包括北美的加拿大和拉美的巴西、委内瑞拉等地。近年来，美国加大了对本土沿海石油资源的勘探和开发，而油田探测和开采技术的突破，也为美国从小布什以来一直在努力减少对中东石油的依赖这个目标得以逐步实现。

第二，美国深知，中东地区不少世纪性顽疾，如阿以冲突、巴以和平等很多难题难有进展。美国在这些问题上投入了很大的精力，消耗了不少政治和外交资源，但实际效果并不明显。

第三，在本·拉登被击毙后，美国的反恐战略就可以进行微调。在反恐战略和战术应用上，美国倾向于在海外用精确的情报加上精确的打击反恐，而且反恐重点转向国内，通过加强联邦政府与地方政府甚至社区的合作来反恐。中东地区虽然还存在着滋生恐怖主义产生的各种因素，但再次发动大规模反恐战争的可能性明显减少。

第四，中东地区虽然还存在着对美国利益构成重大危害的因素，如伊朗核问题的前景还很不明朗。但在伊朗核问题上，美国可选择的对策并不多。美国主要依靠不断的政治施压和经济制裁迫使伊朗改变在发展核能问题上的强硬立场。美国也乐意看到盟国与美国一起向伊朗施压。如美国欢迎欧盟在美国之后进一步推出对伊朗的制裁措施。美国也愿意看到沙特、土耳其等中东国家在伊朗核问题上做出的努力。让盟国分担义务是奥巴马对外政策的一个重要特色。尤其在中东地区问题上，美国已经感受到，美国包揽一切的做法既不现实，也不会有好的效果。正如美国一直在调处它在中东和平问题上的处境，阿以双方都一直把失败的原因归结到美国身上。

当然，中东和世界其他地区发生的新变化为美国从中东战略撤退提供了现实的条件。美国在应对目前仍在演进的中东大变局过程中，已经表现出了推动其盟友共同维护地区利益的做法。美国让法国、英国等欧盟国家在利比亚事务中发挥更多作用。美国也希望土耳其、沙特、阿盟、海合会等国家和地区性组织在伊朗核问题及其他中东地区问题上发挥更大作用。与此同时，美国在亚太地区的战略推进也不断进行。美国国务卿希拉里·克林顿公开强调美国是一个"太平洋国家"。美国不仅高调介入南海问

_____

① 数据来源：U. S. Energy Information Adminstration，Petroleum Supply Annual 2009.

题，而且大力推动建立"跨太平洋伙伴关系协议"（TPP）体系，图谋主导地区经济合作及一体化进程，为美国商品出口和对外投资创造机会，最终为美国战略东移提供实践依据。

第四节 "阿拉伯之春"后的美国中东战政策走向

一 "阿拉伯之春"对美国中东政策和利益的影响

首先，美国对由突尼斯骚乱引发的阿拉伯国家政局动荡的连锁反应准备不足。面对 2010 年年底兴起的"阿拉伯之春"运动，美国政府的心态非常矛盾。一方面，很多在运动中被推翻的独裁者，都是美国在巴以和反恐问题上的盟友，如埃及的穆巴拉克总统，是美国在中东几十年的盟友。也门的萨利赫也是美国在中东，尤其在阿拉伯半岛与基地组织作战的重要盟友。而政局变动后这些国家通过民选上台的新兴政治力量对美国和以色列却不见得非常友好。另一方面，美国作为捍卫西方民主价值观的"旗手"和自由世界的"领袖"，对中东人民的民主诉求又必须予以积极的回应与支持。这种两难处境导致奥巴马政府在应对"阿拉伯之春"时反应迟缓，被指责是"坐在后排领导"（leading from behind）。因此，虽然美国在伊拉克战争后不久就在中东推行"大中东民主化"计划，但一旦中东国家内部出现自发性的反对独裁的政治运动时，美国还是感到"意外"，第一反应也是束手束脚。这不能不使人们重新思考美国当初"改造中东"战略出台的真正目的。

其次，美国抛弃中东盟友的做法将给美国今后发展与地区盟友的关系带来负面影响。"阿拉伯之春"摧毁了维持 30 余年的中东战略性稳定，昔日"全局性稳定，局部不稳"的格局被打破，如今显露"全局性不稳，局部稳定"的新格局，地区性秩序出现失控。在"革命"后的突尼斯和摩洛哥，伊斯兰力量也赢得了选举，并开始组阁。阿尔及利亚解除紧急状态使伊斯兰政治势力和极端势力获得活动空间。伊拉克和黎巴嫩的历史实践也表明，在中东，一旦昔日的国家政权结构被打破，稳定被破坏，那么部族主义、教派主义传统上受压制的传统力量就会重新抬头，并成为影响政治和社会稳定的重要力量。而就在利比亚、叙利亚以及也门最近的事变中充分显示出来卡扎菲之死来得太及时了。无疑，卡扎菲被击毙对奥巴马谋求连任有加分作用，但许多美国专家在接受中新社记者采访时却认为，这种加分效果十分有限。美国卡托研究所国防和外交政策高级研究员泰德·卡彭特认为，大多数美国人并不关注利比亚发生的事情，而且，美国人对卡扎菲并不像对拉登那样仇恨。他指出，真正影响2012年总统大选的是经济问题或者可能出现的重大外交政策危机。卡彭特的话已有数据佐证，今年5月击毙拉登之后，奥巴马的支持率一度上升至56%，但由于失业率高企，目前他的支持率又下滑至40%左右的新低。

再次，中东地区国际力量出现新一轮的分化组合，美国如何重塑盟友体系是一个摆在美国面前的大问题。比如，埃及是美国在中东长期的战略盟友，但穆巴拉克政权垮台后埃及政治发展出现了新的动向。埃及穆斯林兄弟会成员不仅在2012年年初的议会选举中占据了多数席位，而且穆斯林兄弟会下属的自由和正义党领导人穆尔西在2012年6月还最终当选为埃及新总统，因此美国在中东的重要盟友埃及未来的政治走向仍不明朗。而美国另一个长期盟友以色列在地区日益孤立，战略安全环境趋于恶化。土耳其埃尔多安政府因公开站在革命者一边，积极参与阿拉伯世界变革而影响日增。伊朗则因地区对手或陷于困境，或陷于孤立，而进一步巩固近年来获得的地缘政治优势。两次伊拉克战争给本处于边缘化地位的库尔德人在伊拉克重新崛起提供机会，而这一次阿拉伯之春又给库尔德人带来了新机会。叙利亚库尔德人积极参与反政府行动，叙利亚不可预测的未来让叙库尔德人看到了建立另一个伊拉克库尔德斯坦自治区的机会。而土耳其的库尔德人则发起不服从运动，库尔德政党日益敢于公开挑战政府，令支持阿拉伯民主抗议活动的土政府十分尴尬。中东地区力量重心继续东移，穆巴拉克和卡扎菲的离去以及北非诸国不确定的未来使北非阿拉伯国家在阿拉伯世界的话语权日益缩小，地区以及阿盟的权力中心已经转移到波斯湾地区以及以沙特和卡塔尔为代表的海合会手里。尤其是，海合会联合出兵巴林，帮助维持稳定，调解并迫使萨利赫总统下台，同时以海合会为新领导核心的阿盟还积极干预利比亚与叙利亚；传统的中东政治主要角色如埃及、叙利亚、伊拉克、利比亚、阿尔及利亚均陷入不同程度的危机之中，海合会、土耳其和伊朗现已成为地区新的主导政治力量。利比亚问题虽然在北约干涉下得以解决，但目前中东局势仍在剧烈变化中。叙利亚和伊朗都是让美国非常头痛的问题。但可以肯定的是，在"巨变"后的中东地区，美国不得不面临自身影响力下降的复杂局面。

最后，美国在如何应对在中东出现的新一轮伊斯兰政治势力左右为难。埃及第一阶段选举，伊斯兰势力优势明显。突尼斯已经完成选举，温和的伊斯兰政党赢得议会多数席位。问题并不在于伊斯兰势力本身，关键是他们如何应对许多具体问题，比如能否给宗教或种族方面的少数派平等的权力。伊斯兰主义、教派主义、部族主义以及民粹主义力量上升，而世俗主义、国家主义传统力量下降。中东历史发展表明，民主运动或局势动荡常常伴随伊斯兰政治势力以及极端主义的兴起。中东剧变使一向对伊斯兰势力持打压态度的强人政权垮台，或迫使其向伊斯兰势力退让。以埃及为例，长期遭打压的埃及最大反对派穆斯林兄弟会在穆巴拉克倒台后已合法化，并正式组建政党，已在举行的两轮议会选举中获胜，未来必将成为埃及最重要政治力量。突尼斯、利比亚、也门等国家在前政权垮台后，都同样出现了伊斯兰复兴力量崛起的苗头。虽然现在的伊斯兰复兴力量与过去相比，立场要温和一些，但它们回归伊斯兰本位的思想，仍然是美国与西方国家不愿看到的。此外，伊斯兰极端势力也图谋在中东政局大动荡中兴风作浪。因此，美国在中东面临的考验仍然不少。

二　美国军事战略的重大调整对中东地区的影响

中东在美国全球战略中的重要性是不言而喻的，但作为一个谋求全球霸权和主控性的大国，美国对全球各地战略重要性的排序并不是一成不变的。奥巴马总统上任后逐步从伊拉克撤军以及承诺从阿富汗撤军，已经显示出美国战略重心转移的苗头。2012 年 1 月 5 日，美国总统奥巴马宣布推出一项新军事战略，强调美国虽然面临预算压力，但将努力确保其"军事超强"地位，同时将美国军事重心转向亚太地区。奥巴马当天在五角大楼与国防部长帕内塔和参谋长联席会议主席登普西一道举行了记者会，公布了这份题为《维持美国的全球领导地位：21 世纪国防的优先任务》的新军事战略报告。新战略暗示美国将缩减陆军规模，并减少在欧洲的军事存在，转而加强在亚太地区的军事存在，以维护亚太的"安全与繁荣"。奥巴马在讲话中表示，美军在经历 10 年战争后正处于"一个过渡时期"，虽然美军将继续为维护全球安全作贡献，但有必要对其关注重点进行再平衡，把重心转向亚太地区。他强调，虽然美国面临削减国防预算的压力，美军规模将会缩减，"但世界必须知道，美国将维持其武装部队的军事超强优势，美军将保持灵活性，准备应对各种紧急事态和威胁"①。

美国新的军事战略报告同时也显示，美国不会放弃在中东地区的驻军和军事优势。美国在中东军事力量的重心仍将是打击极端主义与保护以色列等盟友。美方还将把大量精力放在确保海湾地区安全、防止弹道导弹与大规模杀伤性武器扩散上。一个引人注意的事实是，美国军事战略的主要特点是：保留了美军的一些传统使命，包括打击恐怖主义、维持核威慑、确保国土安全、阻止和挫败任何潜在敌人的入侵等，同时强调将提高美军在网络战、导弹防御等方面的能力，但将避免发动类似阿富汗和伊拉克战争这样的持续时间很长的大规模战争。

美国军事战略调整其实早露端倪。奥巴马政府是在面临紧缩预算的巨大压力、反恐战争取得阶段性成果、美军撤出伊拉克和正从阿富汗撤军的背景下提出以上新军事战略的。为了削减不断增长的财政赤字，奥巴马政府提出了大幅缩减预算的计划，其中包括在今后 10 年内削减 4890 亿美元的国防开支。

美国军事战略的调整给中东带来的影响可能是多方面的。

首先，一方面美国按部就班地从伊拉克和阿富汗撤军，但中东动荡局势的不确定性又迫使美国在中东地区保持足够的军事威慑力。以伊朗局势为例。2011 年年底，伊朗海军在伊朗南部海域举行为期 10 天、代号"守卫 90"的大规模军事演习，演习区域横跨印度洋 2000 多公里长的海域，波斯湾主要石油运输通道霍尔木兹海峡也在其中。美国很快对伊朗军演作出反应。2011 年 12 月 29 日，伊朗海军将领马哈茂德·穆萨维说，他们在邻近霍尔木兹海峡的军事演习区域发现一艘美国航空母舰。穆萨维表示，这艘航母很可能是"约翰·斯滕尼斯"号。此前美国军方曾公开表示，在伊朗军演期间，"约翰·斯滕尼斯"号航母战斗群会穿过霍尔木兹海峡。2012 年 1 月 11 日，美国军方宣布，美"卡尔·文森"号航母及其打击编队目前已抵达海湾地区，但称这是一次"例行"活动，接替"约翰斯坦尼斯"号航母，并否认此举与美伊紧张局势有关。与此同时，美国海军也透露，在印度洋执行任务的美国"林肯"号正准备与"卡尔·

---

① 新华社消息"美军公布新军事战略"，新华网消息：http://news.xinhuanet.com/mil/2012 - 01/06/c_ 122545701. htm.

文森"号会合，届时美国三艘航母将齐聚海湾。在叙利亚危机爆发后，美国也曾派航母到叙利亚近海游弋。因此，在中东这个热点频发的地区，美国动用的军事威慑今后可能更多地从"驻军"威慑，转向"航母"威慑。

其次，美国与中东的盟友关系，特别是有美国驻军和基地存在的国家，它们和美国的关系将发生微妙的变化。中东地区不少国家，与美国之间存在着各种形式的军事合作关系。如以色列，虽然美国在以色列没有成建制的军队驻扎，但以色列是美国在中东"不沉的航空母舰"。美国和以色列之间"战略合作盟友"的关系不会轻易改变。以色列是公认的在中东唯一拥有核武器的国家。以色列的整体军事势力在中东无可匹敌。在以色列已经具备极大军事优势，以及埃及、叙利亚等阿拉伯国家军事实力地位下降的背景下，美国对中东的军援和售武将更多地从"平衡"的立场出发。2011 年年底，美国宣布，将向沙特阿拉伯出售价值 294 亿美元的战机。按照该军售协议，美国将向沙特出售 84 架配置先进雷达装备和数字电子战系统的新型 F – 15 战机，并为其升级 70 架旧的 F – 15 战机，还将提供军需、备件、培训、维护和物流等支持。虽然美国国会此前已通过该军售案，白宫此时宣布该计划，适逢海湾局势紧张，表明美国与沙特防务关系加强。此前以色列曾对美国大规模军售沙特表示严重关注，但此次公布军售消息，以色列却出奇的平静，表示以色列并不担忧沙特军事力量的增强对自己带来的威胁。美国在海湾地区的巴林、科威特、卡塔尔等国都设有一些军事基地和设施。为了维持这些基地的作用和价值，美国今后将加强与这些国家的关系。

第十三章　利比亚战争与法国在中东和北非的政策分析

在 2011 年的利比亚危机和随后的利比亚战争中，法国是表现最活跃的西方国家。法国不仅是积极表态支持对卡扎菲政权进行制裁的国家，也是最先与利比亚反对卡扎菲政府的政治势力进行接触的国家。法国还从美国手中接过了利比亚战争的指挥权。法国不但是最早承认利比亚"全国过渡委员会"的国家，同时，法国总统萨科奇还是在的黎波里"解放"后首先访问利比亚的西方国家领导人之一。在利比亚战后政治安排与经济援助等问题上，法国当仁不让地坐了"老大"地位。法国的所作所为是法国一个时期以来在中东和北非事务中不断进取的一个集中表现。

第一节　法国的"非洲情结"与法国对利比亚和非洲事务的关注

在欧盟国家中，法国的对外政策相对具有自己的特色。但在欧盟成立后，欧盟各个国家的对外政策经常以欧盟对外政策的形态表现出来。由于法国在中东有着其他任何欧盟国家都难以相比的地缘政治历史联系与利益，因此，法国对中东地区的任何重大问题都相当感兴趣，不满足于被美国或其他国家排挤。

利比亚的近现代历史与法国、意大利等西方国家关系密切。1912年10月，利比亚在意土战争后成为意大利的殖民地。1943年年初，英国军队占领北部的黎波里塔尼和昔兰尼加地区，法国军队占领南部费赞地区，并分别成立了军政府。第二次世界大战后，由联合国对利全部领土行使管辖权。1951年12月利比亚宣告独立，成立利比亚联合王国。1969年9月1日，卡扎菲发动军事政变，推翻了伊德里斯王朝统治，建立阿拉伯利比亚共和国。由于历史和地缘政治的因素，法国一向视北非为自己的"势力范围"。利比亚周围的突尼斯、摩洛哥、阿尔及利亚、马里等都是法语国家，法国一直想把利比亚也纳入自己的势力范围，但卡扎菲却成为法国难以降伏的一匹野马。

其实法国和卡扎菲早有宿怨。20世纪60年代后，法国虽然结束了在非洲的殖民统治，但一直通过各种手段插手其原来殖民地的各种事务。利比亚南部的乍得曾是法国殖民地。法国一直把中部和西部非洲的一些国家视为自己的势力范围，不许别国染指。20世纪80年代，乍得发生内战，法国曾派兵支持哈布雷政府，而利比亚则支持反政府的古库尼武装。卡扎菲与法国由此严重结怨。1987年，法国和利比亚分别从乍得撤军。法国对于任何在非洲排挤法国势力的举动都是不能容忍的，甚至连美国也不买账。所以当1985年美国里根政府空袭利比亚的时候，法国拒绝了美机过境的请求。进入21世纪，法国急于在国际上树立法国的大国地位，但是始终难以找到一个合适的展示自己的舞台。2011年年初，利比亚国内危机爆发，法国自然认为机会难得。雄心勃勃的萨科奇放手在利比亚问题上一搏，如果此次干涉成功，将大大加强法国在欧盟

中的政治地位，确立法在欧洲的政治领袖地位，也有利于萨科奇争取
2012 年连任大选。

石油和经济因素一直影响到法国的利比亚政策。利比亚为非洲石油
储备最为丰富的国家之一，近年来国际油价屡创新高，为其带来了丰厚
的石油收益，但是在丰厚的石油收益中，获利最多的不是利比亚本身，
而是经营这些石油资产的西方石油公司。在利比亚外国石油投资中法国
占据了绝大多数份额，而一旦利比亚政府掌握局势，其石油利益必然
受损。

第二节　通过推翻卡扎菲政权，为谋求
"地中海盟主"扫清道路

法国一直想通过"法语国家首脑会议"和"欧盟—地中海联盟"等
框架主导法国和北非国家关系，并且一直寻找在中东和北非事务中发挥
重要作用的机会。在这一过程中，卡扎菲领导下的利比亚一度被认为是
一个可以"改造"的对象。2003 年伊拉克战争后，卡扎菲主动调整对西
方的政策，双方关系出现转机。利比亚不仅宣布放弃发展大规模杀伤性
武器，而且承认制造了洛克比空难。法国曾对转变卡扎菲的政策抱有很
大希望。2007 年法国总统萨科奇曾访问利比亚，当时萨科奇向法国国内
和国际社会承诺要"把利比亚带回到国际社会"，不久卡扎菲也回访法
国。但此后利比亚并未像西方希望的那样"融入国际社会"。再有，建
立地中海联盟是萨科齐出任法国总统后一个引以为荣的外交创举。2008
年 7 月 13 日，欧盟 27 个成员国和地中海沿岸 13 个非欧盟成员的领导人
在巴黎宣告成立"地中海联盟"。然而，利比亚作为地中海南岸一个举
足轻重的国家却拒绝参加这一联盟。这也成了萨科齐与卡扎菲交恶的又
一个直接原因。突尼斯和埃及政权的更迭，使法国看到了改变利比亚政
权的极好机会。法国总统府明确提出，"重振地中海联盟是法国应对北
非局势变化的一个目标"①。

经济利益也是法国对利比亚政策考虑的重要理由。法国始终把西亚北
非地区视为自己的经济命脉，利比亚幅员辽阔、资源丰富，与法国隔海相

---

①　《人民日报》，2011 年 3 月 21 日。

望，对于法国来说，这是个潜力巨大的市场和资源供应地。与法国政府关系密切的道达尔石油公司在利比亚和北非的投资巨大。战前的利比亚每日向法输出石油13.3万桶，占利比亚石油出口的10%。法国总统萨科奇和卡扎菲几年前互访后，法国和利比亚的经济关系不断升温。有数据显示，截至2010年10月，在利比亚经营的法国公司已经由2008年的18家增加到32家，能源是主要的投资领域。美国《时代》周刊网站的报道称，法国的石油企业在利比亚拥有数十亿美元的投资。利比亚的石油行业是法国和一些欧洲国家重要的投资市场。但法国和利比亚冷淡的政治关系却使石油和经济部门认为长期利益得不到保证。法国认为积极推动制裁利比亚，进而推翻卡扎菲政权，扶持亲西方的利比亚新领导上台，能使其在利比亚乃至整个地中海和非洲地区的利益得到更大保障。

利比亚出现动乱后，石油出口中断，短期内一度造成国际油价的飙升。正遭受国际金融风暴和欧洲债务危机创伤的法国，正处于艰难的经济恢复期，油价上涨对于能源依靠进口的法国来说，犹如雪上加霜。因此，面对利比亚国内乱局，法国积极行动，抢占先机，推动国际社会制裁卡扎菲，试图在卡扎菲后的利比亚政局中争取更大的发言权。早在利比亚战争初期的2011年4月21日，法国总统萨科奇在会见利比亚"全国过渡委员会"主席贾利勒时，就强烈表达了希望凭积极主导北约空袭之功争取"后卡扎菲时代"利比亚原油开采优先权的意愿。① 法国《费加罗报》更发表评论称，利比亚的新政府将是一个"很好的合作伙伴"。法国石油公司今后在利比亚的建设及经营会"更加自由"。在利比亚战争还没有完全结束的2011年8月，法国道达尔石油公司就派遣行政管理和石油工程专家前往班加西，与利比亚反对派领导人接触，商讨战后参与利比亚石油恢复出口事宜。战争结束后，法国还积极斡旋解冻战争爆发后被冻结的利比亚海外资产。2011年12月15日，法国外交部长阿兰·朱佩在访问利比亚首都的黎波里时表示，法国将在未来几天解冻2.3亿欧元利比亚资金，并协助利比亚当局取得其余的冻结财产。2011年11月24日就职的利比亚新政府中，多名负责财政和经济部门的部长与法国的关系密切，显示法国将与利比亚新政府保持密切的联系。

---

① http://news.cntv.cn/20110421/111110.shtml.

第三节　法国谋求国际社会中的"法语声音"，
加强与中东联系

第二次世界大战后，法语的地位下降，影响日益缩小。法国政府对此深感忧虑。20 世纪 60 年代，法国总统戴高乐提出了建立"法语共同体"的设想。1970 年，21 个法语国家在尼日尔首都尼亚美召开的会议上签署了成立文化技术合作局宪章，标志法语国家组织（Organisation Internationale de la Francophonie）的成立。首届法语国家首脑会议于 1986 年召开，法国总统密特朗倡议召开了第一届法语国家首脑会议，此后基本上每两年举行一次。多年来法语国家组织已经从一个松散的组织发展成一个多功能的、全面的国际组织，其目标涵盖的范围也从初期的维护法语的世界地位逐步向政治、经济等领域拓展。法语国家组织目前拥有 53 个正式成员，2个协作成员和 13 个观察员。其中很多位于北非和西亚。1995 年 12 月举行的第六届法语国家首脑会议决定设立秘书长一职，以协调法语国家的行动。

法国创立法语国家首脑会议的目的是维护和加强法语在世界上的地位，广泛联合法语国家，扩大其政治和文化影响，增强法国的国际地位。当然，参加法语国家首脑会议国家各自在文化、经济和外交上也都有自己的考虑。2002 年 10 月 18—20 日，第 9 届法语国家首脑会议在黎巴嫩首都贝鲁特举行，55 个法语国家派团与会，阿尔及利亚作为黎巴嫩政府特别嘉宾出席会议。此系首次在阿拉伯国家举行的峰会，会议的主题是"不同文明的对话"。

除了法语国家首脑会议外，法国近年来也很重视利用法国和非洲国家首脑会议，以及推动建立"地中海联盟"等来加强法国在国际社会中的影响力。

法国和非洲国家首脑会议最早开始于 1973 年。在 2002 年召开的第 22届法非首脑会议上表示，法国首次表示"把非洲置于其外交战略的优先地位，将在对话和团结的基础上发展新型法非伙伴关系"。萨科奇担任法国总统后，更加重视与非洲国家发展关系。第 25 届法非首脑会议于 2010年 5 月 31 日至 6 月 1 日在法国南部城市尼斯举行。法国总统萨科齐任内首次主持法非国家首脑会议，萨科奇总统还史无前例地邀请法非商界人士参与这一本来只有政府首脑和国际机构代表参加的官方会议，显示法国重视与非洲国家发展关系。

由法国总统热衷和主导建立的"地中海联盟"集中体现了法国在中东和北非事务中的战略构想。地中海联盟构想源于1995年11月27日巴塞罗那会议所确立的"巴塞罗那进程"，即欧盟和地中海沿岸国家——阿尔及利亚、摩洛哥、突尼斯、塞浦路斯、埃及、以色列、约旦、黎巴嫩、马耳他、叙利亚、土耳其这11个北非和中东国家，以及巴勒斯坦民族权力机构，建立在经济、能源、移民、民主制等方面的合作关系，以2010年前建立欧盟与地中海国家的自由贸易区为远期目标。但由于伊斯兰极端主义的滋扰、巴以之间的民族冲突，阿拉伯国家不愿接纳欧盟为其制定的国际人权标准，整合地中海沿岸这一有着强烈"异质性"的地区，对于欧盟而言多少带有一点"乌托邦"的色彩。萨科齐因此在竞选总统过程中，在"巴塞罗那进程"基础上提出了"地中海联盟"的设想，将范围缩小到地中海西部的北非国家。因为来自北非的非法移民一直是法国的心腹之患，阿尔及利亚极端伊斯兰宗教武装的活动也是法国的潜在的挑战。此外，北非地区对发展核能的潜在需求也是法国寻求建立"地中海联盟"的现实利益考虑。施展"核外交术"的萨科齐自去年上台以来，已同摩洛哥、阿尔及利亚和利比亚签署了核合作协议。此外，北非的阿尔及利亚和利比亚等国，以及邻近这一地区的苏丹和几内亚湾地区，均是世界上重要的原油产区，加强与这些国家的关系亦可保障法国的能源供给渠道。基于这些考虑，萨科齐提出建立与"巴塞罗那进程"并行的、只吸收地中海沿岸国家的"地中海联盟"。由于法国不可能独自承担维持联盟运转庞大的经费，还得仰仗欧盟的财政支持，因此这个"地中海联盟"实为欧盟框架下的"盟中之盟"。在"巴塞罗那进程"下，法国、意大利和西班牙这三个欧洲南部大国是该机制的主要推动国，而在"地中海联盟"下，法国则为主导。

2008年7月13日，欧盟27个成员国和16个地中海沿岸非欧盟成员国的领导人在巴黎举行地中海首脑会议，地中海联盟正式成立。萨科齐提出的地中海联盟主要有以下几方面因素。首先，从地缘政治看，地中海是法国安全战略的优先关注地区，通过地中海东进是中东和海湾，南下是北非和法语黑非洲，这些地区都是法国传统势力范围。萨科齐强调，法国的目标是重新成为实力雄厚的地中海大国。其次，法国面临的恐怖主义威胁越来越严峻，而这种威胁主要来自北非和中东阿拉伯国家的极端主义势力，通过地中海联盟与北非和中东各成员国加强合作，将有助于制止这些极端分子的潜入和行动。再次，由于战争和贫困，非洲大量移民进入法国造成了众多的社会经济问题，一旦南欧与地中海南岸国家展开合作，实现南岸国家的安定和繁荣，可以从源头上解决移民问题。复次，地中海南岸国家具有很大的产品、投资市场潜力，法国还特别希望开拓阿拉伯国家的核工业市场。北非和中东国家以及邻近这一地区的苏丹和几内亚湾地区都是石油天然气等能源产地以及各种原料产地，如果地中海地区建成一个地域广泛的自由贸易区，这将是确保和开拓新的能源和原料供应来源的重要手段。最后，美国同法国在非洲的争夺十分激烈，美国大举"进攻"，争夺法国的传统市场和原料供应地，法国在非洲，特别是黑非洲的影响正在削弱。而地中海联盟将使得法国能够加强在北非地区的影响，进而扩大到西部黑非洲地区，从而维护自己在非洲前法国殖民地的传统地位。

当然，萨科奇上台后，最值得一提的是法国完全回归北约军事合作框架。在北约跟欧盟这个政治集团里，法国一直同美国、英国在争夺军事和经济政治方面的主导权，这可从法国重新回到北约军事合作组织与体系一事上表现出来。法国总统萨科齐 2009 年 3 月 11 日宣布，法国将重返北大西洋公约组织军事一体化机构，意味着法国长期以来在欧洲"独树一帜"的安全和外交政策理念迎来重大转变。一直以来，法国的安全和外交政策深深烙有戴高乐将军"独立法国"理念的印记。在北大西洋公约组织和欧洲，法国的"特立独行"令外界印象深刻。但萨科齐认为，如果法国要在未来全球安全事务中发挥影响力，必须摒弃"旁观者"立场，成为北约军事决策的"圈内人"，自我孤立的国家是没有影响力的国家，"如果我们想指望什么，我们必须知道如何与盟友保持紧密联系"。萨科齐说，加入军事一体化机构后，法国将更强大、更有影响力，因为法国必须成为北约的"共同领导人"之一，而不是处于从属地位。同时，他认为法国全面加入北约有助于欧洲与美国的对话。但也有萨科齐的批评者认为，全面加入北约，将使法国在处理与俄罗斯以及中东地区国家关系时丧失独立性，甚至可能被迫卷入美国主导的军事冒险。欧洲防务局前局长尼克·威特尼接受路透社采访时说，北约成立之初的权力设计就不平衡，基本是"美国主导"；而对于北约的欧洲成员来说，这种设计能让他们在全球安全问题上"盲从"美国，从而避免为有争议的军事行为负责。威特尼因此认为，大西洋两岸围绕安全事务的坦率对话更有可能在美国与欧洲联盟的框架内实现，而不是在北约内部。萨科齐和他的支持者认为，全面加入北约将提升法国在西方盟国中的影响力，但法国社会党第一书记玛蒂娜·奥布里则批评萨科齐的决定说，法国当前根本不需要急于加入北约军事机构，萨科齐只是热衷于抽象的"大西洋主义"。

　　法国回归北约军事框架后，很快在 2011 年的利比亚危机发展过程中担当重要角色。由于美国在中东仍然陷于伊拉克和阿富汗两场战争的泥潭中，对利比亚问题显得力不从心。法国觉得这对自己来说是一个机会，所以就毫不客气地在应对问题时显得积极主动。利比亚危机爆发后，法国与联合国安理会另一个常任理事国英国一起成为安理会对利比亚采取制裁措施的积极倡议者和推动者。2011 年 2 月 26 日，联合国安理会就利比亚问题一致通过决议，决定对利比亚进行制裁，包括：武器禁运、禁止利比亚领导人卡扎菲和其家庭主要成员等人出国旅行，并冻结卡扎菲和相关人员的海外资产等。此后利比亚和法国及西方关系急转直下。决议通过后，法国在鼓动国际社会向卡扎菲施压方面走在西方国家的前面。法国是首先承认利比亚反政府势力的西方国家，3 月 10 日，萨科齐在爱丽舍宫接见了"利比亚全国委员会"的代表，并在未通知西方盟友的情况下单方面承认了该机构的合法性，将该机构称为法国在利比亚的"唯一对话者"。萨科齐想通过这一重大外交举措，改变法国因对突尼斯和埃及动荡反应迟缓的外交颓势，借此改善其在国内政治中的形象。在萨科齐宣布承认"利比亚全国委员会"之后不久，卡扎菲宣布与法国断交。在这种背景下，军事干预利比亚并逼迫卡扎菲下台，成为法国不得已的选择。战争开始后，法国曾设想战争在"几个星期内"结束，但持续几个月的军事行动给法国经济和财政带来了巨大的压力，但法国此时已没有了退路。2011 年 7 月 12 日，法国议会以压倒性结果投票同意继续延长法国在利比亚的军事行动，法国总理菲永在国民议会还表示："现在比任何时候都更需要一个政治解决方案，这种方案正在成形成。"这一表态显示法国还将参与到利比亚战事结束后的政治重建进程中去。在法国议会两院当天举行的投票中，国民议会的投票表决结果是 482 票赞成、27 票反对，参议院的投票表决结果为 311 票赞成、24 票反对。法国还直接参与到推翻卡扎菲后利比亚政治安排过程。法国外长在 2011 年 8 月 12 日向外界表示，巴黎方面已经与利比亚政府的密使有过多次接触。2011 年 8 月 24 日，萨科奇总统在巴黎爱丽舍宫会见了"利比亚国家过渡委员会"（NTC）二号人物马哈茂德·贾布里勒。法国日报《世界报》当天分析称，以市民军的胜利而告终的利比亚内战是"萨科奇的战争"①。2011年9月15日，法国总统萨科齐与英国首相卡梅伦碰头，随后共同对利比亚进行访问，成为推翻卡扎菲后最新访问利比亚的西方国家领导人。

　　总之，法国在利比亚问题上的立场和态度，是法国非洲和地中海战略的重要组成部分。法国与利比亚及北非的历史联系和情结，决定了法国对利比亚和非洲事务的"强烈关注"，同时，萨科奇的政治抱负和大国意识，极大地影响了法国带头用军事手段推翻卡扎菲的政治冒险行为。而法国在利比亚和北非地区现实的经济和石油利益，决定了法国将与其他试图染指这一地区利益的国家展开激烈竞争。随着利比亚战后政治和经济重建的进行，利比亚将是法国和相关利益国家在北非和中东争夺势力范围的一颗重要棋子。

第四节　法国等欧盟国家紧跟美国对伊朗制裁

　　英、法等西方国家在伊朗核问题上的基本立场相似，只不过欧洲国家更注重用谈判的方式解决与伊朗的冲突，而美国则强调不排除使用武力。但在对伊朗施压和经济制裁方面，欧洲国家也紧跟美国的步伐。

　　法国是伊朗核问题六方国际会谈代表之一。在伊朗核危机初期，法国的立场相对温和，并一度得到伊朗的善意回应。2006年10月3日，伊朗官员建议由法国牵头在伊朗建厂生产浓缩铀，以打破目前关于伊朗核问题的僵局。伊朗原子能组织副主席赛义迪在接受伊朗法尔斯通讯社台采访时说，伊朗现在有一个新的想法，建议由法国牵头组织在伊朗进行铀浓缩工作，这样法国就可以通过法国公司对伊朗的铀浓缩活动进行可靠的监控。针对伊朗方面的上述表态，法国外交部发言人马泰表示，应该由欧盟负责外交和安全政策的高级代表索拉纳与伊朗进行对话，如果伊朗通过这一渠道对暂停铀浓缩活动的要求作出"积极答复"，就能产生"便于大家提出各自建议的谈判空间"。2007年3月，法国总理德维尔潘说，军事手段解决不了伊朗核问题，对伊朗采取任何军事打击都会使中东局势更加动荡。

---

　　① http：//chinese. joins. com/gb/article. do？ method = detail&art_ id = 71685.

这是德维尔潘接受在伦敦出版的《生活报》记者采访时表示这一看法的。德维尔潘警告说，对伊朗采取任何军事打击行动都会产生预想不到严重后果，使整个中东地区更加动荡，法国政府认为，军事手段解决不了伊朗的核问题。伊朗应该选择对话，回到谈判桌前。德维尔潘强调，如果伊朗停止其浓缩铀活动，联合国安理会有可能结束对伊朗的制裁。但随着伊朗在核问题上的立场越来越强硬，法国和英国等欧盟国家也转向对伊朗进行制裁。

英国与伊朗的关系发展颇为复杂。伊朗伊斯兰革命后，英国也与伊朗断绝外交关系。1988年英国重开驻伊大使馆，1999年重新升级为大使级外交关系，2001年英国外交大臣斯特劳访问伊朗，加强反恐合作。1980年武装分子袭击伊朗驻英大使馆；同年英国关闭驻伊大使馆。1994年英国指责伊朗支持北爱独立运动，双方互相驱逐外交官。2007年伊朗在两伊海上边境附近逮捕15名英军士兵。2009年英伊关系因伊朗核问题起波澜，两国互相驱逐外交官。2010年伊朗逮捕9名在英大使馆工作的伊朗人，并指控以间谍罪。

在伊朗核问题六方国际谈判中，英国坚定支持美国的立场。在2011年10月美国推出对伊朗进一步制裁措施后，英国紧跟而上。2011年11月21日，英国财政大臣乔治·奥斯本宣布，自当日起，英国所有金融机构必须停止与伊朗任何银行及其分支机构的交易或商业往来，包括伊朗央行。英方认为，伊朗的银行正在为参与核弹项目的个人和团体提供金融服务，英国这一做法是为了阻止伊朗拥有核武器。

2011年11月30日，英国驻伊朗大使馆遭到伊朗示威者的冲击，英国很快做出了强硬的反应，驱逐了伊朗驻英的全部外交人员，德、法、意、荷等欧洲各国纷纷召回驻伊大使。

面对西方国家接踵而至的制裁措施，伊朗官员则表示制裁是一场"双输"游戏，伊朗可以应对挑战。美国国务卿希拉里与财政部长盖特纳2011年11月21日举行联合记者会时表示，美国将中止与伊朗银行系统的全部往来，11个与伊朗核计划有关的个人和实体被列入制裁名单，同时中止向伊朗石化企业提供货品、服务和技术支持。盖特纳称美国已将伊朗列为"重要洗钱中心"，称任何与伊朗中央银行的合作都有可能为伊朗发展核武器提供帮助。希拉里则表示，如果伊朗不停止发展核武器计划，将面临更加严厉的制裁。同一天，英国政府下令中止金融机构与伊朗银行业的合作。加拿大《环球邮报》报道，加拿大也将停止向伊朗石化、油气等企业出口机械设备。法国当天虽未明确提出制裁措施，但总统萨科齐号召欧盟国家对伊朗采取"史无前例的制裁"，包括冻结伊朗中央银行的资产，停止购买伊朗石油。

美国和一些西方国家对伊朗的新制裁，是对国际原子能机构（IAEA）2011 年 11 月 8 日发布的伊朗核计划报告的回应，这份报告认为伊朗曾经或可能正在从事制造核武器的相关研究。但《华盛顿邮报》认为，美国政府的此番表态酝酿已久，并不出乎外界预料。只是美、英、加三国同一天高调宣布制裁伊朗，这在西方处理伊朗核问题上尚属首次。但伊朗对来自西方的压力反应仍然强硬。11 月 21 日，伊朗工业、矿业和商业部长迈赫迪卡赞法里在德黑兰表示，西方国家对伊朗的制裁是一场"双输"游戏，它产生的冲击是"双向的"。卡赞法里认为，制裁同样会损害西方利益。他说，如果西方不在伊朗能源领域投资，将失掉伊朗市场。伊朗可以考虑与其他国家合作，以取代西方。伊朗总统内贾德此前也多次表示西方对于伊朗的制裁收效甚微，伊朗经济会应对挑战，找到解决办法。伊朗有近 1/3 的原油流入欧洲，美国的制裁对于许多国际石油巨头来说是一个不小的打击。有经济学家表示，如果一旦冻结伊朗央行资产，将导致国际油价迅速升高，这将损害西方国家的利益。美国和西方对伊朗的制裁虽不断加大力度，但手段越来越有限，今后的制裁已经有向能源工业集中的趋势，甚至不排除在某个时间点，对伊朗实施石油禁运等严格打击措施，一旦局势发展至此，世界经济将面临新一轮考验。

为回应美国扩大对伊朗的制裁，2011 年 12 月 2 日，欧盟外长会议决定对 143 家个伊朗公司及 37 名个人实施制裁，其中 25 个实体与伊朗核项目有关联，120 个实体与伊朗航运公司有联系。不过，欧盟各成员国外长会议仍然还没有就向伊朗实施石油禁运达成一致意见。欧盟外长称："欧盟理事会经过调查后同意扩大现有的制裁措施，同时还将与国际伙伴密切合作。新制裁措施将会严重影响伊朗的金融体系、交通运输和能源。"①法国、德国和英国趋向于赞成抵制伊朗石油，但却未能在欧盟外长会议间达成协议，主要原因在于部分成员国进口伊朗石油比重较大。根据欧盟数据显示，2010 年伊朗原油占欧盟总进口量 5.8%，是欧盟第五大原油供应

① http://www.chinanews.com/gj/2011/12 - 02/3502521.shtml.

国，仅次于俄罗斯、挪威、利比亚和沙特阿拉伯。英国、法国、德国和瑞典等国家支持对伊朗实施石油禁运，停止从伊朗进口石油，可以切断伊朗的经济命脉，是对伊朗从事核技术发展的"釜底抽薪"。但是，希腊、西班牙和意大利等严重依赖伊朗石油的国家表示反对。不过一旦希腊等国家能找到替代的石油进口，欧盟就有可能对伊朗实施石油禁运。

2011 年 12 月 24 日，伊朗在霍尔木兹海峡进行代号"守卫 90"为期 10 天的军事演习，引起国际社会的极大关注。伊朗决定在海湾地区举行海军军演，是为了回应西方针对其核雄心而不断增强的压力，并警告称，如果该国主要的收入来源石油出口遭到制裁，它可能封锁霍尔木兹海峡。伊朗海军司令哈比拉·萨亚里 2011 年 12 月 28 日说，如果有必要，伊朗海军可以"轻松地"封锁霍尔木兹海峡。伊朗的军演和威胁封锁霍尔木兹海峡的警告令石油市场一片惊慌，推高了原油价格短期上冲。据估计，世界上 40% 的石油要经过霍尔木兹海峡外运。伊朗的军演旨在向西方发出如下讯息：它应该对向德黑兰进一步施压的经济成本予以三思。2012 年 1 月 2 日法国表示，伊朗在战略要地霍尔木兹海峡附近试射导弹令人遗憾，它提醒德黑兰有必要保持这个重要的石油运输航道畅通无阻。法国外交部发言人伯纳德·瓦莱罗说："伊朗宣布的最新导弹试射给国际社会发出了很坏的信号，我们对此感到遗憾。"他提醒德黑兰注意"海峡的航行自由以及维护有利于这种自由的氛围的必要性"。瓦莱罗说，欧盟关于对伊朗石油实施禁运的会谈"进展顺利"。他说："我们认为美国本周末通过的措施方向是正确的。"

美国总统奥巴马 2011 年 12 月 31 日签署了对伊朗进行新制裁的议案，使之成为法律。这一法案称要对与伊朗中央银行有来往的金融机构进行制裁。欧盟国家在美国宣布对伊朗进行新制裁后，也表示将讨论对伊朗进行石油禁运制裁。不过，由于对伊朗进行石油禁运牵涉到许多国家的利益，欧盟国家必定谨慎行事。据统计，2010 年，伊朗石油占欧盟国家原油进口总量的 5.8%。其中，西班牙进口量占欧盟总量的 14.6%，希腊占 14%，意大利占 13.1%。① 伊朗是石油输出国组织中第二大石油出口国。如来自伊朗的石油供应中断，必将使国际市场油价攀高，但油价走高对目前深陷债务危机的美国和欧洲国家来说，也是难以承受之重。因此，美国

① 《长江商报》2012 年 1 月 6 日。

和西方对伊朗的制裁虽不断加大力度，但似乎手段越来越有限，对伊朗石油禁运能否实施，以及产生的后果如何，仍然需要密切关注。

2012年1月23日，欧盟成员国外长会议在比利时首都布鲁塞尔召开，会议就对伊朗追加制裁敲定了最终方案。根据这一方案，欧盟将从2012年7月1日开始禁止成员国从伊朗进口、转运原油和成品油以及为伊朗的石油贸易提供融资和保险服务。欧盟之所以积极推动对伊朗的石油禁运，主要有三方面原因。首先，国际原子能机构2011年11月发表伊朗核问题报告，认为伊朗至少在2003年年底前，曾"有组织、系统性"地从事"与核爆炸装置有关"的活动。尽管伊朗坚称并无秘密的核武器计划，但这份报告的出台无疑引燃了西方最新一轮对伊朗制裁的导火索。其次，迫于美国的压力。美国一马当先对伊朗进行新的制裁，这也给其欧洲盟友带来不小压力。美国国会2011年12月通过一份国防拨款议案，其中包含要求对伊朗实施新制裁的条款。此后，美国派出高官赴欧盟、日本、韩国等进行游说，要求这些国家配合对伊朗的石油禁运。最后，从阻止伊朗发展核武器的角度出发，欧盟觉得有必要采取行动。欧盟希望通过配合美国对伊朗的石油禁运，逼迫其返回谈判桌，在核问题上作出实质性让步，同时尽量避免发生战争，从而防止油价飙升伤及欧洲经济。2012年7月1日，欧盟对伊朗的石油禁运生效。

第十四章　　中东大变局与俄罗斯的中东政策

俄罗斯对2010年年底以来在中东和北非发生的政治动荡密切关注，但总体反应并不激烈。但是在利比亚和叙利亚问题上，由于牵涉到双方过去的盟友关系，以及俄罗斯与它们之间尚存的军工贸易和联系，俄罗斯的反应也比较强烈。尤其是在叙利亚问题上，俄罗斯不仅几次在联合国安理会表决中投反对票，而且在军事上做出了象征性的举动，派军舰游弋叙利亚沿海地区。随着叙利亚与伊朗核问题的变化发展，俄罗斯在中东问题上的态度继续呈现着多变的特点。

第一节　　俄罗斯与利比亚关系的特点

利比亚曾经一度是苏联在中东和非洲的一个盟友，但苏联解体以后，鉴于俄罗斯国内的困境，俄罗斯的对外战略全面收缩，对于整个中东的政策关注也不多。但利比亚危机爆发后，俄罗斯自然关注这个曾经的政治盟友的命运。

1969 年 9 月 1 日，以卡扎菲为首的利比亚青年军官推翻伊德里斯王朝，建立新政权，9 月 4 日，苏联率先承认卡扎菲政权，但是苏联的示好并没有换来卡扎菲的任何回报。1971 年印巴战争时，卡扎菲谴责苏联在印巴战争中所扮演的角色，并把 F－5 喷气式飞机派往巴基斯坦助威。1971 年 8 月，卡扎菲配合萨达特镇压了苏丹的共产党人所发动的政变。同时，卡扎菲一直是反对共产主义的坚强支持者。

1984 年 4 月 17 日，利比亚人在伦敦塞恩特·詹姆斯街心公园的利比亚大使馆（利比亚人称大使馆为"人民委员会"）前游行示威，利比亚安全机构的一位军官从一楼窗户向示威人群开了枪，打死了女警察伊冯·弗莱切尔。后来，克格勃对枪杀弗莱切尔事件的了解得知，开枪事件是卡扎菲指使。这一事件，成为西方国家指责苏联支持"恐怖主义"的口实。这对于长期出售给利比亚武器的苏联来说，对利比亚的态度开始动摇了。

2005 年普京连任总统后，俄罗斯任命知名的东方问题专家普利马科夫出任外交部部长。虽然随着普利马科夫的上台，俄罗斯调整了外交战略，积极介入中东事务，但由于自身力量的限制以及卡扎菲个人难以捉摸的外交政策，俄罗斯和利比亚的关系一直在低水平发展。自从 2007 年起，俄罗斯与利比亚关系开始升温，年初普京访问了沙特阿拉伯、卡塔尔和约旦。2007 年 8 月，俄罗斯海军司令马索林宣布，俄舰队必须恢复在地中海的军事存在。12 月俄外长拉夫罗夫访问利比亚。2008 年 4 月，普京在卸任总统之前，访问了利比亚，成为访问利比亚的第一位俄罗斯总统，两国签署了多项合作协议，同年 7 月利比亚人民委员会总秘书（总理）巴格达迪访问俄罗斯，就双方关于油气合作与普京会谈。10 月 31 日，卡扎菲抵达俄罗斯开始对莫斯科进行访问，访问期间双方就加强能源和经济交流进行探讨，同时就利比亚购买俄罗斯先进武器进行会谈。至此，俄罗斯与利比亚关系上升到历史最好时期。

利比亚危机爆发后，俄罗斯积极介入。2011 年 2 月 26 日联合国安理会通过制裁利比亚的 1970 号决议，俄罗斯投赞成票。3 月 17 日，联合国在关于在利比亚设立禁飞区的决议时，俄罗斯投了弃权票。3 月 19 日，以法国为先锋的北约国家对利比亚进行空袭，3 月 21 日，普京在视察一家生产导弹的工厂时对工人们说:"联合国安理会的决议无疑是有缺陷和不足的","它让我想起了欧洲中世纪十字军东征"①。2011 年 4 月 15 日,在中国三亚,俄罗斯总统梅德韦杰夫出席"金砖五国"会议,与会五国共同签署《三亚宣言》,明确表示反对武力解决问题:"我们对当前中东地区局势动荡深为关切,衷心希望相关国家和平、稳定、繁荣、进步,根据其人民的合法愿望在世界上享有应有的地位和尊严。我们都赞同避免使用武力的原则。我们主张,应尊重每一个国家的独立、主权、统一和领土完整。"②同时俄总统梅德韦杰夫表示"安理会决议应当得到执行"。"决议都应当根据其字面与实质得到执行,而不是按照个别国家给出的那些条件任意接受。"③ 4 月 26 日,普京在访问哥本哈根时,向丹麦记者说:"每天晚上轰炸(卡扎菲)宫殿,这算什么禁飞。有人曾经说过,我们不想杀死卡扎菲。但现在又有某些官方人士说:是的,我们想杀死他,谁允许他们这么做的? 经过审批了吗? 什么人有权想杀谁就杀谁?"5 月 27日,在法国的多维尔"八国集团"会议上,会议通过《坚定不移地致力于自由和民主》的宣言,在宣言的第 64 条上明确规定:"卡扎菲与利比亚政府没有履行保护平民的义务,失去了合法性。在新的自由民主的利比亚,卡扎菲没有未来,他必须下台。"国际社会部分媒体对于俄罗斯这一表态,认为"俄罗斯"在利比亚问题上出现转变。

2011 年 7 月 12 日,俄罗斯外长拉夫罗夫在接受俄罗斯之声电台采访时表示,"新利比亚没有卡扎菲的一席之地"。拉夫罗夫排除了卡扎菲参与利政府与反对派停战谈判的可能性。他说:"叛军表示愿意做出妥协,让卡扎菲在利比亚某个地方生活。"但此后,俄罗斯的立场仍然在不断摇摆。7 月 20 日,俄罗斯总统非洲事务特使马尔格洛夫 7 月 20 日表示,只有在联合国和非盟参与下利比亚问题才能得到和平解决,但鉴于俄罗斯在八国峰会后曾明确表示卡扎菲应该下台且不考虑向卡扎菲提供"豁免权或任何保障",卡扎菲显然已经指望不上对他和反对派两边下注的俄罗斯。2011 年 8 月 13 日,继欧盟决定扩大对卡扎菲政府的制裁后,俄罗斯总统梅德韦杰夫步其后尘,于日前签署总统令,增加对利比亚的制裁措

---

① 新华网 2011 年 3 月 22 日。
② 参见《三亚宣言》。
③ 参见《东方早报》2011 年 4 月 15 日。

施，其中包括冻结卡扎菲亲属、亲信资产并禁止其中部分人员进入俄境内等。俄罗斯总统梅德韦杰夫的表态，表明俄罗斯对卡扎菲政策的立场发生了重大改变。

对于俄罗斯在利比亚稳的立场，国际社会基本有如下几种情况的解读：一种认为，是总统梅德韦杰夫和总理普京的分歧所引起，是俄罗斯高层对利比亚立场的不同判断和认识。例如 3 月 21 日普京的"十字军东征"言论发表之后，俄总统梅德韦杰夫随后表示，俄罗斯不认为联合国安理会的决议是错误的，"这项决议大致也能反映我们对利比亚当前形势的认识"，"'十字军东征'之类的话语等是不能接受的"。有些媒体还称这是 2012 年俄罗斯总统竞争的前兆。二是认为，这是俄罗斯实用主义的一种运用，是与欧美利益趋同的表现，与此前制裁津巴布韦和缅甸的决议不同，利比亚和俄罗斯的直接利益相关不多，俄罗斯选择一种中立态度，避免和任何一方对抗。

首先，时任俄罗斯总理普京来自于克格勃，具有极强的政治斗争意识，注重俄罗斯国家力量的展示，而梅德韦杰夫出身于大学法律系教授，更多的是关心国家的自身建设。其次，普京是靠打击车臣恐怖主义，赢得民众的支持，通过展示俄罗斯强势获得民众的认可，而时任俄罗斯总统梅德韦杰夫缺乏这一背景。最后，普京上台之时，俄罗斯政局一直不稳，经济发展滞后，国内外形势严峻，而梅德韦杰夫上任时，俄罗斯经济已经基本走出困境，出现自苏联解体以来最好局面。理解这一背景，我们对于两者之间的言辞的差别，我们就能更全面地理解两人在利比亚问题上言辞出现的差异，不会简单地解释为一种所谓"权力"争夺。普京与梅德韦杰夫在利比亚问题上或许真的存在着差异，但是维护俄罗斯的利益，二者是不会出现分歧的，在利比亚问题上不管是所谓的普京"强势"，还是梅德韦杰夫的对西方的"示弱"是不存在这本质区别的。回顾历史，在 1999 年，北约轰炸南联盟时，空袭开始之时，时任总统的叶利钦发表声明强烈谴责北约，空袭陷入僵局之后，北约同样请求俄罗斯出面调停，在俄罗斯变脸后的调停下，南联盟总统米洛舍维奇与北约妥协，但最终被送上国际法庭。俄罗斯除了失去南联盟这个盟友之外，似乎什么都没得到。

在俄罗斯外交史上，东西德统一、高加索问题、甚至在出口天然气等能源问题上，俄罗斯都有过"突然变脸"的做法。所以，对于俄罗斯这次在利比亚问题上的态度，就不能简单地解读为"转变"、"变脸"。对比东西德统一、高加索问题、科索沃问题，我们可以说俄罗斯的变脸更多的是一种必然，或者可以说，从长期看，就没有所谓的"变脸"、"转变"一说。

其次，俄罗斯在联合国安理会讨论制裁利比亚的 1970 号决议上投赞成票，同意制裁卡扎菲，但并非支持反对派，俄罗斯主张卡扎菲下台，并非是赞成西方国家对利比亚的立场。其次，俄罗斯自始至终都是反对武力解决利比亚问题，普京的"十字军东征"一说，目的很明显，反对对利比亚使用武力。2011 年 7 月 4 日，俄罗斯外长拉夫罗夫说"任何武器的投放都是违法决议的"①。对比与普京的讲话，可以说是基本吻合的。最后，俄罗斯始终没有积极支持反对派，虽然与反对派接触，但是对于承认反对派一直缄默不语，它也反对西方国家对利比亚反对派的承认。7 月 18日，拉夫罗夫表态说："我们不同意这个主张（承认利比亚国家过渡委员会）的原因很简单——这意味着宣布这项认可的人站到了内战的一方。"②他们认为"反对派是一个正式的谈判伙伴"③。

可见，俄罗斯对西方发动利比亚战争的立场可以总结为：支持制裁利比亚但斥对使用武力，主张卡扎菲下台但不支持反对派。

第二节　利比亚、叙利亚和伊朗：俄罗斯中东政策的支点

冷战时代苏联在中东培植了不少政治盟友和利益代言人，比如埃及、叙利亚、伊拉克、利比亚、南也门、巴解组织等，但随着冷战的结束和苏联的解体，俄罗斯与这些国家的关系已经物是人非。当然，俄罗斯与这些国家和利益代言人关系的变化原因各不相同，但与俄罗斯外交传统中多边及实用主义的特点是相符的。

美国外交家和冷战推动者乔治·凯南曾经这样描述："俄国人并不因为在比自己更强大的敌手面前退却而觉得丢面子"，"由于没有一个达到目标的确定时间，他们不会为进行必要的退却而不安"，"俄国的政治行为就像一条不停流动的溪流，朝着一个既定的目标前进。它主要关心的是灌

---

① http：//middle - east - online. com/english/id = 47062.

② Ibid.

③ Ibid.

满世界权力盆地中可以达到的每一个角落和缝隙。如果在前进的道路上遇到不可逾越的障碍，他会达观地接受并适应这一现实"，"在俄国人的哲学里，并不一定要在一个确定时间内实现目标的思想"①。

一　俄罗斯"大国意识"的再次觉醒

大国地位始终是俄罗斯的一个"既定的目标"，务实主义就是"必要的退却"。有张有弛，张弛有度，在整个利比亚问题上，从开始到现在，俄罗斯始终没有忘记自己的大国角色，积极斡旋，充当卡扎菲政府与反对派、卡扎菲政府与西方国家的协调角色。积极活跃在世界舞台上。当面临整个西方的压力的时候，俄罗斯不忘调整自己的政策，同意卡扎菲下台就是最好的证明。

而这次对利比亚动乱，俄罗斯同样沿袭以往的风格，面对西方国家集体对卡扎菲的敌对立场，在2011年5月27日的八国会议上，梅德韦杰夫也顺势调整对卡扎菲的政策，主张卡扎菲下台，但同时对于西方国家对于利比亚的轰炸，没有表态。这既给足了西方大国的面子，同时又为以后俄罗斯对利比亚的政策调整留有余地，为俄罗斯的独立自主、不接受西方大国指示的大国形象留下底牌，支持卡扎菲下台并不一定同意通过武力使其下台。俄罗斯外交的辞令较好地维护了俄罗斯大国的形象，防止给人一种追随西方国家的嫌疑，同时又显示出灵活、务实的特点。

回顾俄罗斯和利比亚关系变化的过程，我们同样会发现这样一个特性，与西方大国的争夺，不放弃自身"大国"的意识，同时又时刻保持谨慎灵活调整战略。2007年，俄罗斯和利比亚关系开始走向正常化，而在此之前，两国关系没有多大起色。与此巧合的是2006年5月，美国把利比亚从"无赖国家"名单上删除，两国全面恢复外交关系。这不是一种简单的时间巧合，虽然，两个国家关系的改善是与卡扎菲内外政策的转变有很大的关系，但是，西方国家和利比亚外交关系改善的事实，起到了很大的推动作用。俄罗斯是不能眼睁睁看着以美国为首的西方国家在利比亚做大，危害俄在利比亚的利益，但是面对西方国家对利政策的调整，俄罗斯也会及时调整自己的战略。

_____

① 参见美国外交官乔治·凯南《苏联行为的根源》一文。

二　基于实力基础上的务实外交

苏联解体以后，俄罗斯开始倒向西方，但是俄罗斯的示好，并没有换来西方国家的回报。1996 年，普利马科夫就任外长以后，"声称在他的监管下俄罗斯拒绝刺耳的苏联的反西方主义以及 90 年代早期的天真的浪漫主义"①。此后，俄罗斯的外交开始调整，奉行积极、灵活、务实的外交政策，同时信奉"俄罗斯是政治光谱的中心"②。同时，俄罗斯舆论也普遍一直认为"俄罗斯是大国"。这两种形态一直交织在着俄罗斯的外交舞台上，在普京首次担任总统时期，大国意识和国家主义意识无处不在。

俄罗斯的大国意识和务实主义在利比亚问题上表现得清清楚楚。2000 年 12 月，普京发表了《俄罗斯外交政策构想》一文，指出俄罗斯外交的主要任务为：确保国家的安全，维护和加强其主权、领土完整，巩固其在国际社会中的强势和权威地位，从而推进俄罗斯作为一个大国，以及当今世界一个势力中心的利益的实现，发展俄罗斯在政治、经济、人才及精神领域等各方面的潜力。

2008 年，梅德韦杰夫担任总统后，也签署了一份新的《俄罗斯外交政策构想》，指出其外交政策包括：制造良好的外部条件，以实现俄罗斯的现代化，让俄罗斯的经济转入创新型的发展道路，提高人民生活水平，增强社会凝聚力，巩固宪法制度、法制国家和民主机制的基础，实现人的权利和自由，在全球化的世界中保持国家的竞争力。对比两段文字，前者强调了国家的"强势"和"权威"，俄罗斯的"大国"，"世界的一个势力中心"，这些词语，在向世界展示了俄罗斯的国家主义和大国意识。后者注重"人民生活"、"社会凝聚力"、"宪法制度"、"法制国家和民主机制"、"人的权利和自由"，更重要的是强调国家自身的发展，即外交是为了保证国家的发展，更倾向于务实主义。

在俄罗斯当前政坛上，总统和总理正是制定这两个外交政策的决策者，所以在利比亚问题上既努力维护大国形象，又不放弃自身利益的务实主义，正是俄罗斯外交政策的鲜明写照。当然，俄罗斯对利比亚立场的转

---

① ［美］杰弗里·曼科夫：《大国政治的回归——俄罗斯的外交政策》，黎晓雷、李慧荣等译，新华出版社 2011 年版，第 23 页。

② 同上。

变，也同卡扎菲的个人风格有很大的关系。长期以来，卡扎菲的行事风格让俄罗斯不能把赌注都压在他身上。回顾卡扎菲与苏联的交往历史，我们可以看出俄罗斯对卡扎菲的不信任不是空穴来风。

苏联过去与卡扎菲的交往历史，使俄罗斯人意识到卡扎菲是不可以信任的，卡扎菲的行事风格是不可以预料的，对于卡扎菲的支持不一定能换来卡扎菲对俄罗斯的友好，卡扎菲很难成为俄罗斯在中东的盟友。对利比亚的不信任，成为俄罗斯主张制裁卡扎菲的重要原因。而这一天然的不信任，对于更倾向于奉行务实主义的梅德韦杰夫来说，是不会支持卡扎菲的，更不会为了一个卡扎菲去与西方对抗。

三　与西方改善关系的需要

地跨欧亚两大洲的俄罗斯，在制定对外战略中，必定将把与西欧的关系作为重点。即使在考虑发展与其他亚非国家关系时，俄罗斯也会考虑与西方大国关系的现状。2011 年 5 月 26 日，俄罗斯总统梅德韦杰夫与法国总统萨科齐在西方八国峰会前夕会面后宣布，两国就"西北风"级军舰买卖事宜达成协议。5 月 27 日，俄罗斯军事技术合作局表示，俄罗斯将向驻阿富汗美军出售 21 架米格 - 17 型军用直升机，每架 1750 万美元。

当然，俄罗斯与西方在军事领域的合作进展，并不一定是俄罗斯转变对卡扎菲的态度的根本原因，但可以说这也是俄罗斯态度迅速转变的一个直接诱导因素，当然，随着西方国家对卡扎菲打击力度的加大，俄罗斯已经意识到卡扎菲不可能是西方国家的对手，卡扎菲大势已去，必须加强与反对派的联系，为卡扎菲下台作打算，维护俄罗斯在利比亚的几十亿美元军火生意，以及在利比亚战后重建中占有一席之地。

总体上说，不管是苏联时期，还是现在的俄罗斯，在与以美国为首的西方国家的对抗中长期基本上处于下风，但俄罗斯并不甘心居于被支配地位。"敌方的一次胜利并不能击败他们或使他们丧失信心"，所以，在长期以来的国际世界舞台上，俄罗斯这个民族总是不甘落后于西方。"克里姆林宫对政治现实的反应基本上是灵活的"，"他们对敌手的力量更敏感，当觉得对方力量太强大时，更愿意在外交上做出让步，因此在权力逻辑与语言上更有理智"，他们会根据整个局势的变化不断地调整自己的战略，"如果在前进的道路遇到不可逾越的障碍，它会达观地接受并适应这一现实"。所以，对于俄罗斯在利比亚政策的转变，应该说，是符合俄罗斯外交一贯立场的，不是所谓的突然转变，不能视之为突然的外交急转弯。

当然，出于长期大国的地位的自尊心因素，以及俄罗斯 20 世纪 90 年代向西方示好的经验与教训，俄罗斯对于西方国家的附和是有忌讳的。所以，在整个利比亚问题上，俄罗斯政策的摇摆，是一种正常的心态，并没有改变俄罗斯对利比亚的整体立场，更不能简单的定义为"大转变"，因为俄罗斯整体态度一直是没有改变的。俄罗斯在利比亚危机的后期主张对利比亚采取措施，只是在如何操作上与西方国家有差异，但是这种差异的存在是俄体现大国利益的"现实需要"，是为以后能在利比亚调整立场和战后重建发挥重要作用的铺垫。俄罗斯的"骑墙"战略，使俄成为卡扎菲、利比亚反对派和西方国家的重要棋子，在利比亚战争中扮演重要角色，成为一个时期各方争取的对象。

四　俄罗斯中东政策今后走向

从 2011 年开始，随着突尼斯、利比亚、埃及、也门、叙利亚等中东国家的政治巨变，俄罗斯今后中东政策的走向引人关注。

第一，防止北约东扩和南扩战略威胁俄罗斯在中东的利益。

中东位于俄罗斯的南翼，冷战时期是维护苏联南部安全的天然屏障。冷战结束后，俄罗斯与西方的关系总体缓和，但北约不断的东扩和南扩再次挑动俄罗斯敏感的神经。华约解体后，北约不仅没有因此而解体，反而大肆东扩，侵吞苏联、现俄罗斯的战略地盘，直至越过波罗的海，达到俄罗斯的软肋之处波兰。还在俄罗斯的南部北高加索地带大搞"颜色革命"，实施对俄罗斯的战略包围。对此，俄罗斯进行了强硬反击，最坚决的反击就是反对在波兰部署美国的反导系统，军事打击格鲁吉亚。在北约扩张问题上，俄罗斯不会跟随美国和西方国家，这与俄罗斯追求大国地位的理念是不相符的。当然，俄罗斯也不会硬着头皮与以美国为首的西方国家作对。首先是从实力上来说，俄罗斯现在还不是西方国家的对手，俄罗斯现在所关注的重点国家是独联体国家，努力为俄罗斯筑一道防线，应对西方国家。其次俄罗斯现在更多的是关注国内发展，其外交更侧重于为其经济服务。利比亚战争后无论谁上台，对于俄罗斯来说，都不重要，俄罗斯追求的是一种务实主义，只要利比亚能够为俄罗斯带来实质的经济效益，俄罗斯是不会为了利比亚与西方国家闹翻。

无论是在巴以和谈问题上，还是在伊拉克重建问题上，俄罗斯近年来表现出来的都是充当配角。既让西方感觉到离不开俄罗斯，又不愿，或者说没能力向巴以双方施加太大的压力。在阿拉伯国家内部事务上，俄罗斯的影响现在仍然较小。比如在也门问题上，俄罗斯（苏联）与统一以前的南也门（也门民主人民共和国，曾主张走社会主义道路）关系很密切，但1990年也门统一后，俄罗斯几乎再也没有用心和能力去关注也门局势的发展。因此，在2011年也门局势动荡和萨利赫总统交权的过程中，人们已很难看到俄罗斯强有力的声音了。

第二，在叙利亚和伊朗核问题上俄罗斯的立场趋于强硬。

俄罗斯与叙利亚关系历史悠久，特别是在美苏全球争霸时期，双方更是打得火热。1963年，阿拉伯复兴社会党在叙利亚成功取得政权，苏联对此表示欢迎，并毫不吝啬地武装叙利亚军队，培训军官，发展双方经贸关系。现任总统巴沙尔·阿萨德的父亲哈菲兹·阿萨德就此与莫斯科建立了"牢固的友谊"。1967年，叙以"六日战争"期间，以色列占领戈兰高地。在随后的几年里，莫斯科不遗余力地又向大马士革提供了政治、财政支持。

20世纪80年代末90年代初，叙利亚被从苏联外交优先国家名单中删除。紧接着苏联解体，莫斯科不再寻求与华盛顿全球对抗，并在1991年与以色列恢复外交关系。这被叙利亚认为是对阿拉伯人民的背叛和犹太复国主义的阴谋，为此，叙利亚、利比亚及其他一些阿拉伯国家拒绝向1992年俄罗斯代总理盖达尔政府偿付他们以前拖欠苏联的债务。俄罗斯和叙利亚的关系陷入历时15年的停滞期。

2005年，俄叙关系迎来解冻期。当年1月，继承父亲衣钵的巴沙尔·阿萨德对莫斯科展开破冰之旅，这也是其当政后首次访俄。时任俄罗斯总统普京送上"见面礼"，宣布免去叙利亚98亿美元的苏联债务（占叙拖欠苏联债务的73%），但交换条件是，叙方要保证购买俄罗斯军火。

2008年，巴沙尔再次访问莫斯科，并主动示好，表示原则上愿意接受在本国部署俄反导导弹，尽管莫斯科未置可否。巴沙尔认为，美国等西方国家正以"包围"和"孤立"战术对付俄罗斯，这与叙利亚先前的处境相似："我觉得，当俄罗斯发现自身处于一个包围圈内时，俄方真的应该想想该做些什么回应了。"俄罗斯国际观察家穆尔塔新认为，俄领导人多次宣称，俄外交优先选择不以意识形态为指导，而是奉行实用主义，即经济、政治利益至上。与阿萨德政权的友好带来的利益显而易见：它维持了俄罗斯在该地区的战略平衡，塔尔图斯基地成为俄罗斯进出地中海的门户。此外，还带来军事、石油、天然气、商务等合同。失去叙利亚将对俄造成难以估量的地缘政治损害。莫斯科显然并不想失去这些。

从军事意义上说，叙利亚的塔尔图斯港目前是俄海军在原苏联地区以外唯一的海军基地。根据 1971 年苏联与叙利亚签署的协议，苏联海军在塔尔图斯建立了海军基地，规模在 150 人左右。其名称为"第 720 物质技术保障站"沿用至今。2007 年年初，时任俄海军总司令弗拉基米尔·马索林上将就指出，对于黑海舰队来说，地中海是一个重要的战略地带。公开资料显示，俄罗斯正在根据合同向叙利亚提供包括米格—29 战机、"铠甲"近程防空系统以及装甲车辆。此外，俄方也对叙利亚现有的俄制武器装备进行现代化改造。据俄罗斯战略技术分析中心评估，目前得到官方证实的俄罗斯与叙利亚有效售武合同总额超过 25 亿美元。

叙利亚危机爆发后，在政治领域，俄罗斯与叙利亚反对派也保持着一定联系。目前，叙利亚国内外的反对派力量形形色色，群龙无首。虽然叙利亚危机持续了一年多，但至少目前还看不出，叙利亚国内谁能有资格可以取代阿萨德。在这种情况下，叙利亚很可能会爆发内战，从而给各方带来严重后果。如果亲西方者夺得政权，论功行赏时，将把一多半经贸合同拱手送给西方公司。那么，这与 40 年前埃及所发生的一切如出一辙，当时苏联在埃及的军火生意被美国、法国军火所取代。换句话说，"放弃"巴沙尔，俄罗斯可能将会一无所获。激励寻找机会扶植忠于自己的反对派在叙利亚上台的西方国家，将获得进一步打击伊朗的战略基地，并占有叙利亚市场。

第三，俄罗斯将捍卫自己在中东的利益。

俄罗斯总理普京 2011 年 11 月 18 日在会见法国总理时表态说，俄方不赞成对叙利亚动武，"对于叙利亚局势可能出现的突变，我们也有所准备。对于我们而言，这是非常敏感的问题，叙利亚离我们的边境很近"。俄外长拉夫罗夫也罕见地三次公开指责西方鼓动叙利亚反对派拒绝与政府对话，是一种"国际政治挑衅"。

从各方面来说，叙利亚都是俄罗斯在中东长期的盟友。在阿拉伯联盟进一步制裁叙利亚、西方大国酝酿对叙利亚动武之际，俄罗斯挺身而出，强调军事干预叙利亚局势就是对俄罗斯宣战。2011 年 11 月，美国航母抵达叙利亚水域附近，西方大国正酝酿用武力干涉叙利亚局势，在这关键时刻，俄罗斯挺身而出，决心要保卫叙利亚。据接近俄罗斯外交部的权威人士当时透露："俄罗斯政府已下定决心阻止外界对叙利亚进行军事打击，俄罗斯首先要做两件事，一是俄罗斯海军舰队前往叙利亚，向叙利亚提供海对空导弹以及对海上和空中进行监测的先进设备；二是俄罗斯决定，必须保护叙利亚，要向外界发出强烈信号：对叙利亚动武就是对俄罗斯宣战。"这位消息人士指出，俄罗斯与叙利亚有着传统友谊，叙利亚是俄罗斯在中东地区的重要支撑点，事关俄罗斯的战略利益，为此，俄罗斯对解决叙利亚危机的立场是明确的，即叙利亚政府要进行实质性改革，叙利亚任何一方都不能使用暴力，对话是解决叙利亚危机的唯一途径。俄罗斯政府既向巴沙尔政府表明了上述立场，同时也接待了叙利亚反对派4个代表团，向他们阐述了俄罗斯对叙利亚问题的"红线"：决不允许对叙利亚进行武力干涉。俄罗斯一直在做叙利亚政府和反对派的工作。

俄罗斯对叙利亚问题的立场和军事行动，既让巴沙尔政府宽心，也向西方大国发出了严重警告，对叙利亚动武首先要过俄罗斯这一关。叙利亚局势的发展和大国对叙利亚危机的介入让人们担心和不安。俄罗斯对叙利亚的战略，不会置身事外。俄罗斯是个世界大国，不会甘心在国际舞台上沉默。俄罗斯会继续在叙利比亚反对派、巴沙尔政权和西方国家之间游走，充当调解者角色，在调解中彰显自己的大国地位，通过积极参与，来维护自己在叙利亚的利益，随时应对叙利亚可能出现的变局。

2012年7月19日，联合国安理会就英国等国提交的叙利亚问题决议草案进行表决，俄罗斯和中国对决议草案投了否决票，决议草案未获通过。这是继2011年10月4日及2012年2月4日中俄共同否决涉叙决议草案后，安理会第三次就叙利亚问题进行表决：中俄再次否决安理会涉叙利亚决议草案。当天的投票结果显示，除俄罗斯和中国外，巴基斯坦和南非投了弃权票，安理会其余11个理事国投了赞成票。

与叙利亚相比，伊朗在俄罗斯中东战略中的地位显然更重要。在西方越来越多地表示要对伊朗进行制裁的问题上，俄罗斯明显与西方的态度不一致。莫斯科认为美国以"防止核扩散"为借口打压伊朗，其目的是削弱和破坏俄伊核合作，将俄排挤出这一地区，夺回伊斯兰革命后西方在伊朗失去的地位。从发展经济角度看，伊朗长期大量购买俄罗斯的武器、航空技术、装甲运输车和防空系统设备，是俄稳定的武器市场。此外，与伊朗在开发利用核能方面合作将给俄带来巨大的经济效益。据称，俄帮助伊朗建立布什尔核电站的总金额为 8 亿至 10 亿美元。俄不会容忍其他国家用非市场手段损害俄在伊朗能源市场上的地位。

2011 年 7 月，俄外长拉夫罗夫曾提出"分阶段"解决陷入僵局的伊朗核问题的"拉夫罗夫计划"，即伊朗分阶段逐步消除国际社会对伊朗核问题的关切并回答国际原子能机构就伊朗核活动提出的问题，而相关各方相应地分阶段逐步解除对伊朗实施的经济制裁。事实上，伊朗核问题的升温并没有影响俄罗斯与伊朗在核能开发等领域经济合作，相反，俄伊两国经贸合作仍在持续升温。2011 年 11 月 10 日，俄国家原子能公司总经理基里延科在政府主席团会议上向总理普京汇报说，伊朗布什尔核电站已经开始运营，俄应伊方要求正在继续研究帮助布什尔核电站建设新核电机组的问题，"我们正在研究伊朗提出的建议。为此，需要对俄伊双边政府间协议进行修改，而两国外交部正就此问题进行研究"。

2011 年 11 月底，英国与伊朗爆发一场外交危机。英国驻德黑兰大使馆受冲击，英国随后强烈回应，驱逐伊朗驻英国大使馆外交人员。西方不久加大了对伊朗制裁的力度。但俄力挺伊朗，称俄罗斯与伊朗的关系"亲如伙伴"，并警告说，若伊朗紧张局势升级将会产"后果严重"。俄罗斯政府 2011 年 12 月 1 日警告，不要让相关伊朗的紧张局势升级，否则将阻碍重启伊朗核计划对话，导致"严重后果"。俄罗斯外交部发言人卢卡舍维奇当日在记者会上说："就相关伊朗的事务而言，我方明确反对加剧紧张和对抗的行为……那将充满严重后果。"他说，"局势进一步紧张将阻碍与伊朗恢复对话"，以武力威胁伊朗"完全不可接受"①。

2011 年 12 月 24 日，伊朗宣布在霍尔木兹海峡举行军事演习，国际社会担忧海湾局势的进一步进展。于是俄罗斯在伊朗问题上进一步表明自己的立场。俄罗斯总统梅德韦杰夫 2012 年 1 月 5 日与伊朗总统内贾德通电话，就双边关系发展和地区问题交换了意见。据俄总统办公厅发布的消息称，正享受新年长假的梅德韦杰夫是应伊朗方面提议而与内贾德通电话的，"两国总统在通话中讨论了 2012 年双边关系发展中的现实问题，并就地区问题交换了意见。对于国际社会十分忧虑的中东局势问题，梅德韦杰夫和内贾德都深信，包括叙利亚局势在内的地区问题只能借助政治手段、通过所有利益相关方的对话来解决。两国元首都对'在联合国、地区组

---

① http：//news. xinhuanet. com/world/2011 – 12/03/c_ 122370292_ 3. htm? prolongation = 1.

织及其他国际组织框架内为达成上述目标而采取的努力表示支持'"。俄方还表示："伊朗总统对俄罗斯提议的关于'分阶段逐步恢复国际社会对伊朗核计划的信任'的建议给予积极评价。梅德韦杰夫对此表示满意。双方商定继续就此问题保持磋商。"

　　由于俄罗斯在伊朗有着巨大的经济、能源和政治利益，美国和欧盟在制定对伊朗的制裁措施时是考虑到这一因素的。西方国家逐步把制裁伊朗的措施引向石油禁运领域。石油禁运本身对俄罗斯影响不大。相反，一旦对伊朗石油全面禁运，势必引起国际油价上涨，这对俄罗斯这个石油生产大国来说也有一定的好处。但俄罗斯仍然不希望看到这一步。俄罗斯与伊朗在核能方面的合作，才是西方关注的一个要点。西方没有强硬要求俄罗斯停止与伊朗的核能合作，也是看到了俄罗斯在伊朗核问题上有着不可忽视的发言权和极大的反制能力。

第四篇　当代中国与中东的关系和政策分析

第十五章　中国的中东政策和发展特点

中国与中东国家发展关系经历了认知不断靠近、互相尊重对方核心利益、并且不断拓宽和深化合作领域的过程。

第一节　中国的中东政策：内容丰富，合作广泛

中国与中东的交往历史悠久。历史上举世闻名的"丝绸之路"为中国与中东地区的联系"提供了成功的交流机会"[1]。但新中国成立之初，中国与中东国家关系并不顺利。20世纪50年代初期，大多数中东国家仍处在英、法殖民主义势力的控制之下，它们对中国共产党领导下的新中国缺乏了解，甚至因受西方国家的影响，对红色中国持疑惧和排斥的态度。1950年8月，阿拉伯国家联盟还专门通过一个决议，宣布只承认中华民国政府为中国的合法政府，反对恢复中华人民共和国在联合国中的合法席位。朝鲜战争爆发后，由于受美国的蒙蔽或操纵，有的中东国家公开指责中国为"侵略者"，土耳其甚至还出兵朝鲜半岛，参加了以美国为首的"联合国军"。那时，中国在外交上采取向苏联"一边倒"政策，对中东国家的态度也深受苏联的影响，基本上以反帝反封建为标准来处理与这些国家的关系。当时中国的报刊一般把中东国家的领导层称为"反动的统治集团"、"封建统治者"、"帝国主义走卒"等。1952年埃及发生了推翻法鲁克国王的"7·23"革命后，中国也一度把发动革命的自由军官组织称为"反动的军人独裁集团"。一直到20世纪50年代中期，由于亚非民族解放运动的蓬勃发展，以及亚非会议的适时召开，中国与中东的关系才

---

① The Emirates Cener for Strategic Studies and Research *Globalization in the 21TH Century: How Interconnected is the World*, 2008, p.185.

掀开了新的一页。

一　万隆会议推动中国与中东国家关系发展

　　1955 年 4 月，在印度尼西亚名城万隆召开的亚非国家会议，不仅极大地推动了亚非国家反对殖民主义和争取民族独立的斗争，也使广大亚非国家认识到了新中国外交政策的原则、取向和地位。在亚非会议上，与会国家求同存异，不断缩小分歧。中国代表团与出席会议的埃及、埃塞俄比亚、伊朗、伊拉克、约旦、黎巴嫩、利比里亚、利比亚等西亚非洲国家代表团有了会谈和接触。一些正在为争取民族独立而进行斗争的亚非国家的民族主义政党，如阿尔及利亚民族解放阵线、突尼斯新宪政党、摩洛哥独立党、南非联邦非洲人国民大会、南非印度人大会等也派出代表，以观察员身份列席了会议。在我国出席会议的周恩来总理等与有关国家代表团的共同努力下，万隆会议最后一致通过了会议决议，即《亚非会议最后公报》。在有关西亚北非问题上，决议谴责"对于成为非洲广大区域和世界其他地方的政府和人民关系的基础的种族隔离和歧视的政策和实践"，宣布"殖民主义在其中一切表现是一种应当迅速予以根除的祸害"。决议支持附属地人民争取自由和独立的事业，特别是北非人民争取自决和独立的斗争，并要求有关国家给予这些国家和人民以自由和独立。决议支持巴勒斯坦的阿拉伯人的权利。

　　自 1956 年埃及率先与中国建交起，至 1990 年最后一个阿拉伯国家沙特阿拉伯与中国建交，中东地区的 22 个阿拉伯国家陆续都与中国建立了外交关系。中国历来十分重视发展与阿拉伯国家的政治关系，并把它们视为重要的外交战略依托。因此，中国在恢复联合国合法席位及台湾、人权等问题上的斗争，都得到了阿拉伯国家长期的有力支持。对此，中国方面亦做出了相应的政治回报。1972 年 9 月 10 日，刚刚取代台湾地区成为安理会常任理事国的中国就否决了由英国等西欧国家在安理会上提出的针对巴勒斯坦和阿拉伯国家的有关决议草案。新中国在外交史上很少动用安理会否决权，这次就是其中之一。此后，中国在阿以冲突问题上一直给予阿方长期的政治及外交支持。在长达半个多世纪的阿拉伯国家和以色列的对峙中，由于历史上国际政治因素的影响，中阿关系较之中以关系可以说是"亲疏有别"。

二　中国一贯支持巴勒斯坦建国事业以及巴以和谈

中国对阿拉伯事业的支持，一个重要的体现是支持巴勒斯坦人民的正义事业。1965 年 3 月，巴解组织在建立不久后就在北京设立享有外交机构待遇的办事处。①1988 年 11 月 20 日，我国宣布承认巴勒斯坦国，两国建交。同年 12 月 31 日，巴解驻京办事处改为巴勒斯坦国驻华大使馆，其主任改任巴勒斯坦国驻华大使。1990 年 7 月 5 日，中国驻突尼斯大使兼任驻巴勒斯坦国特命全权大使。巴实行自治后，1995 年 12 月中国在加沙设立驻巴民族权力机构办事处。2000 年，以色列与巴勒斯坦爆发严重武装冲突，中国是少数几个在加沙维持官方外交机构的国家之一，成为巴勒斯坦最艰难时刻的重要朋友。

中国与中东国家关系不断接近还可以从中国与以色列关系的曲折经历得到旁证。1950 年，以色列本来有意承认新中国，但在中以建交问题上却由于以方执行跟从美国敌视和孤立中国的政策而出现挫折。1954 年 6 月 29 日，周恩来总理在缅甸仰光会见以色列特使哈科恩，希望他能率代表团访华，讨论建交和贸易问题，但以色列为了取悦美国，对建交问题采取了消极和拖延的手法。当时以色列执政的摩西夏特里政府勉强同意派出代表团访华，但又禁止代表团讨论政治问题。这使得哈科恩 1955 年的访华成果，仅限于一个微不足道的双边贸易协定。其后，由美苏争夺世界霸权所引发的一连串国际政治风波，再加上以方在联合国有关中国议案以及台湾问题上的反复态度，使得中以建交遥遥无期。直至 20 世纪 80 年代，以色列出于自身国家利益的需要，在对华关系上开始有意摆脱美国影响，转而积极地与中国开展外交接触。1992 年 1 月 24 日，以色列副总理兼外长利维访华，与国务委员兼外长钱其琛签署公报，中以两国正式建立大使级外交关系。②

三　中国和阿拉伯国家建立友好合作新平台

中国一贯支持阿拉伯国家争取民族独立和维护国家利益的斗争。中东

---

① 王京烈：《阿拉法特》，长春出版社 1996 年版，第 94 页。
② 以色列是最后一个与新中国建交的中东国家。参见本书附录"中国与中东国家建交时间表"。

国家也是我国在国际社会可以信赖的朋友。在我国恢复联合国席位的过程中，中东阿拉伯国家作出了重大贡献。1971 年 10 月 25 日，第 26 届联合国大会对恢复中国在联合国的席位进行投票，在当时 131 个会员国中，最后赞成票一共 76 票，17 票弃权，反对票只有 35 票。当时的表决议案是阿尔及利亚等国提出的。中国恢复在联合国的席位，既开创了新中国对外交往的新纪元，促进了新中国同一切爱好世界和平与正义的国家和人民发展友好合作关系，也增强了联合国的普遍性、代表性和权威性，壮大了维护世界和平、促进人类发展事业的力量。

中国多年来与阿拉伯国家一直保持着良好的政治关系，双方高层往来频繁。1993 年 5 月，阿盟秘书长马吉德访问中国，中阿双方签署了《中华人民共和国政府和阿拉伯国家联盟关于设立阿拉伯国家联盟代表处的协定》。同年 10 月，阿盟驻北京办事处正式成立。1996 年 5 月，江泽民主席在访问埃及期间会见了马吉德秘书长。1997 年 12 月，钱其琛副总理访问埃及期间与马吉德会晤，双方就巩固和发展中阿面向 21 世纪长期稳定的合作关系提出了四点建议，即相互尊重，平等相待；保持对话和磋商；开展互利合作，谋求共同发展；在国际事务中互相支持。1998 年 9 月，阿盟部长级理事会第 110 届会议做出加强对华关系决议。1999 年 1 月，中阿双方签署了《中华人民共和国外交部与阿拉伯国家联盟秘书处关于建立政治磋商机制的谅解备忘录》。同年 9 月，阿盟秘书长马吉德首次提出建立中阿论坛的设想。2000 年 3 月，阿盟外长理事会通过有关中阿关系的第 5972 号决议，进一步明确了建立中阿论坛的设想，并责成秘书长就此与中国政府联系。2001 年 12 月，唐家璇外长访问阿盟总部之际，穆萨秘书长向唐外长递交了《阿拉伯—中国合作论坛宣言》草案。中国在此草案基础上，拟订了《中国—阿拉伯国家合作论坛宣言》和《中国—阿拉伯国家合作论坛行动计划》两个文件草案，并于 2003 年 8 月递交阿盟秘书处。2002 年 4 月，朱镕基总理访问埃及时在阿盟总部会见穆萨，双方就"中阿合作论坛"、中东局势等问题交换了意见。2004 年 1 月 30 日，胡锦涛主席在访问埃及期间会见了穆萨和阿盟 22 个成员国代表，提出建立中阿新型伙伴关系的四项原则。同日，李肇星外长与穆萨在阿盟总部宣布，中国和阿拉伯国家决定自即日起成立"中国—阿拉伯国家合作论坛"，并发表《中国—阿拉伯国家合作论坛宣言》。

四　中国和中东国家不断拓宽合作领域

中国与中东的早期关系主要体现在政治领域，经济合作起步较晚。90年代前，石油能源的供需矛盾在经济建设中尚不十分突出时，中东石油对于现代化建设的重要意义还没有得到充分体现，与中东地区的经贸合作还十分有限。冷战结束后，中东事务基本上由美国所主导，其他西方国家亦纷纷通过经济手段介入中东地区。当时的中国遵循"韬光养晦"的外交政策，外交重点主要放在调整大国关系和稳定周边关系方面，而与中东地区和阿拉伯国家的关系则不得不服从于此一外交战略大局，因此中国对中东事务实际上是采取了一种相对超脱的态度，在中东地区的政治和经济影响力受到限制。

随着中国改革开放的进行和中国国际地位的提高，中国与中东的关系开始从政治领域向经济贸易、能源、文化等领域扩展。

中国在政治上与中东阿拉伯国家具有良好合作的基础。中国是联合国安理会五个常任理事国之一，在国际社会主持正义，支持阿拉伯国家维护民族权益的要求。中国之所以能够与阿拉伯国家能够长期保持友好关系，与中国政府在处理国际问题时坚持客观公正的立场密切相关。中国主张在处理国际问题时遵循和平共处五项原则。和平共处五项原则的内容是：互相尊重主权和领土完整、互不侵犯、互不干涉内政、平等互利、和平共处。和平共处五项原则是由中国政府提出，并与印度和缅甸政府共同倡导的在建立各国间正常关系及进行交流合作时应遵循的基本原则。半个世纪以来，和平共处五项原则不仅成为中国奉行独立自主和平外交政策的基础，而且也被世界上绝大多数国家接受，成为规范国际关系的重要准则。在与阿拉伯国家发展关系时，中国也运用和平共处五项原则对待双边关系。1980 年，中国与最后一个阿拉伯国家沙特阿拉伯建交。中国也重视在对待阿拉伯国家内部矛盾问题上坚持客观公正的立场。1990 年 8 月，伊拉克出兵吞并了科威特。中国与伊拉克及科威特都是友好国家，但中国在伊拉克占领科威特问题上坚持客观公正立场，1990 年 8 月 22 日，中国外长钱其琛在会见来访的科威特副首相兼外交大臣萨巴赫亲王时，针对伊拉克已宣布吞并科威特，强调说，中国坚决反对伊拉克入侵并吞并科威特，伊拉克不管用什么借口，武力入侵都是不能接受的。中国强烈要求伊拉克无条件撤军,科威特的独立、主权和领土完整应该得到恢复和尊重。①

从 20 世纪 90 年代后期,为了扭转在经济合作领域的落后局面,中阿双方开始采取积极而务实的措施促进全面合作与经贸发展。1997 年 12 月,钱其琛副总理兼外长访问位于埃及开罗的阿拉伯国家联盟总部并会见马吉德秘书长,钱外长提出了中国和阿拉伯国家巩固和发展面向 21 世纪长期稳定的合作关系的四点建议,主要是相互尊重,平等相待,开展互利合作,谋求共同发展,在国际事务中互相支持。1999 年 2 月,阿盟第 63 届经济和社会理事会做出关于要求全面研究中国和阿拉伯国家间的经贸关系,提高双方合作水平的建议。2000 年 3 月,阿盟外长理事会首次提出成立"中阿合作论坛"的建议,中方表示支持。2004 年 1 月 30 日,中国国家主席胡锦涛访问了设在埃及开罗的阿拉伯国家联盟(简称阿盟)总部,会见了阿盟秘书长阿姆鲁·穆萨和 22 个阿盟成员国代表。会见结束后,李肇星外长与穆萨秘书长共同宣布成立"中国—阿拉伯国家合作论坛",并发表了《关于成立"中国—阿拉伯国家合作论坛"的公报》。2004 年 9 月 14 日,中阿国家合作论坛首届部长级会议在阿盟总部召开。双方一致认为中阿合作论坛是新形势下加强中阿关系的重要举措,论坛将有力地巩固和拓展双方在各层次、各领域的合作,全面提升合作水平。双方将采取积极措施,大力推动中阿在经贸、投资、能源、教育、文化、新闻、人力资源、科技、医疗卫生、环境等领域的交流与合作,推动建立中阿新型伙伴关系,促进中国和阿拉伯国家共同发展。

中阿合作论坛启动后,中国和阿拉伯国家的关系获得了长足的发展,中阿关系在各个层次的合作机制稳步推进。

2006 年 5 月 31 日至 6 月 1 日,中国—阿拉伯国家合作论坛第二届部长级会议在北京举行。这是中阿合作论坛首次在中国举办部长级会议。此次会议的主题是建立中阿新型伙伴关系。会议签署了四个合作文件,中阿同意推动建立政治磋商、能源、人力资源开发和环保等领域的合作机制。2008 年在巴林举行中阿合作论坛第三届部长级会议,主题是"面向实现和平与可持续发展的中阿新型伙伴关系",投资是会议的主要议题。2010 年 5 月 13 日至 14 日"中国—阿拉伯国家合作论坛"第四届部长级会议在

---

① 钱其琛:《外交十记》,世界知识出版社 2003 年版,第 73 页。

天津举行。与会的中国和阿拉伯国家联盟 22 国的部长或代表一致同意在论坛框架下建立全面合作、共同发展的战略合作关系，并签署《关于中阿双方建立战略合作关系的宣言》、《中国—阿拉伯国家合作论坛第四届部长级会议公报》和《中国—阿拉伯国家合作论坛 2010 年至 2012 年行动执行计划》。2012 年 5 月 31 日，中国—阿拉伯国家合作论坛第五届部长级会议在突尼斯哈马迈特市闭幕。会后中阿双方发表会议公报，强调双方将致力于深化战略合作，促进共同发展。针对愈演愈烈的叙利亚问题，中国外交部长杨洁篪强调了三点：第一，中国在叙问题上是公正的，中国维护的是国际关系准则，是中东地区的和平稳定，是阿拉伯国家人民的长远利益；第二，中国在叙问题上是务实的，中国以实际行动劝和促谈，平衡、深入地做叙政府和反对派工作；第三，中阿双方在叙问题上的总体目标是一致的。本次论坛与会的阿拉伯国家代表纷纷赞赏了中方在叙利亚问题上秉持的公正立场。

中阿合作机制的建立极大地推动了中阿经贸合作的发展。中阿贸易额在 21 世纪的前 10 年里增长近 8 倍，从 2001 年的 203 亿美元升至 2010 年的 1454 亿美元。面对国际金融危机和地区局势剧变的双重挑战，中阿经贸合作保持强劲势头，2011 年双方贸易额达到 1959 亿美元，同比增长 34.7%。

在中阿合作论坛框架下，中阿民间合作机制也建立起来，并且取得了良好进展。由中阿友协和阿盟主办的中阿友好大会，每两年举办一次，是中阿合作论坛框架下的一项重要活动。首届中阿友好大会于 2006 年 11 月在苏丹首都喀土穆举行，第二届和第三届中阿友好大会分别在叙利亚和利比亚举行。2011 年 12 月 27 日至 28 日，第四届"中阿关系暨中阿文明对话研讨会"在阿联酋首都阿布扎比举行。2012 年 9 月 13 日在我国宁夏回族自治区银川市举行第四届中国阿拉伯友好大会，这是中国阿拉伯友好大会自 2006 年创建以来首次在华举行，来自二十多个阿拉伯国家及阿盟代表出席会议。2012 年 9 月 17 日，第三届中阿能源合作大会也在我国宁夏银川闭幕。与会代表探讨了中阿能源合作的前景和加强能源合作的途径。双方强调必须充分开发与利用各种能源，共同保障全球能源安全，促进各自经济社会可持续发展。双方还就可再生能源合作，加强石油、天然气和电力行业合作广泛交换了意见。根据双方在第三届中阿能源合作大会上达成的共识，以及各国代表在本届会议上的讨论情况，双方通过了《联合声明》，一致同意继续发挥中阿能源合作大会机制的作用，积极落实中国国家能源局和阿盟关于中阿能源合作机制的谅解备忘录；在互利基础上，继续加强能源领域，特别是石油、天然气、电力、可再生能源领域的合作。具体内容包括：在石油、天然气领域加强并扩大现有合作；双方就可再生能源项目的投资、经验交流和技术转让举办论坛和研讨会，并加强在科研和规划领域的合作；加强在和平利用核能领域的合作与能力建设；双方重视电力领域的合作潜力，愿意继续加强该领域更广泛的交流与合作。另外，双方同意于2014年在阿拉伯国家召开第四届中阿能源合作大会。

中国与中东国家的文化合作也有不少进展。中国和阿拉伯国家都拥有辉煌灿烂的文明。中国明代的大航海家郑和曾七下西洋，三次到达阿拉伯湾，为推动中阿的文化和贸易的交流作出了巨大的贡献。两个文明之间的交融和互动构建了伟大的陆海"丝绸之路"，为人类留下珍贵的文化遗产。元朝时期，著名的摩洛哥旅行家伊本·白图泰不远万里来到中国，盛赞"中国人是各民族中手艺最高明，最富有艺术才华的人民"。中华人民共和国成立后，随着中阿在政治、经济领域关系的发展，双方文化领域的交往很自然提上日程。早在1956年，中国与叙利亚就签订了第一个文化合作协定，到目前为止，中国已同所有的阿拉伯国家签订了《文化合作协定》。近几年来，中国文化部先后在阿拉伯国家举办了"海上丝绸之路泉州文化节"（2003年）、"中华文化北非行"（2004年）、"海湾中国文化周"（2005年11—12月）等大型文化活动。中国政府在重视实施中华文化"走出去"战略的同时，亦非常重视将阿拉伯国家的传统文化和悠久文明介绍给中国的观众，增进中阿人民的交流和了解。2006年6月23日至7月15日在华成功举办了"阿拉伯艺术节"。艺术节包括阿拉伯政府文化代表团访华、中阿文化高层圆桌会议、阿拉伯艺术团联合演出、阿拉伯艺术大展、阿拉伯服装展示及美食品尝等内容。另一方面，自1992年中以建交以来，两国文化交流取得了较大的进步，双方在人员互访、演出和展览交流等方面展开合作，但范围较窄，仅限于舞蹈、电影、京剧等艺术领域。中阿文化教育等方面的合作发展也很快，近年来，中国在埃及等国家建立了"孔子学院"。中国学习阿拉伯语的学生数量稳定增加，而阿拉伯国家在华留学生近年来增长很快。

五　中国在中东问题上保持客观、公正立场

在中国与中东国家发展关系的历史上，中国对中东问题的态度难以回避。中东问题的核心是以色列与巴勒斯坦如何划界的领土问题，以及以色列如何与周边阿拉伯世界相处相容的民族冲突问题。以阿以冲突为核心的中东问题持续 60 多年，之所以长期得不到解决，除了中东问题有关当事方错综复杂的关系难题以外，还与大国在这个全球战略要冲地区的争夺密不可分。冷战时期，美、苏极力在中东这个"世界油库"周围培植自己的势力或代理人。冷战结束后，中东地区仍然成为美国谋求全球霸权和进行海外干涉的重点。因此，以巴以冲突为表面矛盾的中东问题向来具有国际战略地位重要、多种矛盾错综复杂、大国战略角力激烈等特点，对世界局势的发展和国际安全的变化产生了长期的重要影响。中国在中东问题上始终坚持公正、公平的立场，中国中东政策的目标是希望中东地区能够实现长期持久的和平与稳定，这不仅符合该地区国家和人民的利益，也有利于世界和平与繁荣。从 20 世纪 50 年代开始，中国一直支持阿拉伯国家争取民族权益和领土完整的斗争。无论是在发展与阿拉伯国家双边关系还是在多边国际场合，中国都把维护阿拉伯国家的民族利益放在优先的地位，为此，中国对与以色列接触和建交长期持低调态度。为了更有力地参加到中东和平进程中去，1992 年初，中国与以色列建交，并很快直接和间接参加到中东和平进程中去。1993 年 10 月，中国政府在北京主持召开了中东多边谈判第三阶段水资源专题会议。1993 年以色列与巴勒斯坦签署《奥斯陆协议》后，中国积极支持以色列与巴勒斯坦通过谈判解决双方冲突。2000 年 4 月 12—18 日，中国国家主席江泽民访问以色列和巴勒斯坦，这是中国国家元首历史上首次出访巴以两国。访问期间，巴解领导人阿拉法特提出，希望中方任命中东问题特使，在推动中东和平进程方面发挥与中国的大国地位和影响相称的重要作用。

中国始终对阿以和谈以及国际社会的调解持赞赏和积极的态度。2007年 11 月 27 日，在美国东海岸的小城安纳波利斯，由美国总统布什亲自导演的中东问题国际会议召开，中国外交部长杨洁篪出席了会议，并在发言中阐述了中国政府在中东问题上的立场和主张。他说，中方欢迎会议发表的谈判解决巴以问题的共同谅解文件，高度赞赏有关各方作出的积极努力。杨洁篪还就推动中东和平进程走出僵局提出五点主张：尊重历史，彼

此兼顾，把握和谈方向；摒弃暴力，排除干扰，坚定和谈信念；全面推进，平衡发展，营造和谈氛围；重视发展，加强合作，夯实和谈基础；凝聚共识，加大投入，加强和谈保障。杨洁篪外长表示，中国政府非常重视安纳波利斯会议，认为这次会议是国际社会推动解决巴以问题的重大努力。杨洁篪外长还在出席中东问题国际会议期间，会见了巴勒斯坦民族权力机构主席阿巴斯，并与以色列总理奥尔默特进行了交谈。

2013 年 5 月上旬，应中国政府的邀请，巴勒斯坦民族权力机构主席阿巴斯和以色列总理内塔尼亚胡相继访问中国，显示中国将进一步积极推动中东和平进程。

六　中国中东政策的外交创新：设立中东问题特使

2002 年，我国政府决定设立中东问题特使，这是我国外交史上首次在一个特定地区设立的"无所任"使节。中国设立中东特使的背景是：中国政府越来越重视中东在我国外交战略中的地位。2000 年，巴勒斯坦和以色列爆发严重冲突，国际社会也加紧调解和斡旋。2002 年 7 月，由美国牵头召开讨论中东问题的"四方会议"，有欧盟、俄罗斯和联合国参加，而中国被排除在外；9 月，再度召开讨论巴勒斯坦建国问题的四方会议，中国又再次没有被邀请参加。中国作为联合国安理会的五个常任理事国之一，如继续游离于全球聚焦的中东事务之外，显然与大国地位不相称。中国作为一个大国，一个安理会常任理事国，对世界的和平与稳定负有责任。中国一贯希望在中东和谈问题上起到我们可以起的作用。许多阿拉伯国家也呼吁中国发挥更大的作用，希望中国派出中东特使。中国政府设立中东特殊，就可以看作是对这一呼吁的回应。这也是我们国家中东政策和立场的延续与加强。另外，作为中国的传统朋友，阿拉伯国家也纷纷呼吁中国在巴以问题上发挥作用。巴勒斯坦驻华大使穆斯塔法·萨法里尼博士对中国被排除在中东会议之外愤愤不平，屡次强烈表示中国在中东问题上所持的立场是"最为公正的"，中国完全有资格，也有义务参与中东问题的解决。约旦驻华大使更是直接以强烈的语气要求中国向中东地区派遣特使。作为阿以冲突一方的以色列不仅重视对华关系，而且一直十分看重中国在国际社会中的大国地位，也非常在意中国对中东问题的态度，希望中国能够运用自身的影响力，对阿拉伯国家进行"说服"工作。

2002 年 11 月 5 日，中国政府任命的中东问题特使王世杰首次起程前往中东。王世杰特使在首次中东之行中访问了埃及、黎巴嫩、叙利亚、约旦、以色列、巴勒斯坦等国。访问期间，他与六国领导人和外长、阿盟秘书长分别会面，还会见了美国、俄罗斯、欧盟及联合国中东问题特使，阐述了中国在中东问题上的立场，并与中东各方进行了建设性的、富有成果的会见和会谈。王世杰说，中国一贯主张，在联合国有关决议和"土地换和平"原则基础上推进中东和平进程，早日解决中东问题，这不仅符合该地区国家和人民的根本利益，也有助于中东乃至世界的和平、稳定与发展。作为安理会常任理事国，中国有责任，也有义务推动中东地区早日实现和平与稳定。正是本着这一原则，中国始终致力于推动中东和平事业，从事情的是非曲直出发，在以阿间积极劝和。中国首次向中东地区派特使，表明中国对中东的外交政策在发生变化，加大了对中东问题的参与力度。中国作出向中东派遣特使的决定，既是为了适应国际形势，特别是中东地区形势的变化，也是随着中国国力增强、自身大国地位进一步提升，对地区事务影响力增加的客观情况使然。

值得注意的是，中国中东特使设立后，初期开展的主要工作围绕的是阿以和谈这个当时中东面临的突出问题。随着中东局势的发展，各个时期中东地区面临的迫切重大问题也被纳入中国中东特使开展的外交内容。我国首任中东问题特使王世杰在担任特使的 3 年里，先后 8 次出访中东并出席有关国际会议。2006 年 4 月，资深外交官孙必干接替王世杰担任第二任中东问题特使。在 2006—2009 年的 3 年里，孙必干特使出访中东 15 次，为调解以色列和巴勒斯坦的冲突及推动中东和平进程作了不懈的努力。2009 年 3 月，中国政府决定由吴思科大使接替孙必干大使但任中国第三任中东问题特使。吴思科特使在任期间，在 2012 年 3 月和 10 月两次出访中东，这两次出访的重点是阐述中国在利比亚和叙利亚等急迫的中东重大问题上的立场。

从 2002 年 11 月到 2012 年 10 月，中国几任中东特使先后多次访问中东相关国家，在不同的国际场合表示中国一直致力于推动中东和平进程以及其他重大的地区热点问题。不管中东地区形势发生什么变化，中国都将致力于推动中东问题通过谈判得到解决，实现中东持久、全面的和平。

七　加强中东外交是新时期我国外交战略的需要

近几年来，随着我国在国际社会地位的提高和影响的扩大，我国面临的国际环境也越来越复杂，应付的挑战也越来越多。中国对中东形势的关注，在新形势下积极参与中东地区事务，也与自身安全息息相关。进入21世纪以来，中国和中东阿拉伯国家关系有了进一步的新发展。首先，在政治上互相支持。例如在反对恐怖主义问题上，中国和中东阿拉伯国家都主张严厉打击恐怖主义，但反对滥用反恐名义、干涉别国内政、侵犯别国主权。如在2003年联合国讨论美国提出的"倒萨战争"提案时，中国和中东阿拉伯国家的立场一致，反对以联合国的名义侵犯别国主权。其次，中阿双方高层互访不断、建立了多层次的交流渠道，中阿双方都从战略高度去考虑加强政治联系。中国国家领导人多次访问阿拉伯国家，阿拉伯国家的国家元首、政府首脑也经常访华。而且中阿之间的各种层次的制度联系增强，相当广泛。

"9·11"事件后，美国以反恐为名发动阿富汗战争，在阿富汗及周边屯兵长期驻军，这样，中东与我国的安全利益进一步靠近。从地缘战略层面上看，美国通过阿富汗战争进军中亚；通过伊拉克战争主导海湾局面；通过遏制伊朗巩固其在中东的霸主地位。威胁我国新疆地区安全的"东突"等分裂组织与中东、南亚等国的极端组织保持着一定联系。因此，中东地区的不稳定局面和阿富汗的战乱不平，不但关系到未来的中东局势，而且会影响到中国西部边陲的安全与稳定。从这个意义上讲，中国加强与中东的关系意义重大。另一方面，发展对中东国家的关系，也有利于我国拓宽外交空间和渠道，牵制美国在亚太地区对我国的战略制衡。

第二节　经贸和能源合作：中国与中东关系发展的新篇章

一　中国与中东国家经贸合作发展迅速

中国与中东国家的经贸往来起步虽然较晚，但发展势头强劲，发展潜力巨大。在20世纪50年代中国与阿拉伯国家刚建立关系时，双边的贸易额只有10亿美元，1995年年初就达到了62.1亿美元。[①] 中国与阿拉伯国家的经贸往来是中国与中东国家经贸往来的重头。中华人民共和国成立以

① ［阿联酋］伊斯梅尔·尤素福：《发展阿中经贸合作关系的构想及建议》，《西亚非洲》1997年第2期。

来，中国政府已同所有的阿拉伯国家建立了外交关系，并且主张在平等互利的原则基础上积极发展与阿拉伯世界的贸易合作。在漫长的双边关系发展过程中，中国和阿拉伯国家不仅在政治上确定了合作方向，而且双方签订了大量的政府间贸易协定和民间商会合作协定，其中包括投资保护协定和避免双重征税协定，从法律上规范了贸易活动的开展。改革开放后的中国市场已经成为全世界最具活力、最有魅力的市场；而阿拉伯世界包括 22个国家，资源丰富，资本雄厚，也是一个富有吸引力的潜在市场，从事实上为双方的合作提供了广阔的前景。因此，中国与阿拉伯各国在发展各自经济，提高人民生活水平，实现互惠互利方面有着共同的目标。80 年代以来，中国同所有的阿拉伯国家都先后成立了政府间经贸混委会，研究和解决合作中存在的问题，商讨进一步发展双边经贸合作的措施。进入 21 世纪，中阿之间的经贸关系全面加强。现在中阿之间的经贸关系已远非 20 世纪可比。2007 年，中阿经贸往来总额突破 1000 亿美元大关。另据 2011 年在我国银川召开的第二届中阿经贸论坛贸易经济合作分会发布的数据，阿拉伯国家是中国实施"市场多元化"战略和"走出去"战略的重要地区，截至 2010 年年底，双方贸易额已达到 1450 多亿美元，自 2004 年以来年均增长近 30%。巴林经济发展局 CEO 哈利法说，美国麦肯锡公司预计中东国家和中国的双边贸易额在 2020 年将达到 3500 亿—5000 亿美元①。而中国与整个中东地区国家贸易额在 2012 年已突破了 1900 亿美元。

当然，在看到中国与中东国家经贸往来和规模迅速扩大的同时，也要看到中阿经贸往来的结构性矛盾。对于中国而言，中东地区是一个具有 2亿多人口的商品和劳务大市场，容量大、需求广，中阿双方经济合作具有很强的互补性。我国出口至中东的商品基本以轻工、纺织、服装和粮油食品为主，五金矿产、机械设备和化工产品次之；而从中东进口的主要商品是石油、化肥、化工原料以及金属矿产、初级塑材、钢材等。中阿贸易的商品结构也需要进一步优化，阿拉伯国家出口中国的产品中，石油产品占到整个贸易的 45% 左右。中阿双方需要今后把双边贸易扩展到能源之外的其他更多的领域。而中国向阿拉伯国家出口的产品目前也主要以劳动密集型的产品为主，今后要增大高附加值、高技术产品的出口份额。另外，还要改善中国与阿拉伯国家间贸易发展不均衡的现状。

---

① http://www.nxtv.com.cn/article/nxnews/20110922237391.html.

二　能源合作：中国与中东合作新亮点

作为世界能源宝库，中国与中东国家的能源合作是近几年来发展的一个亮点。目前，中东原油已成为中国从中东地区进口额最大的商品，中东地区亦成为我国进口石油的主要来源地区。在可预见的将来，能源贸易将在中国与阿拉伯国家的经贸合作中起主导作用。

我国自 1994 年起成为纯石油进口国，特别是进入 21 世纪以来，中国的经济实力迅速上升，对石油的需求加大，中阿之间石油贸易就成为中国的能源外交的重头戏。阿拉伯产油国在世界石油供应格局中占有半壁江山，石油供求关系受国际政治、地缘因素、国家双边关系的多种因素制约。中阿之间的传统友好关系为我国的能源外交提供了良好的基础。近年来，从中东进口的石油约占中国进口总额的一半。其中世界第一大石油输出国沙特阿拉伯，从 1995—2007 年一直是中国的第一大石油进口国，仅在 2008 年短暂地少于安哥拉，为中国的第二大石油进口国。2009—2010年沙特仍是我国最大的石油进口国。中东其他产油国，如伊朗、阿拉伯联合酋长国、科威特、卡塔尔等也位于中国前 10 大石油进口国之列。

目前我国从中东地区进口的石油占石油进口总额的 60% 左右。在 2009 年我国前 6 位石油进口国中（按进口量依次为沙特阿拉伯、安哥拉、伊朗、俄罗斯、阿曼、苏丹），中东和非洲地区国家占了 5 个。

以中国与沙特阿拉伯的石油合作为例。中国与沙特阿拉伯在能源和其他领域的合作，是最近几年来中国在中东能源外交领域取得的最重大的成就。目前沙特已连续 10 年成为我国在中东最大的贸易伙伴，而中国也连续数年成为沙特的第二大进口国，仅次于美国。

沙特阿拉伯虽然是最后与我国建交的阿拉伯国家，但建交后两国关系发展迅速。冷战时期，由于意识形态等因素影响，沙特对中国一度存有偏见和敌意，因此直到 1990 年 7 月才与中国建交，是 22 个阿拉伯国家中最晚与中国建交的国家。中沙建交后两国关系快速发展，尤其是近年来的飞跃式发展，既反映了沙特对外战略的重大变化以及沙特政府的新外交思路，也显示了中国国际地位的影响。中国在沙特总体外交战略中的地位在不断提升。

"9·11"事件后，沙特和美国的关系趋冷。在此背景下，沙特对外战略进行重大调整，推行多元外交战略，加强与欧盟、俄罗斯以及包括中国、印度和日本在内的亚洲国家的关系，以摆脱、减轻对美国的依赖。其中与中国的关系则是重中之重。对沙特而言，中国是安理会常任理事国之一，长期执行对阿友好政策，支持阿拉伯世界的正义事业，是靠得住、信得过的真诚朋友。同时，经过30年的改革开放，经济持续快速发展，中国已成为全球第二大经济体，国际地位和影响力日益提高。中国的庞大市场，尤其是能源需求，还有中国的发展模式，都吸引着沙特。2005年8月，阿卜杜拉继任国王后，其多元化外交路线更加明显，并将对华关系作为新的战略重点。阿卜杜拉国王明确指出："沙特的未来在中国。"正因为如此，阿卜杜拉国王上任后不久，就将首次正式出访的国家选定为中国。2006年1月，阿卜杜拉成功访华，这也是沙特国王首次访问中国。

对中国而言，沙特不仅是海湾大国，也是重要的能源战略伙伴。沙特号称世界"石油王国"，拥有全球第一的石油储量和产量，已探明石油储量占全球的19%，日产量近1000万桶，这与缺乏能源的中国正好形成优势互补。此外，近年来国际油价保持在高位，产油国收入丰厚，以沙特为首的海湾合作委员会国家的经济步入新的发展黄金期，经济连续多年保持高速增长，综合实力大增，在地区和国际舞台上影响力不断扩大。尤其是沙特拥有庞大的石油美元以及主权财富基金，使其在国际金融界的地位日益上升。2008年年底，阿卜杜拉国王作为阿拉伯世界的唯一领导人参加了世界金融峰会，凸显了沙特的金融实力。因此，中沙两国关系越走越近，很大程度上源于双方具有的共同政治需求和强大的经济互补性。也正因为如此，中沙建交以来，尤其是2006年两国元首成功互访后，双边关系发展突飞猛进，合作领域不断拓宽。在石油领域之外，中国与沙特的合作也大有进展。2009年3月4日，由中国铁道建筑总公司第十八局和沙特两家公司联合中标的麦加—麦地那高速铁路项目第一标段，在沙特首都利雅得万豪酒店举行了签约仪式。这是中国与沙特在石油合作领域外取得的重大商业项目。2010年12月，沙特阿拉伯工商大臣阿卜杜拉在会见来访的中国商务部国际贸易谈判代表时说，沙特感谢中方对部分沙特石化产品取消反倾销税的举措，这说明中国非常珍视与沙特的友好关系，沙特同样高度重视发展与中国的经贸合作。双方表示，中沙经贸关系处于历史最好时期。两国经济互补性强，发展空间和潜力大。双方希望进一步努力提升两国经贸合作水平，实现今年初两国政府计划的到2015年双边贸易额达 600 亿美元的目标。① 2012 年 1 月，中国总理温家宝访问沙特阿拉伯，访问期间，中国和沙特阿拉伯在利雅德发表联合声明，指出双方要积极促进经贸往来和相互投资，加强能源和基础设施领域合作，实现两国业已存在的合作关系全面发展。1 月 14 日，中国石油化工集团公司（中石化）和沙特国家石油公司（沙特阿美）在沙特签署了合资在沙特建炼油厂的协议，总投资接近 100 亿美元，沙特阿美将持有 62.5% 的股份，中石化持有剩余股份。② 这将是中石化在海外建的第一座炼油厂，表明中国和沙特的能源合作得到了新的提升。

三 中东北非的政局动荡对我国进口能源安全的潜在影响。

从 2010 年年底开始，中东北非不少国家相继出现了政局大变动，发生在中东地区的政治变动牵动世人的神经。突尼斯、埃及、叙利亚、也门执政多年的领导人相继倒台，并在更多中东国家引起反应，使中东地缘政治前景变动趋向不明。2011 年苏丹南部从苏丹分离出去，建立了南苏丹共和国，是我国与苏丹长期的能源合作关系面临新的挑战。对中国来说，应更关注中东北非局势的变化对我国能源战略和能源进口安全带来的潜在影响。随着我国石油进口依赖度的不断攀升，中东政局的变动，将明显挑战我国的海外石油利益。

位于北非的苏丹是一个与我国石油利益联系密切的国家。早在 20 世纪 90 年代初，我国就开始与苏丹进行石油合作，我国在苏丹已经形成了从石油勘探、提炼，到石油石化企业的建立及石化产品销售为一体的石油合作关系。2011 年 7 月，苏丹公投揭晓，苏丹这个非洲石油大国一分为二，而中国是苏丹石油企业最主要的外来投资国。苏丹分裂后与南苏丹如何划分当地的石油利益可以说相当棘手。事实上，随着南部苏丹完全独立，围绕着如何划分南部苏丹未来石油利益的谈判已经开始。谈判的主要内容牵涉到南部石油基础设施的投资、石油运输通道、以前与苏丹政府签有协议的外国石油公司的权益、边界地区油井的划分等，可以想象其前景不会一帆风顺。中国是苏丹石油的主要投资方与合作伙伴。尽管此前中国

① 新华社消息 "沙特希望与中国加强经贸合作"。http：//news. xinhuanet. com/world/2010 - 12/20/c_ 12897963. htm.

② 《人民日报》2012 年 1 月 15 日。

石油公司和苏丹及南部维持着比较良好的关系，但南部苏丹独立后仍对中国在当地的石油利益带来挑战。主要表现在：首先，南苏丹独立后政局是否稳定，与苏丹的关系是否融洽。中国投资的许多油井分布在南北苏丹分界地区，这些油井很容易受到边界冲突事件的影响。其次，苏丹南部独立后，中国石油公司将面临来自其他石油公司的竞争，中国公司与新进入的外国石油公司的竞争可能加剧。再次，苏丹南部石油外运的通道问题。苏丹南部石油储量和产量占全国的60%以上，南部自治政府98%财政收入来自石油。但以前苏丹南部的石油很大一部分通过管道运到北部喀土穆炼油厂，该炼油厂的成品油和化工产品主要供应苏丹市场，并且部分出口。喀土穆炼油厂由中石油援建和管理。南苏丹独立后，如何保证喀土穆炼油厂获得来自南部苏丹稳定的油源也是中方需要考虑的。

中东一些国家政局变化及战略动向对整个中东地区影响重大。比如埃及，虽然埃及本身不是一个重要的产油国，但埃及的战略地位极为重要。埃及地处亚非两大洲交界处，人口众多，对非洲大陆和中东地区的地缘政治有重大影响。埃及以前是一个温和的阿拉伯国家，并且是美国在中东地区的重要盟友。埃及也是阿拉伯国家中仅有的与以色列建立外交关系的两个国家之一（另一个是约旦）。穆巴拉克时代之后的埃及是保持温和的、世俗的国家取向，还是转向激进的带有伊斯兰倾向的国家，都会对中东地缘政治带来重大影响。况且，埃及境内的苏伊士运河是重要的连接三大洲的航运的要道，我国从非洲进口的原油和对欧贸易货物大多要经过苏伊士运河。因此，埃及局势的发展与我国在中东的利益密切相关。

其次，一些中东产油国的政局是否会步埃及、叙利亚、也门、利比亚后尘而陷于动乱。一年多来，中东的卡特尔、阿曼、沙特、巴林等产油国也相继发生了规模不一的反对政府的示威游行，一些国家政局出现不稳迹象。当然，更值得关注的是海湾地区伊朗局势的发展。伊朗最近几年一直是我国的三大石油进口国之一（另两个是沙特和安哥拉），2010年我国与伊朗的贸易总额已突破250亿美元，其中大部分是我国的能源贸易和投资。伊朗已连续发生反政府的示威游行，而美国已公开表示支持伊朗国内反对派的"民主行动"。美国在伊朗核问题上几乎对伊朗无计可施，转而寻求伊朗的政府更替达到遏制和削弱伊朗的目的。美国与伊朗还在海湾地区不断地相互炫耀武力，加剧海湾紧张局势。我国的几大石油公司近几年来都在伊朗开拓了石油和天然气业务，对伊朗局势的发展应保持高度关注。

　　中东政局变动及其潜在威胁不断提醒我们，我国能源进口渠道的多元化至关重要。我国石油需求对外依赖度已经突破 50%，在这种背景下，应该更加重视多渠道、多元化寻求海外油气资源，避免过多依赖某个地区或某个国家。对立志于开拓海外市场的我国石油公司来说，应更多地关注所在国和地区政治经济变动状况，只有这样才能未雨绸缪，有效应对地区国际政治风暴冲击。

主要参考文献

一 中文论著

［美］希提：《阿拉伯通史》中文版，商务印书馆1979版。

［英］罗伯特·斯蒂文森：《纳赛尔传》中文版，世界知识出版社1992年版。

［美］威廉·匡特：《中东和平进程：1967年以来的美国外交和阿以冲突》中文版，华东师范大学出版社2009年版。

［美］费希尔：《中东史》（上、下册），姚梓良译，商务印书馆1979年版。

［英］理查德、爱伦：《阿拉伯—以色列冲突的背景及前途——帝国主义和民族主义在肥沃的新月地带》，艾玮生等译，商务印书馆1981年版。

［巴勒斯坦］马哈茂德·阿巴斯：《奥斯陆之路——巴以和谈内幕》中文版，世界知识出版社1997年版。

［英］迪利普·希罗：《中东内幕》，天津人民出版社1988年版。

［美］威廉·内斯特编：《国际关系：21世纪的政治与经济》，北京大学出版社2005年版。

［以色列］恰伊姆·赫佐格：《赎罪日战争》，解放军出版社1984年版。

［以色列］佩雷斯：《新中东》，辛华译，新华出版社1999年版。

［埃及］萨阿德·沙兹科中将：《跨过苏伊士运河》，解放军出版社1991年版。

［埃及］加利：《加利回忆录：永不言败》中文版，世界知识出版社2001年版。

［美］克林顿：《克林顿回忆录：我的生活》，译林出版社2004年版。

［美］乔治·沃克·布什：《抉择时刻》，中信出版社2011年版。

《巴勒斯坦问题参考资料》，世界知识出版社 1960 年版。

日本国际法学会编：《国际法词典》，世界知识出版社 1985 年版。

彭树智主编：《二十世纪中东史》，高等教育出版社 1992 年版。

季国兴、陈和丰主编：《第二次世界大战后中东战争史》，中国社会科学出版社 1987 年版。

赵国忠主编：《简明西亚北非（中东）百科全书》，中国社会科学出版社 2000 年版。

尹崇敬主编：《中东问题 100 年》，新华出版社 1999 年版。

肖宪主编：《1945 年以来的中东》，中国社会科学出版社 2004 年版。

杨光：《中东的小龙——以色列经济发展研究》，社会科学文献出版社 1998 年版。

杨灏城、朱克柔主编：《民族冲突与宗教争端——当代中东热点问题的历史探索》，人民出版社 1996 年版。

陈德成主编：《中东政治现代化——理论与历史经验的探索》，社会科学文献出版社 2000 年版。

王林聪：《中东国家民主化问题研究》，中国社会科学出版社 2007 年版。

江红：《为石油而战：美国石油霸权的历史透视》，东方出版社 2002 年版。

钱其琛：《外交十记》，世界知识出版社 2003 年版。

刘竞主编：《中东手册》，宁夏人民出版社 1989 年版。

刘竞、张士智、朱莉：《苏联中东关系史》，中国社会科学出版社 1987 年版。

张士智、赵慧杰：《美国中东关系史》，中国社会科学出版社 1993 年版。

王京烈主编：《动荡中东多视角分析》，世界知识出版社 1995 年版。

赵国忠主编：《海湾战争后的中东格局》，中国社会科学出版社 1995 年版。

王京烈主编：《面向二十一世纪的中东》，社会科学文献出版社 1999 年版。

陈建民：《埃及与中东》，北京大学出版社 2005 年版。

徐向群主编：《中东和谈史》，中国社会科学出版社 1998 年版。

左文华、肖宪主编：《当代中东国际关系》，世界知识出版社 1999 年版。

王三义：《英国在中东的委任统治研究》，世界知识出版社 2008 年版。

江淳、郭应德：《中阿关系史》，经济日报出版社 2001 年版。

殷罡主编：《阿以冲突：问题和出路》，国际文化出版公司 2002 年版。

东方晓主编：《伊斯兰与冷战后的世界》，社会科学文献出版社 1999 年版。

刘月琴：《冷战后海湾地区国际关系》，社会科学文献出版社 2002 年版。

安维华、钱雪梅：《美国与大中东》，世界知识出版社 2006 年版。

李援朝：《中东问题研究》，黑龙江教育出版社 1996 年版。

赵克仁：《美国与中东和平进程》，时事出版社 2005 年版。

范鸿达：《美国与伊朗：曾经的亲密》，社会科学文献出版社 2006 年版。

外交部：《亚洲年鉴》，世界知识出版社 2008 年版。

刘强：《伊朗国际战略地位论》，世界知识出版社 2007 年版。

余胜海：《能源战争》，北京大学出版社 2012 年版。

王京烈：《阿拉法特》，长春出版社 1996 年版。

以色列驻华使馆编：《以色列的脱离接触计划》中文版，2005 年版。

高祖贵：《冷战后美国的中东政策》，中共中央党校出版社 2001 年版。

中国现代国际关系研究院编：《反恐背景下美国全球新战略》，时事出版社 2004 年版。

唐宝才：《伊拉克战争后动荡的中东》，当代世界出版社 2007 年版。

赵伟明：《中东问题与美国中东政策》，时事出版社 2006 年版。

杨新礼、冀开运、陈俊华：《伊朗与美国关系研究》，时事出版社 2006 年版。

李伟建：《伊斯兰文化与阿拉伯国家对外关系》，时事出版社 2007 年版。

许利平主编：《亚洲极端势力》，社会科学文献出版社 2007 年版。

崔建民主编：《马克思、恩格斯、列宁、斯大林论西亚非洲》，中国社会科学出版社 2010 年版。

王京烈：《解读中东：理论构建与实证研究》，世界图书出版公司 2011 年版。

薛力主编：《中国的能源外交与国际能源合作，1949—2009》，中国社会科学出版社 2011 年版。

张蕴岭主编：《西方新国际干预的理论与现实》，社会科学文献出版社 2012 年版。

徐向群、余崇健主编：《第三圣殿——以色列的崛起》，上海远东出版社 1995 年版。

王振华编著：《列国志·英国》，社会科学文献出版社 2011 年版。

吴国庆编著：《列国志·法国》，社会科学文献出版社 2006 年版。

潘德礼编著：《列国志·俄罗斯》，社会科学文献出版社 2010 年版。

张铁伟编著：《列国志·伊朗》，社会科学文献出版社 2005 年版。

杨灏城编著：《列国志·埃及》，社会科学文献出版社 2006 年版。

李庆余：《美国外交史：从独立战争至 2004 年》，山东画报出版社 2008 年版。

王京烈、倪峰：《伊朗核问题与美国对伊政策的选择》，中国社会科学院国际研究学部研究报告，2007 年 7 月。

杨光主编：《伊朗核问题研究报告》，中国社会科学院国际研究学部研究报告，2008 年。

王锁劳：《"大中东"与"新中东"》，《人民日报》2006 年 8 月 4 日。

王锁劳：《"袭击考验美撤军时间表"》，《人民日报》2009 年 12 月 25 日。

陈一鸣：《伊朗核问题——美欧错综复杂的较量》，《人民日报》2005 年 2 月 16 日。

谢培智：《英法德与伊朗就核问题达成的初步协议》，中国网 2004 年 12 月 1 日。

冯坚、宋国城：《伊朗核问题"冷处理"的背后》，新华网 2005 年 3 月 4 日。

春风：《英外交大臣：应用外交手段劝服伊朗放弃核武计划》，中新网 2005 年 1 月 19 日。

于涛：《德国总理施罗德坚决反对军事干预伊朗核问题》，新华网 2005 年 1 月 25 日

新华社评论：《美俄在伊朗核问题上互不相让说明了什么》，新华网 2005 年 3 月 1 日。

新华社：《参考资料》2000 年 12 月—2012 年 12 月。

二　英文论著

Uri Bialer, *Between East and West : Israel's Foreign Policy Orientation 1948 - 1956*, Cambridge universityPress, 1990.

Tore T. Petersen, *Controlling the Uncontrollable? : The Great Powers in the Middle East*, Tapir Academic Press, 2006.

Bernard Reich, *The Powers in the Middle East : The Ultimate Strategic Arena*, New York: Praeger, 1987.

Steven G. Galpern, *Money, Oil, and Empire in the Middle East : Sterling and Postwar Imperialism, 1944 - 1971*, Cambridge, UK ; New York: Cambridge University Press, 2009.

Joel H. Wiener, *Great Britain : Foreign Policy and the Span of Empire, 1689 - 1971: a Documentary History*, New York, Chelsea House Publishers, 1972.

D. Cameron Watt, *British Documents on Foreign Affairs ——Reports and Papers From the Foreign Office Confidential Print. Part II, From the First to the Second World War. Series A, the Soviet Union, 1917 - 1939*, University Publications of America, 1984 - 1986.

Nicholas Tamkin, *Britain, Turkey, and the Soviet Union, 1940 - 1945: Strategy, Diplomacy, and Intelligence in the Eastern Mediterranean*, Basingstoke, Hampshire; New York, NY; Palgrave Macmillan, 2009.

Kamil J Asali, *Jerusalem in History : 3000BC to the Present Day*, Kegan Paul International, London and New York 1996.

Ghada karmi, *Jerusalem Today : What Future for the Peace Process?* Ithaca Press, UK, 1997.

Geoffrey Avonson, *Israeli, Palestinians and the Intifada : Greating Facts on the West Bank*, Kegan Paul International, Washington, D. C. 1990.

Paul Preston and Michael Partridge; Daniel Kowalsky, *British Documents on Foreign Affairs* ——*Reports and Papers from the Foreign Office Confidential Print. Part V , From 1951 through 1956*. Series A, the Soviet Union and Finland, 1951, Bethesda, MD: LexisNexis, 2005.

Uri Biaier, *Between East and West : Israel's Foreign Policy Oriebtation , 1948 - 1956* , Cambridge Press, 1990.

Treverton, Gregory F, *Crisis Management and the Super - Powers in the Middle East* , Farnborough, Hampshire: Gower, 1981.

Daniel Gavron, *Israel after Begin* , U. S. 1984.

Boger Owen, *state , Power and Politics : in the making of the Modern Middle East* , London, 1992.

Mary C. Wilson , *King Abdullah , britain and the making of Jordan* , Cambridge University Press, 1987.

Avi Shlaim, *Collusion across the Jordan* , 1988.

Donald M. McKale, *War by Revolution : Germany and Great Britain in the Middle East in the era of World War I* , Kent State University Press, 1998.

Wolfram Kaiser and Gillian Staerck, *British Foreign Policy , 1955 - 1964 : Contracting Options* , New York : St. Martin's Press, 2000.

Fieldhouse, D. K. David Kenneth, *Western Imperialism in the Middle East 1914 - 1958* , Oxford; New York: Oxford University Press, 2006.

Eva patricia Rakel, *the Iranian political elite , state and Society Relations , and Foreign Relations since the Islamic Revolution* , the Neithland, 2009.

Fouad Ajami, *The Arab Predicament : Arab Political Thought snd Practice since 1967* , Cambridge University Press, 1981.

I. L. Kenen, *Israel's Defence Line : Her Friends and Foes in Washington , U. S. A* , 1981.

Bernard Reich and Gershon R. Kieval, *Israel National Security Policy : Political Actors and Perspectives* , Greenwood Press, London 1988.

Bar - Ilan University, *Fatal Choices : Israel's Policy of Tarketed - killing , September* , 2002, Israel.

ICT (Israel), *The War on Terrorism , Who is the Enemy and What is the Coalition* , 2002.

Ivan L. G. Pearson, *In the Name of Oil : Anglo – American Relations in the Middle East , 1950 – 1958* , Portland, OR : Sussex Academic Press, 2010.

Ellen Laipson, *"Europe's Role in the Middle East : Enduring Ties , Emerging Opportunities "*, Middle East Journal, vol. 44, no. 1, Winter 1990, p. 8.

Ghassan Salame, *"Torn between the Atlantic and the Mediterrean : Europe and the Middle East in the Post Cold – war Era "* , Middle East Journal, vol. 48, no. 2, Spring, 1994, p. 226.

The Washington Institute for Near East Policy, *How to Build a New Iraq after Saddam* , P. 3, 2002.

The Centre for Political Research and Studies, *the Middle East after 9 – 11* , Turkey, 2005.

Ephraim Kam – Zeev Eytan, *the Middle East Military Balance , 1994 – 1995* , Jaffee Centre of Strategic Studies, Tel – Aviv University.

Statement by Secretary of State Warren Christopher, *Regarding U. S. Sanctions against Iran* , State Department Briefing, in Federal News Service, May 1, 1995, p. 1.

Itamar Rabinovich, *the Brink of Peace : Israel – Syrian negotiation* , Princeton University Press, 1998.

Goldscheider, *population and social change in Israel* , Westview Press, U. S. 1986

Andre Gerolymatos, *Castles Made of Sand : a Century of Anglo – American Espionage and Intervention in the Middle East* , New York : Thomas Dunne Books, 2010.

Mahboubeh F. Sadeghinia, *Security Arrangements in the Persian Gulf : with Special Reference to Iran ' s Foreign Policy* , Ithaca Press, UK, 2011.

The Emirates Centre for Strategic Studies and Research, Globalization in the 21ST Century : How Interconnected in the World, UAE 2008.

Foreign Affairs (U. S.), No. 1 – 3, 2011.

The Al Ahram Center for Political and Strategic Studies, Egypt, 埃及金字塔政治和战略研究中心网站。

三 主要网站资料来源

新华社消息，新华网，http：//www. xinhuanet. com。

新华网：http：//www. xinhuanet. com。

美国国务院官方网站，http：//www. state. gov/。

美国《外交事务》杂志网站，http：//www. foreignaffairs. com/。

以色列《国土报》网站，http：//www. harrtz. com。

以色列《耶路撒冷邮报》网站，http：//www. jpost. com。

英国《泰晤士报》网站，http：//www. times. com。

英国《金融时报》网站，http：//www. ft. com/home/uk。

《纽约时报》网站，http：//www. nytimes. com。

《华盛顿时报》网站，http：//www. washingtompost. com。

伊朗《德黑兰时报》网站，http：//www. tehrantimes. com。

词条索引

坦自治《原则宣言》。1993 年，阿拉法特与拉宾实现了历史性握手，掀开了中东和平进程新的一页。为此，1994 年阿拉法特获得诺贝尔和平奖，并在流亡 27 年后回加沙定居。1996 年 1 月，在巴勒斯坦首次大选中，阿拉法特当选为巴民族权力机构主席。2000 年，阿拉法特与以色列总理巴拉克及美国总统克林顿一起举行了著名的戴维营三方首脑会谈，但和谈最终没有取得突破。不久巴以冲突升级。从 2001 年年底开始，阿拉法特被"围困"在拉马拉宫邸，健康状况每况愈下。2004 年 11 月 11 日，巴勒斯坦的民族之魂——阿拉法特在法国巴黎与世长辞，遗体被安葬在巴勒斯坦民族权力机构所在地拉马拉。阿拉法特生前多次访华。

阿富汗战争（2001） 第二次阿富汗战争是指"9·11"事件后，以美国为首的联军于 2001 年 10 月 7 日发起针对阿富汗基地组织和塔利班的战争。虽然塔利班在阿富汗的统治早被推翻，但战争至今仍未正式结束，美国及其联军仍然驻扎在阿富汗。战争初期，塔利班和基地组织在联军的强大攻势下很快崩溃，但随着联军大规模军事行动的结束，战争出现了拐点。躲进山区的塔利班非但没有被彻底消灭，控制的势力范围却在不断扩大。虽然到 2011 年 5 月包括本·拉登在内的主要"基地"头目已被清除。但由于阿富汗政府军在塔利班面前节节败退，战争因此陷入僵持局面。阿富汗战争已经进行了 12 年，已成为一场消耗战。美军在阿富汗花费了近 4000 亿美元。虽然奥巴马政府为及早脱身，同意与塔利班和谈，但在 2014 年美国撤军期限临近，阿富汗反美情绪高涨的背景下，塔利班却中止了与美国的和谈。美国政府制订了 2014 年底从阿富汗撤军的计划，但阿富汗国内的安全形势难以乐观，离美国最初制定的消灭塔利班有生力量，重建阿富汗，使其不再成为恐怖主义滋生土壤的战略目标相去甚远。

阿拉伯国家联盟（阿盟） 阿拉伯国家联盟是为了加强阿拉伯国家联合与合作而建立的地区性国际组织。简称阿拉伯联盟或阿盟。1945 年 3 月，埃及、伊拉克、约旦、黎巴嫩、沙特阿拉伯、叙利亚和也门 7 个阿拉伯国家的代表在开罗举行会议，通过了《阿拉伯国家联盟条约》，宣告联盟成立。到 1993 年共有 22 个成员国。宗旨是加强成员国之间的密切合作，维护阿拉伯国家的独立与主权，协调彼此的活动。阿拉伯国家联盟成立后，在地区问题上积极协调立场，为推动中东和平进程发挥了积极作用。但在 1979 年埃及与以色列单独实现和平后，阿盟发生严重分裂，埃及一度被开除出阿盟组织。从 1956 年 5 月 30 日与埃及建交起，到 1990 年 7 月 21 日与沙特建交止，中国同阿盟 22 个成员国都建立了外交关系。　5，84，85，88，96，109，203，206，208，209

阿拉伯和平倡议　2000 年 9 月底巴以爆发大规模流血冲突后，巴以和谈陷入僵局。为促使巴以双方早日结束冲突，重启和谈，在 2002 年 3 月 28 日第 14 次阿盟首脑会议上，沙特阿拉伯提出一项旨在最终结束阿以争端的中东和平新建议。会议一致通过了以沙特新建议为基础的"阿拉伯和平倡议"，并将其确定为与以色列谈判解决阿以争端的基本原则。倡议要求以色列遵守联合国有关决议，全面撤出 1967 年以来占领的所有阿拉伯领土，接受建立以东耶路撒冷为首都的、拥有主权的、独立的巴勒斯坦国，并根据联合国第 194 号决议公正解决巴勒斯坦难民问题。在此基础上，阿拉伯国家将同以色列签署和平协议，并在实现全面和平的前提下逐步与以色列建立正常关系。这一倡议通过后得到国际社会的积极支持，但遭到以色列当局沙龙政府的拒绝，致使该倡议一直未能实施。　69，125 - 127

艾森豪威尔主义　艾森豪威尔主义是 20 世纪 50 年代，在中东民族解放运动高涨的形势下，为遏制苏联等社会主义国家对中东的影响，1957 年，美国总统艾森豪威尔向国会提出关于中东政策的特别咨文，被称为"艾森豪威尔主义"。主要内容是：由国会授权总统动用 2 亿美元给中东国家以经济和军事援助；只要这些国家面临"国际共产主义控制的任何国家的武装侵略"，总统有权应这些国家的请求提供武力援助。艾森豪威尔主义是美国继杜鲁门主义后对中东地区的又一个政策纲领，对美国与中东国家的关系带来了深远影响。　6，11，99，120

埃尔多安　土耳其著名政治家，2003 年首次出任土耳其总理。埃尔多安出生于 1954 年，1994 年 3 月当选伊斯坦布尔市市长。同年 4 月，土耳

其国家安全法院以"发表煽动宗教仇恨言论"为由，判处埃尔多安 4
个月监禁，5 年内不得从政。2002 年 11 月，他领导的正义与发展党在
土耳其议会大选中获胜。由该党副主席组成土耳其第 58 届政府，新政
府推动修改宪法，推翻了限制埃尔多安从政的判决。2003 年 3 月埃尔
多安出任总理。近年来，埃尔多安从一个纯粹的伊斯兰主义者变成了一
个温和的保守党领袖。他任期内把加入欧盟当做土耳其融入西方的目标
之一，支持美军进驻土耳其。埃尔多安政府曾经是以色列亲近的同盟。
曾作为以色列与叙利亚和谈的主要协调国。但近年来，土、以关系开始
恶化。阿拉伯之春爆发以来，埃尔多安政府因公开站在革命者一边、积
极参与阿拉伯世界变革而影响力日增。埃尔多安政府正努力成为该地区
新的主导力量。2007 年 7 月和 2011 年 6 月，埃尔多安两度连任土耳其
总理。在 2011 年中东阿拉伯国家政治动荡爆发后，埃尔多安多次高调
出访中东国家，扩大土耳其的影响和势力。   174

奥巴马   奥巴马是美国第 44 任总统（2008—2012，2012 年连任），也是
美国首位拥有黑人血统，并且童年在亚洲成长的美国总统。1996 年，
奥巴马当选为伊利诺伊州参议员，开始了其政治生涯。2008 年 6 月 3
日，奥巴马被推选为民主党总统候选人。11 月 5 日，他击败共和党候
选人约翰·麦凯恩，正式当选美国第 44 任总统。奥巴马上任之初，大
幅度调整了前任总统小布什对中东地区的激进政策，转而采用了比较务
实和温和的态度。承诺推行中东民主化运动，致力解决巴以问题、伊朗
核问题和从伊拉克撤军问题，以此改善美国在中东和伊斯兰世界的形
象。在中东问题上，他不仅明确提出美军撤出伊拉克的时间表，而且明
确主张与伊朗接触，通过对话解决伊朗核问题。在巴以和平问题上，提
出"两国论"的主张，积极推动建立巴勒斯坦国。奥巴马虽然更多强
调通过外交手段解决中东问题，但都是以美国利益最大化为出发点，只
是采取的方式比较灵活。在 2010 年 11 月 2 日的美国中期选举中，民主
党以微弱多数保住了多数席位。2012 年 11 月，奥巴马在大选中战胜共
和党总统候选人罗姆尼，再次赢得美国总统大选的胜利。   35，57，
94，95，99，121 - 129，159，160，162 - 164，167 - 176，188

奥尔默特   奥尔默特曾任以色列总理、前进党领袖。1973 年，28 岁的奥

尔默特当选议员，开始步入政坛。在前总理沙米尔政府中，曾任内阁不管部长、卫生部长等职。1993—2003 年，任耶路撒冷市市长。一直以来，奥尔默特被认为是沙龙的亲密盟友。2003 年，出任沙龙政府的副总理兼工业贸易部长，并在 2005 年，同时兼任财政部长。2005 年 11 月，加入沙龙新建的政党——前进党。2006 年 1 月 4 日，奥尔默特在沙龙中风后出任代总理。2006 年 5 月，奥尔默特当选为以色列总理。2008 年，奥尔默特向总统佩雷斯递交辞呈，辞去总理职务。2009 年，他因涉嫌受贿而接受刑事调查。政治上，奥尔默特言论大胆，立场温和，主张避免巴以矛盾激化，但他也明确表示要执行沙龙路线，在约旦河西岸地区继实施撤离行动。　64，78 – 80，82，89，157，212

巴拉克　巴拉克曾担任以色列工党主席，以色列总理。1942 年出生于什马尔·哈沙龙基布兹。1959 年加入以色列国防军，在以色列的特遣部队服役。在这支部队里，他因出色地完成任务而多次获得勋章。巴拉克1994 年退役后，去美国进修，回国后于 1995 年加入工党。他 1995 年 7 月至 1995 年 11 月 22 日任内政部长，1995 年 11 月 7 日任代理国防部长，1995 年 11 月至 1996 年 6 月任外交部长，同年 12 月 2 日出任内阁核心小组成员。1997 年 6 月 3 日当选工党主席。1999 年 5 月 17 日，巴拉克在直选中以优势当选以色列总理。巴拉克主张在 "以土地换和平"的原则上继续推动中东和平进程。根据以色列总理巴拉克的命令，以色列驻黎巴嫩南部军队于 2000 年全部撤离南黎 "安全区"，从而结束了以色列对南黎长达 22 年的占领。2000 年，巴拉克总理和巴勒斯坦领导人阿拉法特及美国总统克林顿一起举行了著名的戴维营三方首脑会谈，但和谈没有取得突破。2009 年，巴拉克在内塔尼亚胡领导的政府中担任国防部长。　33，34，67，126

巴沙尔·阿萨德　巴沙尔·阿萨德是已故叙利亚总统哈菲兹·阿萨德的次子。1965 年出生于大马士革，1982 年进入大马士革医学院学习，毕业后，赴英国伦敦实习并攻读医学硕士学位，成为一名著名的眼科医生。1994 年，因哈菲兹·阿萨德的长子巴西勒在车祸中身亡，巴沙尔被推上了叙利亚的政治舞台，巴沙尔从此弃医从政。1996 年 1 月，进入参谋指挥学院深造，1998 年晋升为中校，次年升为上校。2000 年 6 月老阿萨德逝世后，巴沙尔当选叙利亚复兴党总书记，并晋升为大将兼武装部队总司令。同年7月巴沙尔在总统选举中以绝对多数票当选叙利亚总统。巴沙尔是个亲民的总统，他经常"微服出访"体察民情。其亲民作风得到叙利亚人民的拥护。担任总统以来，他致力于加强同周边阿拉伯国家间的关系。此外，他上任后打击政府内部贪污腐败问题力度显著，在2007年5月27日全民公决中以高票再次当选叙利亚总统。2011年3月，叙利亚国内爆发政治冲突，巴沙尔政权遭遇执政危机，面临巨大压力。西方国家和海湾阿拉伯国家要求巴沙尔下台呼声高涨，但巴沙尔一方面公开承诺进行政治改革、修订宪法，另一方面对叙利亚反政府武装无情镇压，使叙利亚危机和武装冲突愈演愈烈。　198

班加西　班加西是位于利比亚北部锡德拉湾沿岸的一座港口城市，也是该国第二大城市。班加西是利比亚经济、交通中心，建有巨大海水淡化厂和大型国际航空港。2011年2月，发生在利比亚的大规模抗议活动就是从班加西开始的。班加西也因此成为反政府武装的临时政府（"利比亚全国过渡委员会"）总部所在地。目前，位于班加西的全国过渡委员会已经控制了利比亚全境，于2011年10月23日在班加西宣布全国解放，开始过渡进程。2011年春季以来，英、法等多国高官访问了班加西，并承认全国过渡委员会为利比亚唯一合法政府。2012年9月11日，美国驻利比亚大使史蒂文斯在班加西的美国领馆内遇袭身亡。　180

《贝尔福宣言》　指英国政府1917年发表的关于在巴勒斯坦建立犹太人"民族之家"的声明。1917年11月2日，英国外交大臣贝尔福就巴勒斯坦事务写信给英国犹太复国主义者联盟副主席罗斯柴尔德。在这封信中，贝尔福代表英国政府宣称，英国"赞成巴勒斯坦为犹太人建立一个民族国家"，并表示英国政府为达到此目的将尽最大的努力。这封信就是后来人们所说的《贝尔福宣言》。《贝尔福宣言》的发表，标志着犹太复国运动得到当时一个主要大国的支持，也是英国侵占巴勒斯坦所采取的一个重要步骤，它对犹太复国主义的发展和中东局势产生了深远的影响。宣言发表后，逐步得到了包括美国在内的协约国主要国家的赞成。　1，2

巴格达条约组织   巴格达条约组织是冷战初期美国在中东建立的军事集团。1955 年 11 月根据《巴格达条约》组织正式成立。为促使中东国家加入该组织，美国声称《巴格达条约》仅是武器援助，没有义务，保证成员国通过合作防止外来侵略。其成员国包括巴基斯坦、土耳其、伊拉克、伊朗、英国也接受邀请将它与伊拉克的双边条约纳入地区条约中。美国是积极支持者和组织者，但是美国没有参加。巴格达条约组织建立后，中东分成了两大阵营，一方是得到美国财政和军事支持的巴格达条约组织国家。另一方是以埃及为首的阿拉伯国家。后来伊拉克退出，该组织改称中央条约组织，总部设在土耳其的安卡拉。美国试图通过该组织达到扩大在阿拉伯国家影响力和提高自己在本地区的势力的目的。巴格达条约组织在一定程度上推动了美苏在中东对峙的局面，使中东问题更趋复杂。   5

巴勒斯坦分治决议   巴勒斯坦分治决议指 1947 年联合国通过的将巴勒斯坦分成"阿拉伯国"和"犹太国"及耶路撒冷交由联合国管理的决议，它是中东地区阿以冲突的重要起点。英国在第一次世界大战结束后取得了巴勒斯坦的"委任统治权"。由于巴勒斯坦地区阿拉伯人和犹太人的冲突日趋恶化，英国将巴勒斯坦问题交到联合国表决。1947 年 11 月 29日，联合国大会以美、苏等 33 国赞成、阿拉伯国家为主的 13 国反对、英国等 10 个国家弃权通过了关于在巴勒斯坦实行分治的决议，即联合国第 181（二）号决议。根据决议，英国对巴勒斯坦的委任统治于1948 年 8 月前结束，并撤出军队；在巴勒斯坦地区分别建立阿拉伯国和犹太国；其中阿拉伯国的领土面积为 1.12 万平方公里，包括西加利利、约旦河西岸的大部分地区和加沙地带三块互不相连的地区。犹太国的面积为 1.49 万平方公里，包括从阿克以南至特拉维夫以南的沿海地带和肥沃的平原地区。同时规定耶路撒冷及其附近郊区约 158 平方公里地区为国际城市，由联合国管理。分治决议使占总人口 1/3 的犹太人获得了将近 57% 的土地，而人口占多数的阿拉伯人只分到 43% 的土地。这一决议遭到阿拉伯国家的坚决反对和抵制。犹太人根据分治决议于1948 年 5 月 14 日宣布成立以色列国。第二天，巴勒斯坦战争，即第一次中东战争爆发。   3，20，21

巴勒斯坦战争　巴勒斯坦战争是在联合国通过巴勒斯坦分之决议后，在以色列宣布建国后的第二天爆发的。1948 年 5 月 15 日，埃及、外约旦、伊拉克、叙利亚和黎巴嫩 5 个阿拉伯国家的军队开进巴勒斯坦，开始了第一次中东战争，即巴勒斯坦战争。在战争初期，阿拉伯联军在数量上和士气上处于明显优势，以色列处境岌岌可危。但在美国等大国的干预下，联合国在战争期间通过两次停火协议，使得以色列获得喘息之机，在大国的支持下，通过扩充兵力和大量采购军火，使其军力超过了阿拉伯国家。而阿拉伯国家则因内部争权夺利，无法在战场上形成统一的作战目标和策略。逐渐失去战场优势。这场战争持续了 9 个月，于 1949 年 2 月 24 日在联合国调停下，埃及、黎巴嫩、叙利亚等国先后与以色列签署了停战协议。　　21

本·古里安　本·古里安（1886—1973）是以色列第一任总理兼国防部长，也是任职时间最长的总理，被誉为现代以色列的国父。他一直奉行与西方结盟的政策。本·古里安在青年时期就成为一个犹太复国主义者。1919 年他在巴勒斯坦创建了劳工联合党。1920 年他担任巴勒斯坦犹太工人总联合会的总书记。1935 年担任了全球性犹太人组织"世界犹太复国主义组织"的主席。在长达 30 年的时间里一直是犹太民族的领袖，领导创建以色列国。1948 年 5 月 14 日，本·古里安在特拉维夫向全世界宣告了以色列国的诞生。本·古里安曾于 1953—1955 年辞去总理一职，但他实际上仍然掌控着以色列的大政方针，并于 1955 年再次当选总理。1956 年 10 月，本·古里安领导的以色列与英法结成同盟，进攻西奈，由于美国和苏联的介入，本·古里安不得不将西奈归还埃及，表面上以色列遭到了失败，但这场战争为以色列赢得了 10 年宝贵的和平时期。1970 年本·古里安最终退出政坛，1973 年去世。　　2，21，27

本·拉登　奥萨马·本·拉登（1957－2011），是"基地"组织的首领，被美国指定为国际恐怖主义头目，是"9·11"美国恐怖袭击事件的策划者。本·拉登出生于沙特一个富商家庭。1979 年苏联入侵阿富汗后，本·拉登作为"圣战者"到阿富汗参加抗击苏联的斗争，并于 1988 年建立"基地"组织，初期该组织曾得到美国中央情报局每年 5 亿美元的军费和武装技术援助。1989 年，苏联从阿富汗撤军后，本·拉登返回沙特阿拉伯。1991 年海湾战争本·中拉登因抨击沙特王室同意美国驻军，被沙特政府驱逐出境，本·拉登逃亡到苏丹重建"基地"组织。1996 年，拉登辗转返回阿富汗，继续发展"基地"组织。美国称本·拉登是自 1993 年以来世界各地多起针对美国的恐怖活动的策划者。包括轰炸美国驻肯尼亚和坦桑尼亚大使馆。本·拉登被认为是 2001 年针对美国的"9·11"袭击事件的幕后指使者。"9·11"事件后，由于阿富汗塔利班政权拒绝美国引渡拉登的要求，美国于当年 11 月发动了针对"基地"组织的阿富汗战争，本·拉登开始了长达近 10 年的逃亡生涯。2011 年 5 月 1 日，美国在巴基斯坦首都伊斯兰堡附近的阿伯塔巴德市开展的一场军事突袭中击毙本·拉登。本·拉登之死也被认为美国反恐战争的一个重要成就，美国从此开始加快从阿富汗的撤军进程。35，98，103，129，164，171，172

波斯湾（海湾）　　波斯湾又名阿拉伯湾，通称海湾，但伊朗官方称之为波斯湾。位于阿拉伯半岛和伊朗高原之间。西北起阿拉伯河河口，东南至霍尔木兹海峡，长约 990 公里，宽 56—338 公里。面积 24 万平方公里，平均水深 25 米，是一片广阔的内海。海湾沿岸国家有：伊朗、伊拉克、科威特、沙特阿拉伯、巴林、卡塔尔、阿拉伯联合酋长国和阿曼。波斯湾的石油出口量占世界的 60% 以上，是世界最大石油产地和供应地，已探明石油储量占全世界总储量的一半以上，年产量占全世界总产量的 1/3，素有"石油宝库"之称。随着海湾地区的石油源源不断地运往西欧、美国和亚洲等地，为海湾沿岸国家带来了丰厚的石油美元收入，但它给该地区带来财富的同时，也带来了战乱和苦难。外来势力的渗透和争夺，加上波斯湾各国内部各种矛盾，使海湾局势长期动荡。从两伊战争到伊拉克吞并科威特的海湾危机，再到伊拉克战争和伊朗核问题的日趋复杂化，波斯湾地区的局势变化，不断吸引国际舆论的关注和刺激国际石油市场的变化。　　15，17，31，74，104，107，138，141，171，174，176

布什尔核电站　　布什尔核电站位于伊朗南部港口城市布什尔附近，为伊朗首座核电站，其设计装机容量为 1000 兆瓦。于 2011 年 9 月 12 日最终投入使用。布什尔核电站原是 1974 年由德国西门子公司负责建造的，后来在美国的反对和施压下，西门子公司停止了与伊朗的合作。1995 年，俄伊两国签署合同续建该核电站。1996 年 2 月，布什尔核电站在俄罗斯的帮助下开始兴建。由于涉及核能技术等问题，俄罗斯与伊朗的核电站合作一直受到西方国家的指责，该核电站的建设工期一再拖延。俄罗斯表示该核电站纯属民用范畴，不能用于任何武器项目，且将接受国际原子能机构的监管。美国及其盟友认为，布什尔核电厂是伊朗试图发展核武器的组成部分。伊朗否认这一指控，并坚持其核项目是用于和平目的。伊朗政府于 2011 年 9 月 12 日在南部港口城市布什尔举办庆祝仪式，宣布伊朗的首座核电站——布什尔核电站正式启动。2012 年 9 月 1 日，伊朗能源部宣布，布什尔核电反应堆已达到 "1000 兆瓦发电功率" 的满负荷运行状态。　48 – 52，132，144，201

戴高乐　戴高乐（1890—1970）是法国著名的军事家、政治家，曾在第二次世界大战期间领导自由法国运动，1958 年担任法兰西第五共和国总统。戴高乐执政时期寻求超越两极格局的对外政策，1964 年法国与中华人民共和国建交，使得法国成为能同中、美、苏三国直接对话的唯一西方大国，实现了法国外交新局面。戴高乐拒绝美国对法国的控制，积极参与欧洲经济共同体发展，把英国排斥在外；在殖民地问题上他提出给予殖民地国家自决与独立的权力，这一系列思想政策被称为 "戴高乐主义"。戴高乐的外交战略为当代法国外交政策奠定了坚实的基础。1958 年戴高乐执政后采取非殖民化政策，特别是 1959 年戴高乐宣布法国允许阿尔及利亚独立，这为法国与中东国家的关系发展创造了新的机遇。戴高乐时期的法国中东政策有别于美国，采取支持阿拉伯国家和巴勒斯坦建国的立场，重新确立了法国在阿拉伯世界中的地位。　6，24，25，27，28，142，181，183

戴维营协议（埃以和平协议）　戴维营协议是指 1978 年 9 月埃及与以色列在美国协调下达成的和平协议。1978 年 9 月 6 日，应当时美国总统吉米·卡特的邀请，埃及总统萨达特和以色列总理贝京在美国华盛顿的郊外戴维营经过 12 天艰苦谈判，终于在 9 月 17 日埃以双方签署了在中东和平进程中具有历史意义的《关于实现中东和平的纲要》和《关于签订一项埃及同以色列之间的和平条约的纲要》两份文件，统称"戴维营协议"（Camp David Accords）。协议规定：由埃、以、约旦和巴勒斯坦代表商定在约旦河西岸和加沙选举产生自治机构；在自治机构建立后五年内确定上述两地的最终地位问题；以埃在三个月内签订和平条约，以色列分阶段撤出西奈半岛，实现两国关系正常化。该协议促成了1979年《埃以和平协议》的形成。戴维营协议是埃以关系史上的一个里程碑，它结束了两国间30年的战争状态，成为此后以色列与埃及双边关系的基础。　8，9，34

第三次中东战争（六·五战争）　第三次中东战争爆发于1967年6月5日，以色列在对埃及、约旦和叙利亚发动的6天闪电战中，侵占了6.5万多平方公里的阿拉伯土地，其中包括西奈半岛、戈兰高地、约旦河西岸、加沙地带和东耶路撒冷。以色列通过这次战争占领的土地，相当于第一次中东战争后以色列领土面积的3倍。战争中有100万巴勒斯坦人被迫离开家园，沦为难民。六·五战争是阿以关系史上一个重大的转折点，阿以争端的主要内容有了基本改变。这次战争之前，双方争议的中心是以色列是否有权在巴勒斯坦地区建立一个犹太国家，而战争后，收复被占领土和保证巴勒斯坦人的合法权益已成为阿拉伯国家面临的主要问题。虽然这场战争确立了以色列在战略上的优势地位，但是战争并未给以色列带来真正的和平，其所引发的一系列问题，如巴勒斯坦难民问题、定居点问题、耶路撒冷地位问题以及戈兰高地问题等至今仍在影响着巴以问题的解决。　8，11，28，65，85，88

第四次中东战争　第四次中东战争（十月战争）爆发于1973年10月6日，这天是穆斯林斋月的开始，也是犹太人守斋戒的赎罪日，故又被称之为赎罪日战争或斋月战争。战争初期，埃及和叙利亚经过周密部署对以色列发起了收复失地的进攻，埃、叙军队实施两线夹击，首战告捷。但此后战况逆转，以色列利用埃及军队暂停进攻之机，依靠美国的紧急援助，重整旗鼓发动反攻，重新夺回了戈兰高地，越过了苏伊士运河，控制了战局，之后，美苏要求交战双方立即停火。十月战争对中东和平进程产生了重大影响。首先，这场战争打破了以色列不可战胜的神话，使双方都开始考虑通过谈判解决争端；其次，战争突破了美苏在中东竭力制造的"不战不和"的僵局，削弱了苏联在中东的影响力。同时，由于美国在这次战争中极力偏袒以色列，致使阿拉伯国家联合起来对美国和西欧国家实行石油禁运，最终引发了 1973—1975 年波及全球的第一次石油危机，使西方国家在经济上蒙受了重大损失，显示了阿拉伯国家团结合作的力量。　9，28，97

法塔赫　1958 年以亚西尔·阿拉法特为首的一批年轻的巴勒斯坦人在科威特秘密筹建"巴勒斯坦解放运动"，简称法塔赫（FATAH，是阿拉伯文"巴勒斯坦解放运动"缩写，意为"征服"）。1965 年 1 月，法塔赫在叙利亚的支持和帮助下建立了自己的武装组织"暴风"突击队，开始对以色列发动一连串的武装袭击。随着法塔赫在巴勒斯坦影响力的增强，1969 年 2 月，阿拉法特被选举为巴解组织执委会主席，从此，法塔赫成为该组织中实力最强、人数最多和影响力最大的一个抵抗组织。以阿拉法特为首的法塔赫基本上坚持团结巴勒斯坦各阶层民众共同反对以色列民族主义路线，是巴解组织中的主流派和温和派。1987 年后，随着巴勒斯坦激进组织哈马斯的建立，法塔赫与哈马斯的矛盾成为巴勒斯坦内部主要的矛盾冲突。　76 – 78，90，93，95

非洲联盟（非盟）　非洲联盟是包含了 54 个非洲成员国的，集政治、经济和军事于一体的全洲性政治实体。非洲联盟的前身是于 1963 年 5 月 22 日成立的"非洲统一组织"。2002 年 7 月非盟正式取代非统组织，总部设在埃塞俄比亚首都亚的斯亚贝巴。2011 年 8 月 15 日，非洲联盟正式接纳南苏丹共和国成为其第 54 个成员国。非盟的主要任务是维护和促进非洲大陆的和平与稳定，推行改革和减贫战略，实现非洲的发展与复兴。非盟致力于建设一个团结合作的非洲，力争各成员国在重大国际事务中能够用一个声音说话。该组织还积极落实 2001 年发起的非洲发展新伙伴计划，推动各成员国加强基础设施建设、吸引和争取外资及援助，以促进非洲大陆经济一体化。另外，非盟在维护地区安全、调解地区战乱和冲突方面采取了积极行动。非盟参与调解了布隆迪、刚果（金）、科特迪瓦和苏丹等国的冲突，为维护地区和平与稳定起到了积极作用。　62，191

戈尔巴乔夫 戈尔巴乔夫是苏联共产党中央总书记（1985—1991）。1985年3月戈尔巴乔夫当选为苏共中央总书记，在1989年4月召开的苏共中央全会和1991年初的苏共二十七大上确立了戈尔巴乔夫的最高领导地位，并确立了戈尔巴乔夫改革的路线。戈尔巴乔夫提出了"加速战略"、"民主化"、"公开性"和"新思维"等主张。在外交政策上，采取一系列措施缓和与美国等西方国家的关系，因此于1990年获诺贝尔和平奖。在戈尔巴乔夫执政后期，他提出了"外交新思维"，否定了国际领域存在霸权主义和强权政治，一味对西方妥协。戈尔巴乔夫执政时期苏联的中东政策是：逐步改变苏联在中东地区与美国对抗的政策，减少对埃及、叙利亚、伊拉克等国家的军事援助，重视在联合国等国际舞台斡旋和调解阿以冲突。1991年8月戈尔巴乔夫辞去了苏共中央总书记的职务。苏联解体后，戈尔巴乔夫于1991年12月25日辞去了总统职务。 16，17，43

戈兰高地 戈兰高地是叙利亚西南边境内的一块狭长山地，南北长71公里，中部最宽处约43公里，面积1150平方公里，水资源丰富。戈兰高地与以色列接壤，居高临下，为叙利亚战略要地。1967年第三次中东战争中被以色列占领。1973年中东"十月战争"中，叙利亚夺回部分土地。根据1974年叙以双方达成的脱离接触协议，以色列撤出戈兰高地东部的狭长地带，由联合国部队驻扎。1991年中东和平进程启动后，叙、以两国曾进行多次谈判，但一直没有取得进展。戈兰高地是叙以实现和解的关键。 30，87，90，91，198

国际恐怖主义 国际恐怖主义是指国际社会中某些组织或个人采取绑架、暗杀、爆炸、空中劫持、扣押人质等恐怖手段，企求实现其政治目标或某项具体要求的主张和行动。但国际上对国际恐怖主义并没有形成公认的完全一致的概念。恐怖主义事件主要是由极端的民族主义、种族主义组织和极端的宗教势力所组织策划的。20世纪60年代以后，恐怖主义活动日益频繁，在西欧、中东、拉丁美洲和南亚等地区蔓延。另外，国际恐怖主义活动也与人口过多、粮食短缺和环境破坏紧密相连，与南北不平衡，种族冲突也有密切联系。恐怖主义活动严重威胁着国际社会的安全和秩序，许多国家纷纷采取对策，先后颁布了反恐怖主义的法令，建立了反恐怖部队，并加强了国际间的合作。"9·11"事件发生后，联合国安理会于 2001 年 9 月 28 日一致通过决议，要求所有国家冻结任何涉嫌从事恐怖主义行为的个人的资金或切断其经济来源，并对那些向这些个人提供任何资金或经济来源的组织进行严厉打击。不少国家强调，反对和打击国际恐怖主义活动，不能搞多种和双重标准。 34，37，67，105，122，144

哈马斯 哈马斯是指巴勒斯坦伊斯兰抵抗运动，简称哈马斯（Hamas），哈马斯成立于 1987 年 12 月，创始人为谢赫·艾哈迈德·亚辛。哈马斯作为巴勒斯坦激进派的代表，崇尚伊斯兰传统思想，信仰伊斯兰教义和法则；在政治上，哈马斯主张用武力消灭巴土地上的犹太复国主义者，反对同以色列和平共处，主张建立一个以耶路撒冷为首都的独立的巴勒斯坦国。"9·11"事件后，美国宣布哈马斯为"恐怖组织"。哈马斯自成立以来一直关注慈善救济工作，得到巴民众的广泛支持。在 2006 年年初巴勒斯坦选举中，哈马斯一举击败法塔赫，组建了巴勒斯坦新自治政府。却遭到美国和以色列的不承认和全面抵制。2007 年 6 月巴内部两大政治派别法塔赫与哈马斯发生冲突，最终哈马斯控制了加沙地带，法塔赫控制约旦河西岸，双方长期处于分裂状态，严重削弱了巴勒斯坦的整体力量，对巴勒斯坦建国和与以色列谈判造成障碍。 47，48，50，55，60，65，68，69，71，73，75 - 81，83，86，87，90 - 93，95，116，121 - 123，165

哈菲兹·阿萨德 哈菲兹·阿萨德是叙利亚前总统（1970—2000），阿拉维派穆斯林，中学时加入社会主义复兴党。1963 年 3 月 6 日政变时，被复兴党领导成员推举为叙利亚空军司令。1970 年，成为叙利亚总统，从 1970 年至 2000 年，30 年内，连任四届民选总统。他被誉为"中东雄狮"，在阿萨德的领导下，叙利亚在中东地区树立了一个军事、政治和外交强国形象。1973 年阿以战争后，他成功地通过外交手段收回戈兰高地的库内梯腊。1976 年在黎巴嫩内战期间，阿萨德向黎巴嫩派出 2 万人的军队，加强了叙利亚对黎巴嫩的控制和影响力。1978 年和 1979 年，阿萨德访问伊拉克，并与伊拉克结盟，反对戴维营协议。坚决要求以色列无条件撤出 1967 年中东战争中占领的阿拉伯领土，主张全面解决中东问题。随着 20 世纪 90 年代巴以关系的缓和，叙利亚也多次同美国会谈，并开始同以色列对话。2000 年 6 月 10 日 70 岁的阿萨德离开了人世。　198

海湾合作委员会　海湾阿拉伯国家合作委员会（简称海合会），是海湾地区最主要的政治经济组织。海合会成立于 1981 年 5 月，总部设在沙特阿拉伯首都利雅德，成员国包括阿联酋、阿曼、巴林、卡塔尔、科威特和沙特阿拉伯 6 个阿拉伯国家。2001 年 12 月，也门被批准加入海合会卫生、教育、劳工和社会事务部长理事会等机构，参与海合会的部分工作。自成立以来，海合会各成员国充分发挥语言和宗教相同、经济结构相似等方面的优势，积极推动经济和政治一体化进程。近年来，海合会凭借着强大的石油美元，力图在地区事务中发挥更大的作用。　149 - 151，217

海湾战争（1991）　海湾战争是指 1991 年 1—2 月以美国为首的多国部队在联合国安理会授权下对伊拉克进行的战争。1990 年 8 月伊拉克出兵占领了科威特。联合安理会于 1990 年 11 月 29 日通过"678 号决议"，限伊拉克在 1991 年 1 月 15 日前撤出科威特，并授权成员国在到期限后可采取一切必要手段迫使伊拉克从科威特撤军。在伊拉克拒不执行决议的情况下，海湾危机最终演变成海湾战争。在伊军遭受沉重打击后，萨达姆宣布接受停火。海湾战争历时 42 天，于 1991 年 2 月 28 日结束。海湾战争对中东战略格局造成了深远影响，它改变了中东地区力量对比。美国通过海湾战争，打击了伊拉克地区霸权主义，控制了海湾地区的局势，同时许多阿拉伯国家与美国的关系有了较大的改善，特别是海湾六国同美国的关系更加密切，美国也因此取得了在该地区的军事存在，确立了以美国为主导的海湾安全体系。　10，29，31，32，38，39，43，57，73，100，131

《核不扩散条约》（《不扩散核武器条约》）　根据联合国大会要求缔结一项防止更广泛地扩散核武器的协定的各项决议，《不扩散核武器条约》于 1968 年 7 月 1 日分别在华盛顿、莫斯科、伦敦开放签字，当时有 59 个国家签约加入。该条约的宗旨是防止核扩散，推动核裁军和促进和平利用核能的国际合作。该条约 1970 年 3 月正式生效。截至 2003 年 1 月，条约缔约国共有 186 个。《核不扩散条约》缔约国享有不受歧视地为和平目的开发、研究、生产和利用核能的不可剥夺的权利，《核不扩散条约》是核武器国家对裁军目标作出有拘束力的承诺的唯一多边条约。自《条约》1970 年生效以来，每五年举行一次条约实施情况审议大会。国际社会普遍认为，目前的《核不扩散条约》条约体系仍然面临着很大的挑战。 151，152

红海 红海是非洲东北部和阿拉伯半岛之间的狭长海域。海内的红藻，会发生季节性的大量繁殖，使整个海水变成红褐色，因而叫红海。在通常情况下，海水是蓝绿色的。它长约 2100 公里，最宽处为 306 公里，面积约 45 万平方公里，红海西岸的埃及、苏丹、埃塞俄比亚和东岸的沙特阿拉伯、也门隔海相对。随着苏伊士运河的开通，红海成为印度洋与地中海之间的一条重要的国际航线，它北段通过苏伊士运河与地中海相通，南端经曼德海峡与亚丁湾、印度洋相连，使它成为欧洲、亚洲间的交通航道。因此红海是一条重要的石油运输通道，具有重要战略价值。近几年来红海靠近索马里沿岸地区，是海盗猖獗的重要地区，包括中国海军在内的多国海军在红海连接印度洋区域为各国商船护航。 22，62，71，104

霍尔木兹海峡 霍尔木兹海峡连接波斯湾和印度洋，在海湾的东口，位于阿曼和伊朗之间，宽约 55—95 公里，海峡最窄处只有 34 公里，而真正能供船只安全穿行的航道只有 3.3 公里宽。霍尔木兹海峡因扼守波斯湾石油海上运输的出口而具有重要的战略地位。16 世纪初葡萄牙开始入侵该地区，后期海峡成为英国、荷兰、法国、俄国等争夺的重要目标。自从中东地区发现石油后，海峡成为海湾地区石油输往西欧、美国和世界各地的重要海上通道。因此，霍尔木兹海峡被称为中东地区的"油库总阀"或中东石油外运的"咽喉要道"。波斯湾沿岸的沙特阿拉伯、科威特、阿联酋及伊拉克的大部分石油都是依靠这条海峡输往世界各地，每天输出的原油多达 1550 万桶。通过海峡输出的石油占全球消费量的 40%，占海湾地区石油总出口量的 90%。确保这个海峡的航运安全，对全球经济的影响和发展极为重要。随着伊朗核问题的不断发展，

伊朗也曾多次威胁关闭霍尔木兹海峡。　104，137，141，150，176，188，201

加沙地带　加沙地带是西奈半岛东北部地中海沿岸一狭长地区，面积约360平方公里。加沙地带西靠地中海，东面和北面与以色列相邻，南邻埃及。居民主要是巴勒斯坦阿拉伯人。在 1948 年的阿以战争中，加沙地带由埃及占领，直到 1967 年第三次中东战争被以色列控制。以色列认为加沙地带是犹太人祖先居住过的领土，因此，第三次中东战争后，以色列大量移民加沙，建立了不少犹太人定居点。1993 年巴勒斯坦和以色列签订《奥斯陆协议》后，阿拉法特领导的巴勒斯坦民族权力机构在加沙自治。加沙地带与地中海还有一条约 40 公里长的海岸线，以色列一直控制着加沙地区的领空和领海权。2005 年，沙龙担任以色列总理期间，从加沙撤军。2007 年，巴勒斯坦内部爆发哈马斯和法塔赫两派的冲突，加沙地带被哈马斯单独控制，此后，哈马斯与以色列之间不断爆发武装冲突。以色列先后在 2008 年年底和 2012 年年底对加沙发动了大规模的军事行动，造成大量人员伤亡。　23，32，57，58，61，79，88，89，110，121

基辛格　亨利·艾尔弗雷德·基辛格（Henry Alfred Kissinger），前美国国务卿和著名外交家、国际问题专家。基辛格是犹太人后裔，1938 年从德国移居美国，1943 年加入美国籍。1969—1973 年，基辛格任尼克松政府国家安全事务助理。1971 年 7 月，基辛格作为尼克松总统特使访华，为中美关系大门的开启作出了历史性贡献。1973—1977 年，任美国国务卿。1977 年被授予美国总统自由勋章。福特总统称他为"美国历史上最伟大的国务卿"。这是一个外来移民所能得到的最高政治职务。基辛格信奉均势外交，在任期间，积极推动尼克松政府与中国改善关系。1973 年，完成了结束越南战争的谈判，并因此获得诺贝尔和平奖。同时，基辛格对美国制定中东政策起到关键作用，他主张将以色列作为遏制苏联在中东扩张的重要堡垒。另外，基辛格作为当代西方最著名的战略理论家之一，编著了一部关于西方外交理论与实践的经典之作《大外交》，该书于 1994 年出版　7，8，12。

"9·11"事件　"9·11"事件又称"9·11"恐怖袭击事件，指的是美国东部时间2001年9月11日上午，恐怖分子劫持的4架民航客机撞击美国纽约世界贸易中心和华盛顿五角大楼的历史事件。包括美国纽约地标性建筑世界贸易中心双塔在内的6座建筑被完全摧毁，其他23座高层建筑遭到破坏，美国国防部总部所在地五角大楼也遭到袭击。"9·11"事件共造成约3000人死亡。"9·11"事件后，美国调整了全球战略，将打击恐怖主义作为第一要务，与此相应，防止大规模杀伤性武器扩散和改造伊斯兰世界也成了在美国全球战略中占据显赫位置的要务。2001年11月，美国以阿富汗塔利班当局庇护"基地"组织领导人本·拉登为名，发动了阿富汗战争。　13，34，37，39，40，64，68，70，75，96－100，103，106，107，112－116，120，126，131，137，171，214，216

卡特总统　美国总统卡特（1977—1981在任），1970—1974年任佐治亚州州长。1977年出任美国第三十九任总统。卡特总统上台后，提出了"对苏缓和"与"人权外交"新政策。卡特政府的美国中东政策发生了明显变化。卡特大幅度修改了基辛格任国务卿时期在阿以问题中过度偏袒以色列的中东政策，考虑实施平衡阿以双方利益的新中东政策。卡特总统曾公开表示："以色列应该撤回到第三次中东战争以前的停战线，巴勒斯坦人应该返回自己的故乡。"他当政时期，把巴拿马运河的管理权交还给了巴拿马，实现了同中华人民共和国的关系正常化，中美两国正式建立了外交关系。卡特总统在埃及与以色列的和谈和戴维营协议的签署中起到了重要作用。卡特在卸任总统后，从事人权与和平事业。卡特获得了2002年度诺贝尔和平奖。　8

卡扎菲　卡扎菲（1942—2011）是前利比亚最高领导人。1969年，卡扎菲推翻伊德里斯王朝，建立了阿拉伯利比亚共和国，担任革命指挥委员会主席兼武装部队总司令。自此，卡扎菲执政利比亚长达42年。卡扎菲在国内政策中，按照其所著的《绿皮书》中的理论，致力于推动国家走在西方议会民主制和共产主义制度之间的"第三条道路"。凭借丰富的石油资源，卡扎菲执政的利比亚成为非洲最富裕的国家之一。在对外政策上，卡扎菲曾强烈反美，并制造了"洛克比空难"，但"9·11"

事件后，他一反常态，强烈谴责恐怖活动，改善了与西方的关系，但此后，又表现出强硬态度。在地区事务上，他倡导泛阿拉伯民族主义，主张统一阿拉伯国家。1998 年起，他更关注泛非主义，提倡"非洲合众国"的理念。2011 年 3 月，北约发动对利比亚的战争，8 月 22 日，卡扎菲政权正式垮台。2011 年 10 月 20 日，卡扎菲被俘获身亡。2011 年 10 月 23 日，利比亚"全国过渡委员会"宣布解放利比亚全境，从此宣告了利比亚卡扎菲时代的结束。　　73，84，85，162 – 166，173，174，177 – 180，184，185，190 – 194，196，197

克林顿总统　美国总统克林顿（1992—2000 在任），是美国民主党成员，曾任阿肯色州州长，1992 年出任美国第 42 任美国总统，1996 年连任，是自富兰克林·罗斯福总统以来首位连任成功的民主党总统。在克林顿的执政下，美国创造了 8 年的长期经济繁荣，并使美国高科技行业的飞速发展，奠定今日美国高科技大国的地位。克林顿是美国历史上得到最多公众肯定的总统之一。同时，克林顿因涉及一系列丑闻，包括白水门案件和拉链门案件，特别是在第二个任期内，因伪证罪和妨碍司法罪被众议院弹劾。克林顿执政时期美国中东政策的主要表现是：见证以色列与巴勒斯坦双方互相承认，签署《奥斯陆协议》。克林顿总统在其第二任期内急于在解决阿以冲突问题有所作为，一手促成了 2000 年 7 月 5 日巴、以、美三方戴维营会晤，但因各方面条件和时机不成熟，戴维营和谈最终失败。克林顿卸任总统后，一直致力于公开演讲和人道主义工作，成立了威廉·J. 克林顿基金，致力于艾滋病和全球变暖等国际问题的预防。　　33，37，66，103，124

拉宾　拉宾（1922—1995）曾任以色列国总理、国防部长，以色列著名的政治家。1964 年，他被任命为以色列国防军参谋长。1967 年，他亲自指挥"六·五战争"，使大片阿拉伯土地置于以色列的统治之下。1974 —1977 年，出任以色列总理。1992 年，70 岁的拉宾东山再起，再度出任总理。拉宾认识到，只有与巴勒斯坦和解，以色列才能获得真正的安全。拉宾出任总理不久，就表示首先接受巴勒斯坦人提出的"以土地换和平"的原则和联合国第 242、338 号决议。1993 年 11 月，以色列和巴勒斯坦在美国白宫签署了第一个和平协议——《加沙—杰里科自治原则宣言》，也称《奥斯陆协议》。1994 年 10 月，以色列与约旦签署了和平条约，结束了两国长达 46 年的战争状态，给中东地区带来了新的和平曙光，受到国际社会的称赞，拉宾因此和阿拉法特一起获得了诺贝尔和平奖。但是以色列极右势力认为拉宾是"叛徒"、"卖国贼"。1995 年 11 月，在特拉维夫国王广场举行的和平集会上，拉宾被犹太极端分子刺杀身亡，时年 75 岁。 32，33，44，65，66，86，87，126

拉姆斯菲尔德 美国前国防部长（任期 1975—1977，2001—2005）。被普遍认为是布什政府中的强硬派人物之一，是鹰派代表，是当代美国最具影响力的政治家和军事战略家之一。1975 年 11 月至 1977 年 1 月，拉姆斯菲尔德在福特政府中任国防部长，成为美国历史上最年轻的国防部长。此后，他转往企业界发展，先后出任西尔医药和通用仪器两家大公司的总裁。2001 年 1 月，拉姆斯菲尔德再度在小布什内阁中出任国防部长。拉姆斯菲尔德出任国防部长期间，不遗余力地推动建立导弹防御系统，并且策划和指挥了美国在阿富汗和伊拉克的两场战争。随着美国在伊拉克战争泥潭中越陷越深，美国民众对伊拉克政策普遍感到不满。加上在他任期内发生的一系列美军虐囚事件的曝光也使得拉姆斯菲尔德饱受各界批评。作为对伊政策主要制定者之一的拉姆斯菲尔德，在舆论的巨大压力下于 2006 年 11 月 8 日辞去国防部长的职务。 100，103，108，109，112，114，115

黎巴嫩战争（1982） 1970 年以后，巴解组织以黎南部和贝鲁特西区为基地，不时袭击以色列北部地区。以色列欲武力摧毁巴解组织。在这一背景下，1982 年 6 月 6 日，以色列借口其驻英国大使遭到巴解组织的枪击，对黎巴嫩发动了大规模武装入侵。在 6 天之内占领了黎巴嫩四分之一的领土，攻陷了巴勒斯坦解放组织的大部分基地。之后，以色列围攻了巴解组织总部所在地贝鲁特西区，巴解组织被迫撤离贝鲁特西区，先后撤至约旦、突尼斯和叙利亚等 8 个阿拉伯国家。同时以军对叙利亚设在贝卡谷地的导弹基地进行袭击，这也是以军入侵黎巴嫩的主要目的之一。9 月 18 日，以军在贝鲁特西区配合黎巴嫩基督教民兵对巴勒斯坦难民营的平民进行血腥屠杀。以色列这一行径遭到世界各国的强烈谴责，在国际强大舆论压力下，以色列单方面宣布于 1985 年 9 月前从黎巴嫩撤军。但以色列借口为保障其北部安全，扶植了亲以的南黎巴嫩军，在黎南部边境建立了一个"安全区"。 8，70，81，82

利比亚战争（2011）　　利比亚战争指以法国为首的北约军队，于 2011 年 3 月 19 日，对利比亚发起了代号为"奥德赛黎明"的军事行动。利比亚国内由于不同部落和不同派别之间的矛盾而引发骚乱之后，联合国安理会于 2011 年 3 月 17 日通过决议，决定在利比亚设立"禁飞区"，并要求有关国家采取一切必要措施保护利比亚平民和平民居住区免受武装袭击的威胁。3 月 19 日起法国、英国和美国等国的战机向利比亚有关目标实施了空中打击。次日多国部队完成了对利比亚的三轮空袭。3 月 23 日 美国开始向北约移交部分军事行动主导权。这是一场由利比亚本国人民引发的冲突，经过一个多月的演变，发展成了法英美主导的多国部队与利比亚政府军之间的战争。利比亚国内冲突升级后，反对派成立临时政府，并得到法国等西方国家的承认。2011 年 8 月 22 日，利比亚反对派武装攻入首都的黎波里，卡扎菲政权倒台。2011 年 10 月 20 日利比亚前领导人卡扎菲被击毙。2011 年 10 月 23 日，利比亚"全国过渡委员会"宣布解放利比亚全境，利比亚过渡政府成立，利比亚战争结束。 162，177，180，193，197

利比亚全国过渡委员会　　利比亚全国过渡委员会是在 2011 年年初利比亚反政府示威活动爆发后逐步形成的利比亚反对派组织，由各反对派代表于 2011 年 2 月 27 日在利比亚第二大城市班加西成立临时过渡机构，当时叫利比亚全国委员会，该委员会由贾利勒担任主席，委员会最初由 33 名来自利比亚主要城市和乡镇的代表组成。2011 年 3 月，法国和卡塔尔等国相继承认利比亚全国委员会取代当时仍在台上的卡扎菲当局为利比亚的合法机构，利比亚全国过渡委员会成为代表利比亚的过渡机构。卡扎菲政权垮台后，过渡委员会将总部于 2011 年 9 月从班加西迁往的黎波里。到 2011 年 9 月，英、法等大多数国家已承认全国过渡委员会为利比亚合法政府。（中国政府于同年 9 月 12 日予以承认。）2011 年 9 月 16 日，第 66 届联合国大会投票通过利比亚"全国过渡委员会"作为利比亚在联合国的合法代表。在北约武装支持下，过渡委员会于同年 10 月 23 日宣布解放利比亚全境，并投票选举阿卜杜勒·凯卜为新任过渡委执行委员会主席，11 月 22 日，凯卜宣布利比亚"过渡政府"成立，迈出利比亚政治重建的第一步。2012 年 8 月 8 日，利比亚"全国过渡委员会"举行仪式，向一个月前选举出的利比亚国民议会正式移交权力，"全国过渡委员会"结束自卡扎菲政权倒台以来执掌国家的政治使命。 164，165，177，180

两伊战争 两伊战争是指 1980—1988 年伊拉克与伊朗之间发生的战争。两伊在领土、民族、宗教等方面长期存在着矛盾。战争的导火索是伊拉克要求修改有关划分阿拉伯河界的条文，试图完全控制阿拉伯河，遭到伊朗拒绝。另外，1979 年，伊朗爆发伊斯兰革命后，霍梅尼公开支持伊拉克国内的什叶派反政府武装，致使两伊关系严重恶化。最终爆发了长达 8 年的战争。战争进程可分为两个阶段：第一阶段，伊拉克进攻，伊朗防御；第二阶段，伊朗由战略相持转为进攻，伊拉克反攻。战争结果虽然伊拉克获得了对阿拉伯河的主权，并占领了伊朗约 1000 平方公里的土地，但双方势力都遭到极大削弱，最终于 1988 年 8 月 20 日实现全面停火。战争加深了该地区阿拉伯人与波斯人之间的民族矛盾。同时，使阿拉伯国家内部分歧加剧，阿拉伯国家分裂成支持伊拉克和伊朗的两派。另外，美苏两国虽然表面上采取了"中立"态度，但都倾向支持伊拉克。美国为萨达姆提供武装，以此遏制通过伊斯兰革命上台并强烈反美的伊朗政权。 15 – 17，31，101，130 – 132，149，150

马德里中东和会 海湾战争结束后，国际社会加大推动中东和平。1991 年 10 月 30 日，在美国和苏联主持下，为实现阿拉伯国家和以色列的和解而举行的中东和平国际会议。中东和会在西班牙首都马德里召开。参加会议的包括阿以冲突的有关方以色列、叙利亚、黎巴嫩和约旦—巴勒斯坦的联合代表团、埃及等。这是阿拉伯国家与以色列第一次坐到一起试图解决长达 40 多年的冲突。和会按双边和多边谈判"双轨道"同时进行，谈判涉及巴勒斯坦自治问题、所占领土、安全问题等实质性问题，这次会议构筑了中东和谈的基本框架，但协议大部分内容并未得到执行。要解决实质性问题仍需双方做出很大努力和让步。马德里和会标志着中东和平进程的正式启动，1993 年巴以双方签订的巴勒斯坦加沙—杰里科自治协议，即《奥斯陆协议》就是在马德里中东和会的框架

下实现的。 17，44，65，118，124

梅德韦杰夫 梅德韦杰夫，俄罗斯总统（2008—2012），梅德韦杰夫于
1965 年 9 月生于圣彼得堡的一个书香门第，1987 年在国立列宁格勒州
立大学获得法律学位并在 1990 年获得副博士学位。2005 年 11 月，被
任命为俄罗斯联邦政府第一副总理。2008 年 5 月 7 日，梅德韦杰夫在
克里姆林宫宣誓就任俄罗斯新一届总统。梅德韦杰夫在就职演说中表
示，俄罗斯的战略和今后几年的方针是最大限度地利用近 8 年来奠定的
雄厚基础，把俄罗斯建成一个世界强国。另外，梅德韦杰夫就任总统
后，签署了两项命令：一是向卫国战争老战士提供住房；二是开展住房
建设的措施。由于与普京结成"梅普组合"，梅德韦杰夫执政期间在中
东战略上延续了普京时期的政策，无论是巴以冲突，还是在对待伊拉克
战争、伊朗核问题等许多问题上，俄罗斯表现出不同于西方的立场，为
俄罗斯在这个地区确立起"独立大国"的形象。 51，191，192，
194 – 196，201，202

穆巴拉克 穆巴拉克（1928—）是埃及前总统、埃及民族民主党主席。
1949 年和 1952 年先后毕业于埃及军事学院和空军学院。由于在 1973
年"十月战争"中的杰出指挥，穆巴拉克获得了"杰出英雄"的称号
和埃及共和国勋章。穆巴拉克从 1981 年 10 月当选为埃及第四任总统，
并兼总理和武装部队最高统帅。2005 年 9 月，穆巴拉克在埃及历史上
首次有多名候选人参加的总统选举中赢得压倒性胜利，第五次当选埃及
总统。穆巴拉克在国内政策上推行威权政治，导致政治体制逐渐僵化，
总统权力独大，形成了长期的强人统治局面。对外奉行温和谨慎的外交
政策，是美国在阿拉伯世界和中东地区忠诚的盟友。穆巴拉克能长期稳
定统治埃及，并在中东阿以冲突的复杂博弈格局中纵横捭阖，最大的外
部力量是来自美国的强力支持。直至 2011 年初埃及爆发了大规模抗议
活动，同年 2 月 11 日穆巴拉克辞去总统职务，将权力移交给军方，结
束了其在埃及长达 30 年的统治。2012 年 6 月 2 日，埃及最高法院对前
总统穆巴拉克被控下令武力镇压示威者案做出判决，穆巴拉克被判终身
监禁。 61，72，74，109，152，157，166，173 – 175，219

穆斯林兄弟会　穆斯林兄弟会是以埃及为主要活动区域的伊斯兰组织，是埃及最有影响力的宗教政治组织，简称穆兄会。1928 年由哈桑·巴纳（Hassan al – Banna）在埃及创立。其基本宗旨是：以《古兰经》和圣训为基础，在现代社会复兴伊斯兰教；以哈里发为统一象征，建立不分民族、不受地域限制的伊斯兰国家。穆兄会曾对 1952 年纳赛尔领导的"七月革命"的胜利作出过贡献，但穆兄会建立一个政教合一的伊斯兰国家的愿望同纳赛尔采用世俗方法重建埃及的主张相冲突，于 1954 年遭到镇压。1970 年萨达特上台后实行多党制的同时对穆兄会采取了"和解"的态度。穆兄会利用这个机会发展了自己的力量。1982 年后，穆兄会放弃暴力活动，间接参加议会政治，向合法的政党转化。2011年 2 月穆巴拉克下台后，埃及政局持续动荡，穆斯林兄弟会成立了"自由和正义党"，并在埃及议会取得了多数地位。2012 年 6 月，埃及穆兄会主要领导人穆尔西出任埃及总统。　79，165，174，175

纳赛尔　纳赛尔（1918—1970）作为当代埃及民族主义运动的领导人，埃及共和国的缔造者，被认为是阿拉伯历史上最重要的领导人之一。他是阿拉伯民族主义的倡导者，从青年时代起便致力于推翻埃及封建王朝和挣脱英国殖民统治。1952 年 7 月，纳赛尔领导自由军官推翻法鲁克王朝，并于 1953 年 6 月建立埃及共和国。1956 年，纳赛尔领导埃及人民把苏伊士运河收回国有，将英、法势力赶出埃及。他在执政期间曾领导阿拉伯国家进行了四次反抗以色列的斗争。为维护巴勒斯坦人的权力和阿拉伯民族的事业贡献了力量，他本人也因此成为阿拉伯世界的民族英雄。纳赛尔主张实现阿拉伯民族的统一，具有泛阿拉伯主义思想；提倡阿拉伯社会主义，推行中央集权制，增加总统的权力，进行企业国有化改革，实行土改，强调军队在国家中的作用；奉行中立不结盟的对外政策。他的政治思想与行动对整个阿拉伯世界产生了广泛而深远影响，因而，人们把他的政治主张称为"纳赛尔主义"。　5，7，10，14，15，22

内贾德　内贾德全名马哈茂德·艾哈迈迪—内贾德（Mahmoud Ahmadi – Nejad），伊朗现任总统。1956 年 10 月 28 日内贾德出生于伊朗德黑兰市东南部加姆萨尔的一个平民家庭，父亲是一名铁匠。艾哈迈迪·内贾德早年就步入政坛，曾任西南部库尔德市市长顾问。内贾德作风低调、朴实亲民、勤俭廉政，深得广大普通民众，特别是弱势群体的支持。2005 年 6 月当选伊朗总统。在 2009 年 6 月大选中，内贾德获得近63％选票，连任成功。内贾德步入政坛后，特别是 2003 年出任德黑兰市市长后，任期内实施了许多耗资少、效果好的政策，赢得市民的支持。内贾德是伊朗保守派的代表，他的政治立场保守而且强硬，对内坚决维护国家法律和宗教习俗；对外主张在对美关系和核问题上不妥协。关于伊朗核美国关系长期对峙的症结，他认为是美国长期对伊朗采取敌视态度的结果；在伊朗核问题上，他坚称不会放弃和平利用核能的权利，同时申明伊朗没有研制核武器的企图。　48，49，102，128，132 - 135，137，139，149，150，152，156，187，201

内塔尼亚胡　内塔尼亚胡是以色列政坛中著名的右翼强硬派人物，是以色列第 9 任和第 13 任政府总理。内塔尼亚胡从哈佛大学和麻省理工学院毕业后返回以色列。1982 年被任命为以色列驻美国副大使。1984—1988 年任以色列驻联合国大使。1993 年，内塔尼亚胡在利库德集团选举中获胜，担任该集团主席。1996 年当选为以色列总理，两年后兼任外长。内塔尼亚胡是以色列利库德集团强硬派的代表，反对巴勒斯坦建国。他担任总理期间，巴以和平进程总体陷于停滞。2002 年，被沙龙任命为外交部长。2005 年，因不满以色列单方面撤离加沙地带的决议而辞职。同年底，内塔尼亚胡再次成功获选利库德集团主席。并于2009 年再次出任以色列政府总理。内塔尼亚胡的重新崛起，标志着以色列国内政治中右翼势力增强，使国际社会积极推动的"两国论"前景蒙上了一层阴影。2013 年 1 月，时任总理的内塔尼亚胡领导的右翼联盟利库德集团和"以色列是我们的家园党"获得新一届政府组阁权。1996 和 2013 年，内塔尼亚胡两次以总理的身份访问中国。　61，65，80，94，124，126 - 128，160，212

浓缩铀　在关于伊朗核问题的相关国际谈判及媒体报道中，浓缩铀这个核研究领域的专业名词被经常提及。浓缩铀（Enriched Uranium），指经过同位素提炼后，铀 235 含量超过90％的铀金属，与其相对的是贫化铀。不论是和平利用核能，还是为制造核武器，浓缩铀都是必要的。因此，国际原子能机构希望能够控制全球各国所有铀浓缩活动，以防止核武器扩散。浓缩铀根据铀235含量的不同，可以分为高浓缩铀（HEU）（20%以上），低浓缩铀（LEU）（2%—20%）和微浓缩铀（SEU）（0.9%—2%）。铀235含量超过85%则被称为武器级浓缩铀，可直接用于制造原子弹。在伊朗与国际原子能机构及伊朗核问题六方会谈中，伊朗一直声称，其开展铀浓缩活动目的主要是为国内唯一一座核电站布什尔核电站提供核燃料，同时也是为德黑兰研究用核反应堆提供燃料，用于生产放射性药物。而西方担心伊朗可能会秘密将纯度为20%的浓缩铀提纯至更高的武器级纯度。　55，133，134，136，140，145，151，157，158，185

普京　普京，俄罗斯总统（2000—2008在任，2012年再次当选）。2008年卸任后被梅德韦杰夫提名为俄罗斯总理，与梅德韦杰夫结成"梅普组合"。2012年3月，普京顶住了国内外的种种压力，再次赢得总统选举。1991年8月20日，普京辞去了在情报机构的职务开始走向政治生涯，担任列宁格勒市国际联络委员会主席，主管市政府的对外经济关系。1999年他首次担任政府总理，凭借非凡的胆识和智慧，在车臣展开反恐怖行动，遏止了一些地方政权的离心趋势，从而得到广泛支持。在其执政的八年期间，俄罗斯的经济和国际地位均有相当大的提升，人称"铁腕总统"。普京执政期间，对俄罗斯的中东政策进行了积极调整，对中东事务高调参与，主动出击，努力推动俄罗斯在中东的影响力。2007年，俄罗斯总统普京顶住美国的压力，坚持访问伊朗。普京政府在中东问题中扮演着重要的角色。2012年，普京再次担任俄罗斯总统。　42，45–52，54，55，92，190–193，195，198，199，201

普利马科夫　俄罗斯前外交部长，俄罗斯著名的阿拉伯问题权威专家，曾任叶利钦时期俄罗斯联邦总理。普利马科夫于1974年当选为苏联科学院通讯院士，后转为院士，1998年6月，叶利钦总统授予他二级"祖国功勋"勋章，以表彰他"始终不渝地在全世界捍卫俄罗斯的利益"。普利马科夫曾任苏联驻中东记者，是阿拉伯问题专家。在1990年至1991年的海湾危机中，当时任苏联总统高级对外政策顾问的普里马科夫在形势极为严峻的时刻，以总统特使的身份奉命多次前往伊拉克进行斡旋。1996 年 1 月，普利马科夫任俄外长时正式提出世界正在向多极化过渡，俄罗斯的外交任务就是稳定世界局势，促进世界多极化发展。因此普利马科夫任外长时期的俄罗斯外交也被称为"多极化外交"。普利马科夫著述颇丰，其主要作品有：《国际冲突》、《资本主义世界的能源危机》、《阿拉伯国家和殖民主义》、《埃及：纳赛尔总统时代》、《纳赛尔总统》等。 190，195

乔治·赫伯特·布什总统（老布什）　　乔治·赫伯特·布什为美国第 41 任总统（1988—1992 在任）。由于美国历史上存在过两位布什总统，因此又常被称为老布什。老布什执政后，在内政特别是在经济方面政绩平平，但外交和军事政策上十分突出。在老布什任期内，他提出"超越遏制"战略，在历经东欧剧变，苏联解体，世界格局发生了根本变化情况下，老布什提出"新大西洋主义"，调整了与盟国关系。1991 年，老布什发起"沙漠风暴"的军事行动，并取得胜利。海湾战争使布什政府的中东政策发生转变：老布什以海湾战争为契机，提出了建立"世界新秩序"的主张。通过海湾战争和战后中东秩序的安排及推动中东和平进程，确立冷战后美国在中东地区的主导地位，建构一种符合美国利益的地区安全体系。 37，38，100，101

乔治·沃克·布什总统（小布什）　　乔治·沃克·布什为美国第 43 任总统（2000—2008 在任）。布什在 2000 年 11 月的总统大选中获胜，并且在 2004 年的选举中连任。由于与父亲同样都是美国总统，因此又常被称为小布什以区别。布什任期内遭遇了"9·11"事件之后，美国以打击盘踞在阿富汗的"基地"组织为名，在 2001 年 10 月发动了一场所谓的"反恐战争"，即阿富汗战争。2003 年 3 月，布什政府在没有获得联合国安理会授权的情况下发动了伊拉克战争。由于伊拉克战争的正当性遭到质疑，以及关塔那摩湾事件、虐囚门事件、卡特里娜飓风救灾的处理上遭遇到众多批评，他的执政民调认可度呈现下滑的趋势。在以色列与巴勒斯坦的冲突上，布什强调采取"不干预"的政策，在第二届任期，布什强调改善与欧洲国家间的关系，并且在全球推广民主和人权的理念。布什总统担任的 8 年总统期间，在伊拉克战争的问题上饱受争议。 35 - 38，99，101，102，172

萨达姆 萨达姆曾任伊拉克共和国总统、革命指挥委员会主席、阿拉伯社会复兴党总书记。萨达姆 1937 年出生，19 岁就积极投身政治运动，21 岁加入阿拉伯复兴社会党，并迅速跻身该党领导人之列。1979 年，接替贝克尔任共和国总统，并兼任伊拉克革命指挥委员会主席、总理和伊拉克地区阿拉伯复兴社会党的总书记，集党政军大权于一身。萨达姆上台后，奉行地区霸权主义和极端的民族主义。为实现其称霸海湾的野心，加之与伊朗矛盾由来已久，萨达姆于 1980 年 2 月下令进攻伊朗，导致了长达八年的两伊战争。1990 年，萨达姆派兵入侵科威特，最终引发次年 1 月爆发的海湾战争。在受到联合国制裁和美国为首的军事打击下，萨达姆军队被迫撤出科威特。1995、2001 年萨达姆在伊拉克全民公决中再次当选总统。2003 年 3 月其政权在美国发动的伊拉克战争中被推翻。2003 年 12 月 14 日，萨达姆在家乡提克里特被捕，于 2006 年 12 月 30 日，被施以绞刑。他的支持者称他为驰骋沙漠的枭雄，他的反对者认为他是践踏人权的恶魔。　31，38，39，41，70 - 72，74，83，84，98 - 108，110，113，114，117，131，137，150，153，156，170，171

萨科齐 萨科齐是法兰西第五共和国第 6 任总统（2007—2012 在任）。1955 年 1 月 28 日出生于巴黎，父亲是匈牙利移民，母亲是法国人（犹太人）。曾任法国右派执政党人民运动联盟主席。萨科奇从政较早，22 岁成为市议员，28 岁当选讷伊市市长，34 岁成为国会议员。2002 年进入内阁，出任内政部长。2005 年，他在兼任内政部长的同时，当选为国会第一大党人民运动联盟的主席，2007 年 5 月 6 日当选法国总统。萨科奇在对外政策上突出强调同美国、以色列保持友好的关系。在伊朗问题上，他认为伊朗获得核武器是完全不可以接受的，如果伊朗执意拒绝遵守联合国的决议，将寻求对伊朗实行更多的惩罚性制裁。2011 年年初，中东北非局势发生剧烈变动，被卡扎菲称作"朋友"的法国总统萨科齐，在西方"倒卡"的军事行动中充当了急先锋。有人将 2011 年的利比亚战争称之为"萨科奇的战争"。但因为经济和债务危机，法国民众对其政府的不满情绪也表露无遗。2012 年，萨科奇在法国总统选举中败给了奥朗德。　61 - 63，179 - 185，187，196

萨利赫　萨利赫从 1978 年至 1990 年，连任三届也门阿拉伯共和国（即北也门）的总统。1990 年，南北也门统一后，从 1990 年 5 月至 2011 年 11 月，萨利赫一直连任也门共和国总统。"9·11"事件后，萨利赫公开宣称是美国的盟友，借此而获得美国每年数亿美元的经济、安全援助，也由此造成了同国内宗教势力和部落势力的分歧。但在长达 30 多年的统治时期里，萨利赫也门政坛第一人的地位从未被真正动摇过，他深知如何平衡国内各种政治和宗教力量来维持统治。2011 年，受突尼斯政变、埃及大规模反政府游行示威的影响，国内的反对派开始抗议其任期过长。在国内政治的压力下，2011 年 11 月 23 日，萨利赫在沙特首都签署了海湾阿拉伯国家合作委员会的调节协议，同意将权力移交给副总统哈迪，这意味着，在也门执政长达 34 年之久的萨利赫结束了其政治生涯。　165，173，174，198

沙龙　沙龙是利库德集团中著名的强硬派，曾两度出任以色列总理，在巴勒斯坦问题上立场强硬。沙龙参加了四次中东战争。在第三次中东战争中，沙龙指挥一个师取得辉煌战绩。在十月战争中，他率领部队攻过苏伊士运河，对扭转战局起到了决定性作用。1981 年担任国防部长，在任期内策划和指挥了黎巴嫩战争，因放纵基督教民兵制造贝鲁特难民营大屠杀事件被迫辞职。1998 年 10 月出任以色列外交部长。沙龙 1999 年出任利库德集团领导人，并在 2001 年总理直接选举中获胜，2003 年沙龙以绝对优势再度当选总理。2005 年沙龙启动单方面撤离加沙定居点计划，并于 9 月 12 日完成了从加沙地带的撤离工作，从而结束了以对加沙地带长达 38 年的占领。沙龙的单边撤离行动最终引发了利库德集团的分裂。沙龙退出利库德集团，另组新党"前进党"，但 2006 年初，沙龙突患中风，从此离开以色列政坛。　59，60，65 – 69，71，72，76 – 78，80，86 – 89，110，113，117，125

苏伊士运河　苏伊士运河位于埃及境内，是沟通红海与地中海、连接亚洲与欧洲间最直接的水上通道。它使大西洋、地中海与印度洋连接起来，大大缩短了东、西方航程。与绕道非洲好望角相比，从大西洋沿岸到印度洋沿岸距离缩短了 5500—8009 公里。苏伊士运河是一条具有重要战略意义和经济意义的国际航运水道。1869 年开通后，英法两国垄断了苏伊士运河公司 96% 的股份，每年获得巨额利润。阿以战争导致运河两次被迫关闭，第一次发生在 1956—1957 年的苏伊士运河战争期间。第二次关闭是 1967 年第三次中东战争期间。随着 1975 年 6 月运河重新开放和 1979 年埃以签署和平条约，包括以色列的所有船只又重新得以进入这条水道。苏伊士运河在埃及本国经济发展上具有极大的价值。据统计，中东地区出口到西欧的石油，70% 经由苏伊士运河运送，欧亚两洲的海运货物约有 80% 经由苏伊士运河，全世界约 1/4 的油轮要经过苏伊士运河，每年约有 1.8 万艘来自世界 100 多个国家和地区的船只通过运河。　6，9，15，18，22，24，26，27，56，62，219

苏伊士运河战争　苏伊士运河战争又称第二次中东战争。是英法为继续维持对苏伊士运河的控制权与以色列联合，于 1956 年 10 月 29 日对埃及发动的军事行动。英、法、以三国的入侵行动遭到国际社会的普遍指责，美苏两国均通过联合国要求三国停火撤军。在埃及军民顽强抵抗和国际舆论压力下，11 月 6 日，英法两国被迫接受停火决议，以色列也在 11 月 8 日同意撤出西奈半岛。英法两国对埃及的军事入侵最终以失败告终，以色列获得了蒂朗海峡和苏伊士运河的自由航行权后，于 1957 年 3 月从西奈撤出全部军队。这场战争标志着英法在埃及和整个中东地区的殖民统治崩溃，也表明美国和苏联两个超级大国成为主导中东地区的主要力量。　6，10，15，21 – 23，25，27，56

石油输出国组织（OPEC）　石油输出国组织简称"欧佩克"，是 1960 年 9 月 14 日，由伊朗、伊拉克、科威特、沙特阿拉伯和委内瑞拉发起成立的。现有 11 个成员国，除上述五国外，还包括阿拉伯联合酋长国、卡塔尔、利比亚、尼日利亚、阿尔及利亚、印度尼西亚。其宗旨是协调和统一成员国的石油政策，通过消除不必要的价格波动，确保国际石油市场上石油价格的稳定，保证各成员国在任何情况下都能获得稳定的石油收入，并为石油消费国提供足够、经济、长期的石油供应。欧佩克成立后，使该组织成员国夺回了制定油价和石油生产的权力，将一批石油企业国有化，掌握了石油开采、销售的控制权。维护产油国的共同利益。因该组织成员国的产油量占世界石油总产量的 70% 左右，其对世界经济和政治的发展有着重要的影响。　97

石油危机　世界上著名的石油危机主要指 1973 年中东战争爆发后由于阿拉伯产油国大幅提价和提租后产生的石油危机。1973 年第四次中东战争爆发后，中东阿拉伯国家主要产油国，运用石油武器对在"十月战争"中支持和偏袒以色列的美国等西方国家而采取的石油禁运，导致石油价格大幅度上涨，波及整个西方发达国家，使其经济遭受了严重打击，从而引发了战后最严重的一次全球经济危机。阿拉伯产油国发起的以石油为武器的斗争不仅打破了西方国家跨国公司对世界石油的垄断，而且鼓舞了第三世界国家争取民族经济独立的运动，对整个世界经济和国际关系的发展产生了深远的影响。　98

圣殿山　圣殿山是位于耶路撒冷老城东南角的一座小山，因为公元前 1000 年前以色列王国的所罗门王曾经在这里建立了耶和华神的圣殿而得名。仅占老城中 0.135 平方公里的圣殿山因其神圣的宗教意义而成为阿以矛盾最敏感、最难化解的症结所在。这里既是古代犹太人第一圣殿、第二圣殿所在地，同时圣殿山也被穆斯林称其为圣地，认为是先知穆罕默德登宵之处。现在圣殿山有西墙（哭墙）、大卫王宫遗址，以及伊斯兰教的阿克萨清真寺、岩石（金顶）清真寺等遗址。穆斯林和犹太人多次在此发生冲突。2000 年 9 月，时任利库德集团领导人的沙龙强行进入圣殿山上的清真寺内"参观"，进而引发了巴以之间长达四年的大规模流血冲突。如果说中东问题的核心在巴以矛盾，巴以矛盾的核心在耶路撒冷，而耶路撒冷的核心问题就在圣殿山的归属问题。　65－67

叙利亚危机　自 2011 年 3 月 19 日在叙利亚的德拉市爆发大规模抗议活动后，叙利亚局势一直动荡不安。叙利亚动荡爆发后，巴沙尔政府一直采取一切措施缓和国内局势。从解除叙利亚已实施 48 年之久的《紧急状态法案》，到颁布大赦令，释放所有政治犯；从举行民族对话磋商会议到颁布允许多党制政体的政党法；从就新宪法草案举行全民公决到同意联合国特使安南提出的解决叙利亚危机的六点建议。至 2013 年 3 月，叙利亚危机仍在持续，并进入了僵持阶段。从外部因素来，国际社会对如何解决叙利亚危机有很大分歧，美国寄希望于更迭叙利亚政权，促使其脱离伊朗并进行民主改革。但西方和海湾阿拉伯国家坚持认为巴沙尔总统应该下台，并推动国际社会对叙利亚进行制裁。据报道，叙利亚危机已经造成国内数万平民伤亡，一百多万难民流亡国外。由于叙利亚在中东具有重要的战略地位，叙利亚局势牵动各方利益，叙利亚危机短期内仍难以解决。 177，199，200

伊拉克战争（2003） 伊拉克战争又称美伊战争，是指 2003 年 3 月 20 日，以美国和英国为主的联合部队在没获得联合国授权情况下对伊拉克实施的大规模军事行动。伊拉克战争是一场具有争议、遭到大多数国家反对的战争。美国声称伊拉克拥有大规模杀伤性武器，但战争后美最终承认没有在伊发现大规模杀伤性武器。从 2003 年 3 月 20 日美国入侵伊拉克到 2011 年 12 月 31 日美驻伊拉克部队全部撤出，伊拉克战争历时近九年。美国为此付出了巨大的战争代价，消耗军费 7630 亿美元，共有近 4500 名美军阵亡，约 3.2 万美军受伤。美国发动伊拉克战争的主要原因是：美国希望通过推翻萨达姆政权，控制伊拉克石油，通过对伊拉克进行"民主重建"，进而全面"改造"中东。但这种通过战争方式打击萨达姆政权导致伊拉克至今局势动荡，特别是伊拉克人民在战争中遭遇悲惨。据统计，伊拉克战争爆发至今，已经造成 60 多万伊拉克平民伤亡，几百万人民的流离失所。美国虽然已经从伊拉克撤军，但伊拉克战争造成的创伤依然存在，伊拉克境内不断发生的暴力事件和安全形势没有得到根本好转。 37，39 – 42，45，56 – 58，64，69 – 71，73 – 75，83，84，91，93，96，98，101 – 104，107 – 110，112，113，115，117，119，120，122，126，129，132，138，141，142，144，153，165，170，171，173，174，176，179，214

伊朗核问题 国际社会近年来形成的所谓伊朗核问题，指的是伊朗近年来不断披露在核能研制方面取得了进展，但美国和西方不断指责伊朗秘密研制核武器，为此，联合国安理会先后多次通过制裁伊朗的决议。20 世纪 50 年代，伊朗开始了核能源开发活动，并在当时得到美国及其他西方国家的支持。1979 年伊朗爆发伊斯兰革命后，与美国交恶，美国曾多次指责伊朗以"和平利用核能"为掩护秘密发展核武器，并对其采取"遏制"政策。国际原子能机构也多次就伊朗核问题作出决议，2002 年，伊朗在纳坦兹等地的核能研制机构的秘密被披露，联合国安理会从 2006 年开始先后通过了多个含有对伊朗进行制裁的决议。2010
年 6 月，安理会通过"史上最严厉"制裁伊朗方案。据外界报道，伊
朗核计划已经发展到关键阶段，即核燃料循环系统建设阶段。这个系统
建成后，便可为伊朗的核电站和研究机构提供燃料，同时也可以进一步
提高浓缩铀的浓度，使伊朗能够获得制造武器所需的高浓缩铀。伊朗核
问题威胁到了美国在波斯湾的根本利益，美国借伊朗核问题打压和遏制
伊朗的根本目标是要转变反美的伊朗政权，从而控制整个波斯湾地区。
另外，以色列和伊朗的尖锐对抗使伊朗核问题成为中东地区矛盾加剧的
一个重要原因。　　45，48，50，51，53 - 55，74，93，102，109，113，
117，122，123，125，127，128，130 - 136，138 - 146，148 - 152，
154 - 156，158 - 160，167，172，185 - 187，189，198，201，
202，219

犹太复国主义　犹太复国主义又称锡安主义（Zionism），指 19 世纪后期
在欧洲和散居世界各地的犹太人中兴起的要求回到古代故乡巴勒斯坦，
重建犹太国的政治主张、社会思潮及实践。历史上犹太人曾在巴勒斯坦
土地立国，但在公元 2 世纪后，犹太人开始流亡世界各地。近代欧洲反
犹运动兴起后，刺激了犹太复国主义的思潮和运动。1882 年俄国犹太
人医生 L. 平斯克尔提出："人们歧视犹太人，是因为我们不是一个国
家，这个问题的唯一解决方法就是建立犹太国。" 1895 年奥地利维也纳
犹太人记者 T. 赫茨尔撰写《犹太国》一书，进一步提出了犹太复国主
义的理论和纲领。在他领导下，1897 年在瑞士巴塞尔举行了第一次犹
太人代表大会。大会通过的《世界犹太复国主义纲领》规定：犹太复
国主义的目标是在巴勒斯坦为犹太民族建立一个为公法所保障的犹太人
之家。会上成立了以赫茨尔为主席的世界犹太复国主义组织。1948 年
以色列国的建立标志着犹太复国运动在组织上和建制上完成了主要目
标。　1 - 3，13，18，19，198

真主党　真主党是在伊朗伊斯兰革命的影响下，由穆罕默德·侯赛因·法
德拉拉在 1982 年创建的什叶派政党，主要在黎巴嫩活动。在黎巴嫩内
战期间，伊朗曾派革命卫队培训真主党民兵，真主党得到伊朗的大力支
持。他们受伊朗伊斯兰革命的影响很深，早期主张效仿伊朗，走"伊

斯兰革命”的道路。内战结束后，特别是 1989 年《塔伊夫协议》签署后，真主党主张“黎巴嫩化”，作为反对党融入黎巴嫩的政治生活中，从 1992 年起，参加了多次议会选举，在 2005 年议会大选中，真主党赢得 14 个议席。同时真主党一直坚持在黎南部抗击以色列的入侵。最终导致以色列单方从黎巴嫩南部撤军。除武装反抗以色列外，真主党还从事一系列慈善活动，如开办孤儿院、兴办学校、兴建文化中心、经营诊所等，使真主党在穆斯林中的威望获得较大提升。在同叙利亚的关系上，由于叙利亚将真主党作为向以色列施压的一张牌，真主党与叙利亚保持着密切联系。　60，81 - 83，165

中东和平“路线图”　2000 年以色列和巴勒斯坦爆发严重冲突后，国际社会有关各方加大了调解力度。2003 年 5 月，美国、俄罗斯、联合国和欧盟四方会谈代表推出了中东和平“路线图”计划，这项计划旨在彻底解决以巴冲突问题，提出了建立独立的巴勒斯坦国，以巴两国和平共处的构想。分三个阶段结束以巴冲突。第一阶段，以巴双方实现停火；巴方停止恐怖活动，进行全面的政治改革；以方则应撤离 2000 年 9 月 28 日以后占领的巴方领土，冻结定居点的建设，拆除 2001 年 3 月以后建立的定居点，并采取一切必要措施使巴勒斯坦人的生活恢复正常。第二阶段为过渡期，重点是建立一个有临时边界和主权象征的巴勒斯坦国。第三阶段，以巴双方将就最终地位进行谈判，应在 2005 年结束双方的冲突达成协议。但是由于以色列坚持其强硬政策，以继续修建隔离墙和对巴实施“定点清除”，巴以冲突持续，“和平路线图”计划规定的主要目标大多被迫搁浅。　44，59 - 61，69，71，72，83，106，108，110，123，124

附表一

中国与中东国家建交时间列表

（本表格中的中东国家，包括22个阿拉伯国家和阿富汗、以色列、伊朗、土耳其、塞浦路斯5国共27个国家）

序号	中东国家名称	与我国建交时间
1	阿富汗	1955 年 1 月 20 日
2	埃及	1956 年 5 月 30 日
3	叙利亚	1956 年 8 月 1 日
4	也门共和国，其中： 阿拉伯也门共和国 也门民主人民共和国	1990 年 5 月统一 1956 年 9 月 24 日 1968 年 1 月 31 日
5	伊拉克	1958 年 8 月 25 日
6	科威特	1971 年 3 月 22 日
7	黎巴嫩	1971 年 11 月 9 日
8	约旦	1977 年 4 月 7 日
9	阿曼	1978 年 5 月 25 日
10	阿拉伯联合酋长国	1984 年 11 月 1 日
11	卡塔尔	1988 年 7 月 9 日
12	巴勒斯坦	1988 年 11 月 20 日
13	巴林	1989 年 4 月 18 日
14	沙特阿拉伯	1990 年 7 月 21 日
15	以色列	1992 年 1 月 24 日
16	土耳其	1971 年 8 月 4 日
17	伊朗	1971 年 8 月 16 日
18	塞浦路斯	1971 年 12 月 14 日
19	利比亚	1978 年 8 月 9 日
20	突尼斯	1964 年 1 月 10 日
21	苏丹	1959 年 2 月 4 日
22	阿尔及利亚	1958 年 12 月 20 日
23	摩洛哥	1958 年 11 月 1 日
24	索马里	1960 年 12 月 14 日
25	毛里塔尼亚	1965 年 7 月 19 日
26	吉布提	1979 年 1 月 8 日
27	科摩罗	1975 年 11 月 13 日

中国三任中东特使出访中东情况

中东特使	出访时间	出访国家	主要议题
王世杰 2002 年 9 月 17 日至 2006 年 4 月 1 日（在任时间）	2002 年 11 月 6 日至 14 日	埃及、黎巴嫩、叙利亚、约旦、以色列和巴勒斯坦	调解以色列和巴勒斯坦之间严重的暴力冲突，推动中东和平进程，推动有关各方政治谈判，以达成各方都能接受的解决方案，最终实现中东地区全面和持久和平。传递中国政府在中东和平进程中的立场。
	2003 年 5 月 18 日至 30 日	叙利亚、埃及、黎巴嫩、沙特、以色列和巴勒斯坦	
	2003 年 10 月 19 日至 29 日	叙利亚、埃及、黎巴嫩、沙特、巴勒斯坦和以色列	
	2004 年 6 月 1 日至 8 日	巴勒斯坦、约旦和叙利亚	
	2004 年 9 月 6 日至 16 日	埃及、黎巴嫩和以色列	
	2005 年 3 月 30 日至 4 月 7 日	以色列、巴勒斯坦和埃及	
	2005 年 9 月 12 日至 22 日	巴勒斯坦、以色列、约旦、埃及和摩洛哥	
孙必干 2006 年 4 月 1 日至 2009 年 3 月（在任时间）	2006 年 6 月 25 日至 7 月 1 日	埃及、约旦、以色列和巴勒斯坦	宣传我国对中东问题的政策，劝和促谈，传递信息。主张在联合国有关决议、"以土地换和平"等原则的基础上通过谈判，政治解决阿以之间的冲突，支持阿拉伯倡议以及其他有助于实现和平的努力。
	2006 年 8 月 6 日至 16 日	叙利亚、黎巴嫩、约旦、巴勒斯坦、以色列、埃及和沙特	在黎巴嫩和以色列爆发冲突之际，主张通过政治解决黎以问题，国际社会应继续努力，确保决议得到有效执行，呼吁黎以冲突双方立即停止敌对行动，尽快实现无条件停火，避免黎巴嫩出现更严重的人道主义灾难。
	2007 年 4 月 9 日至 18 日	沙特阿拉伯、巴勒斯坦和以色列	主张按照联合国有关决议和"以土地换和平"的原则，通过外交谈判和平解决巴以争端，最终实现两个国家、两个民族的和平共处。

中东特使	出访时间	出访国家	主要议题
孙必干 　2006 年 4 月 1 日 至 2009 年 3 月 （在任时间）	2008 年 5 月 21 日至 23 日	巴勒斯坦和埃及	了解中东问题最新进展，与有关各方交换看法，劝和促谈。
	2009 年 1 月 12 日至 15 日	埃及、以色列、巴勒斯坦	在以色列进攻加沙之际（2008年 12 月 27 日至 2009 年 1 月 17日）。中方主张解决加沙冲突和中东问题，当务之急是实现停火，缓解加沙人道主义危机。
吴思科 　2009 年 3 月至 2012 年 10 月（在 任时间）	2009 年 6 月 20 日至 7 月 4 日	埃及、巴勒斯坦、以色列、约旦、叙利亚、黎巴嫩	传递中国政府在中东问题上的政策主张，继续通过各种形式与中东问题有关各方保持密切联系，积极劝和促谈，为推动中东和平进程而努力。
	2009 年 7 月 25 日至 8 月 2 日	卡塔尔、阿尔及利亚、叙利亚和伊朗	
	2010 年 1 月 13 日	约旦	
	2010 年 3 月 27 日	利比亚	参加在利比亚举行的第 22 届阿拉伯国家首脑会议开幕式。
	2010 年 6 月 6 日至 13 日	以色列、巴勒斯坦、黎 巴 嫩、叙 利 亚、沙特	就中东和平进程和中东地区局势以及中东问题的最新进展与有关方面交换看法，并做劝和促谈工作。
	2010 年 10 月 11 日 至 23 日	约旦、以色列、巴勒斯坦、土耳其和埃及	
	2011 年 3 月 23 日至 4 月 2 日	以色列、巴勒斯坦、叙利亚、黎巴嫩、卡塔尔	
	2011 年 10 月 26 日 至 30 日	叙 利 亚、沙 特、埃及	就叙利亚局势交换看法。
	2012 年 1 月 12 日	埃及	双方就中东和平进程等地区问题和如何深化中阿合作深入交换看法。
	2012 年 2 月 19 日至 23 日	以色列、巴勒斯坦和约旦	就叙利亚问题介绍中方立场与政策。中方呼吁停止暴力、保护平民、开启政治对话。
	2012 年 5 月 2 日至 8 日	阿联酋、约旦、巴勒斯坦、以色列	
	2012 年 10 月 19 日 至 28 日	以色列、巴勒斯坦	就中东和平进程和当前地区局势与有关各方交换意见，开展劝和促谈工作。

中东特使	出访时间	出访国家	主要议题
吴思科 　　2009 年 3 月 至 2012 年 10 月（在 任时间）	2013 年 3 月 26 日至 地 4 月 6 日	沙特阿拉伯、巴林、 卡塔尔	就双边关系和地区局势与有关 国家交换看法。
	2013 年 4 月 25 日至 地 4 月 29 日	巴勒斯坦、以色列	推动巴以和谈，安排落实巴以 领导人访华。

后　记

自 1991 年进入中国社会科学院西亚非洲研究所工作以来，本人一直从事中东国际问题研究，也多次前往中东这个充满神秘，富蕴油气，但不幸又充斥暴力的地区工作、考察和交流访问。中东地区长期的战乱和动荡有各种各样的原因，学术界对此的解读也有各种不同的方法和角度。本书的视角是从大国与中东地区的关系以及大国中东战略的角度，考察中东地区当代错综复杂的热点和现实问题。本书《大国中东战略的比较研究》，原是中国社会科学院 2006 年立项获批的重点课题"大国中东战略的调整和我国的对策研究"。在本书的写作过程中，中东地区的局势仍然处在不断的演变和发展过程中，因此本书也力图反映这种变化的历史轨迹和现实特点。作为课题主持人和撰稿者，在课题的立项、申请、撰稿、结项、申请出版基金等过程中，得到了本人的工作单位中国社会科学院西亚非洲研究所、中国社会科学院科研局、中国社会科学出版社等单位的大力支持。尤其是西亚非洲研究所所长杨光，副所长王正、张宏明，中东研究室主任王京烈、科研处潘日霞等同志对本书的立项、撰写、定稿、结项、申请出版资助等工作提供了宝贵的支持。在写作过程中，还得到了西亚非洲研究所中东研究室、国际关系研究室、社会文化研究室等我的同事们的诸多帮助和指教，在此一并感谢。本人指导的几位硕士研究生也承担了一些资料收集和整理工作，在此也表示谢意。在本书的写作和成书过程中，还得到了中国首任中东特使王士杰大使、中国社会科学院美国研究所倪峰副所长、北京大学犹太研究中心王锁劳主任、欧洲研究所刘作奎博士等所外专家和学者的有益指教。中国社会科学出版社冯斌主任为本书的最后校稿和面世在短期内付出了极大的辛勤和努力，在此深表谢意。我还需要特别提及的是，我的家庭和家人，对我长期从事的科研工作给予了足够的理解，并在生活环境等各方面提供了宝贵和温馨的支持，对此我深感欣慰。

余国庆

2013 年 3 月